KB204283

대원불교
학술총서

01

대원불교
학술총서

01

한국불교통사
韓國佛教通史

* * *

한국 고대에서 현대까지
불교역사의 통찰

* * *

김경집 지음

* * *

온주사

발간사

오늘날 인류 사회는 4차 산업혁명을 통해 완전히 새로운 세상을 맞이하고 있습니다. 전통적인 인간관과 세계관이 크게 흔들리면서, 종교계에도 새로운 변혁이 불가피하게 되었습니다. 이런 상황에서 대한불교진흥원은 다음과 같은 취지로 대원불교총서를 발간하려고 합니다.

첫째로, 현대 과학의 발전을 토대로 불교를 현대적으로 재해석할 필요가 있습니다. 불교는 어느 종교보다도 과학과 가장 잘 조화될 수 있는 종교입니다. 이런 평가에 걸맞게 불교를 현대적 용어로 새롭게 이해할 수 있도록 하려고 합니다.

둘째로, 현대 생활에 맞게 불교를 이해할 필요가 있습니다. 불교가 형성되던 시대 상황과 오늘날의 상황은 너무나 많이 변했습니다. 이런 변화된 상황에서 부처님의 가르침을 제대로 이해할 수 있도록 하려고 합니다.

셋째로, 불교의 발전과정을 종합적으로 이해할 필요가 있습니다. 북방불교, 남방불교, 티베트불교, 현대 서구불교 등은 같은 뿌리에서 다른 꽃들을 피웠습니다. 세계화 시대 부응하여 이들 발전을 한데 묶어 불교에 대한 총체적 이해가 가능하도록 하려고 합니다.

대원불교총서는 대한불교진흥원의 장기 프로젝트의 하나로서 두 종류로 출간될 예정입니다. 하나는 대원불교학술총서이고 다른 하나는 대원불교문화총서입니다. 학술총서는 학술성과 대중성 양 측면을

모두 갖추려고 하며, 문화총서는 젊은 세대의 관심과 감각에 맞추려고
합니다.

 본 총서 발간이 한국불교 중흥에 조금이나마 기여할 수 있기를
바랍니다.

 불기 2566년(서기 2022년) 5월

 (재)대한불교진흥원

서문

종교를 신앙하는 계기는 여러 갈래이다. 오래전부터 종교를 신앙하던 가정에서 태어나는 모태신앙을 비롯하여 자신의 의지로 종교를 선택하는 신앙까지 다양하다. 그런 면에서 필자는 후자에 속한다. 불교학과에 입학하기 전까지 불교를 신앙하지 않았다. 오히려 개신교에서 설립한 중학교에 다닌 경험이 있어서 그쪽 신앙에 익숙한 편이었다.

불교에 대한 첫 인연은 우연히 찾아왔다. 예비고사가 끝나고 독서토론을 지도하던 선생님과 산사를 찾았다. 당일로 다녀오려던 일정이었지만 눈이 많이 내려 차편이 끊겼다. 산사에서 하루를 머물게 되었다. 다음날 새벽 여명에 창호지가 비취색으로 물들었다. 말로 표현할 수 없는 황홀감이 찾아왔다. 그 순간 언젠가 기회가 된다면 불교를 공부해 보겠다고 생각하였다. 그해 마지막 달력이 떨어지기 전 아버지가 돌아가셨다. 생각조차 못했던 죽음이 눈앞에서 일어나자 무엇인가 의지하고 싶은 생각이 들었다. 그 순간 내 마음에 산사에서 느꼈던 불교가 들어왔다.

불교를 신앙하지 않고 시작한 불교학은 어려웠다. 분위기와 용어도 그렇고 학문적 깊이와 공간적 넓이가 방대하였다. 시간이 흐르자 신앙심도 깊어지고 불교 이해도 넓어지면서 전공하고 싶은 분야가 생겨났다. 한국불교에 관심이 간 것은, 우리가 사는 이곳에 불교가 언제 들어오고 어떻게 전개되었는지 살펴보고 싶었기 때문이다.

석사과정에서 관심을 두었던 것은 신라불교였다. 한국불교의 초기 모습을 살펴보려는 생각이었다. 박사과정에서 관심을 두었던 것은 근대불교였다. 현대불교가 태동되는 시대였기 때문이다. 고대와 근대를 기준으로 아래로 내려오고 위로 올라가면 한국불교를 통관通觀할 수 있으리라고 생각하였다. 그러나 근대불교를 연구하자 가지처럼 파생되는 여러 주제를 연구하느라 좀처럼 상향上向하기 어려웠다. 자연히 고대부터의 하향下向도 쉽지 않았다.

이런 문제에 봉착하여 주춤하고 있을 때 기회를 제공한 곳이 대한불교진흥원이었다. 불교학 연구자들을 위해 '대원불교 학술·콘텐츠 공모'를 시작하였고, 『한국불교통사』를 집필하겠다는 제안이 채택되어 미흡하나마 한국불교 전체를 정리하는 계기를 만들 수 있게 되었다. 그런 점에서 다시 한 번 고마운 마음을 전하고 싶다.

본서를 집필하면서 다음과 같은 원칙을 세웠다. 가장 중요하게 생각한 것은 한국 고대불교에서 현대불교까지 각 시대를 균등하게 분배하여 서술하는 것이었다. 기존 몇몇 한국불교 관련 서적을 볼 때 특정 시대의 분량이 많은 것을 볼 수 있다. 이것은 그 시대를 중점적으로 연구한 후 다른 시대를 첨부하였기 때문이다. 본서의 경우 각 시대를 통찰하여 그 내용을 균등하게 서술하였다. 그에 따라 본의 아니게 내용에 있어 간략하게 서술된 것과 생략된 것이 생기게 되었다.

한편, 시대구분은 왕조 구분에서 벗어나 각 시대의 불교가 지향한 점을 강조하였다. 그것은 시대마다 불교의 발전과 침체가 달라 사회적으로 추구한 방향이 달랐기 때문이다.

본서 집필에서 가장 중점을 둔 참고 자료는 정사正史였다. 그 외 참고한 학술연구 자료는 뒤에 적시하였다. 이것은 본문을 간결하게 하여 역사서가 주는 무게를 줄이려는 생각이었다. 그리고 참고한 학술연구는 가장 앞선 연구성과를 기준으로 하면서 최근 성과 가운데 중요성이 있는 것을 반영하였다.

본서는 한글 서술을 원칙으로 하였다. 그러나 인명과 고유명사 그리고 불교학의 특성상 한문으로 쓰지 않으면 이해되지 않는 내용의 경우에는 한문을 병기하였다.

불교학을 전공한 세월이 40년이 넘었다. 아무것도 모르던 초보가 한국불교의 역사를 집필할 수 있도록 역량을 갖출 수 있게 되기까지 많은 학은學恩이 있었다. 그분들께 감사의 마음을 전한다.

학문의 길은 어렵고 외로운 길이다. 시간이 지날수록 자기 세계에 빠져 개인적인 성향도 깊어진다. 그런 단점이 가중됨에도 불구하고 수십 년을 함께한 가족에게 고마움을 전한다.

불교학을 전공하며 알게 된 가장 큰 진리는 '법계는 누구 하나의 힘으로 돌아가지 않는다'는 사실이다. 서로가 도움을 주고 도움을 받는 관계이다. 그런 면에서 학문의 장에서 만나 절차탁마의 시간을 보낸 도반들 역시 소중한 인연이다.

책을 쓸 때마다 느끼는 것은 '내용은 학자가 집필하지만 그 내용을 돋보이게 하는 것은 출판사의 예술적 감각이다'는 점이다. 그런 면에서 오, 탈자가 많은 원고를 깔끔하게 다듬어 준 운주사 출판 관계자의 노력에 감사드린다.

처음 불교학을 전공하며 가장 힘들었던 것은 우리 언어로 쓰인

서적의 부재였다. 그러나 40성상의 시간이 지나면서 이제는 학문적 안목이 깊은 학술서 발간이 점점 늘어나고 있다. 그러나 너무 지나쳐 원숙하지 못한 내용의 책들도 생겨난다. 이 책이 불필요하게 서재의 공간을 차지하거나 한쪽에 놓여 먼지만 쌓이는 존재가 되지 않기를 바라는 마음이다.

2022년 임인년 봄, 서재에서

저자 씀

Ⅰ. 불교전래와 발전의 시대

1. 고대 불교전래와 수용 양상

1) 고구려의 불교전래와 수용

우리나라에 불교가 전해진 때는 삼국시대이다. 현존하는 국내 사서로 볼 때 중국과 인접한 고구려가 가장 먼저였다. 소수림왕 2년(372) 6월 전진前秦의 왕 부견符堅이 사신을 보내면서 순도順道와 불상 그리고 경문을 보냈다.[1] 임금과 신하들이 예의를 갖추어 성문까지 나가 맞아들였다. 정성을 다해 믿고 공경하니 감격과 경사가 널리 퍼졌다.[2]

해외 문헌에는 이보다 앞선 기록이 있다. 『양고승전梁高僧傳』에 동진東晉의 지도림支道林이 고구려 고승에게 축법심竺法深을 소개하는

---

[1] 『삼국사기』 권18, 고구려본기 제6, 소수림왕 2년 6월.; 『삼국유사』 권3, 흥법 3, 순도조려.; 『해동고승전』 권1, 유통1-1, 순도.
[2] 『해동고승전』 권1, 유통1-1, 순도.

편지를 보냈다는 기록이 있다. 지도림은 366년에 입적하였으므로 편지를 보낸 시기는 372년보다 앞선다. 고구려 고승 역시 격의불교에 뛰어난 그와 서신을 왕래할 정도의 인물이려면 고구려에 오래전에 불교가 전해졌어야만 가능한 일이다. 그런 정황을 고려할 때 고구려에 불교가 전해지기 시작한 것은 4세기 초반으로 볼 수 있다.[3]

고구려 불교는 374년 아도阿道가 오고 375년 2월 성문사省門寺[4]와 이불란사伊佛蘭寺를 세워 두 승려를 머물게 하면서 본격화되었다.[5] 이 무렵 불교를 적극적으로 받아들인 것은 다음과 같은 상황이 크게 작용하였다. 소수림왕 때는 부족국가 체제에서 고대국가 체제로 전환할 무렵이었다. 국가 지도층은 부족국가를 지배하던 본계가 물러나고 방계의 무리가 새로운 지배층으로 등장하였다. 그런 체제 변화에서 제일 시급한 것은 행정조직의 개편과 율령의 반포를 통해 국가의 위엄을 보이는 일이었다. 그 후 사회와 대중을 선도할 수 있는 정신적 영역이 필요하였다. 앞서 지배층은 선민사상과 무속사상을 가지고 대중을 이끌었다. 새롭게 등장한 지배층은 그들과 다른 사상적 영역이 필요하였다.

그 무렵 중국에는 불교가 전해져 널리 신행되고 있었다. 설립된

---

3 『양고승전』 권4, 의해 1, 축잠법심전(T. 50권, p.348 상).; 『해동고승전』 권1, 유통1-1, 석망명.
4 『해동고승전』 권1, 유통1-1, 순도.
　『삼국사기』에는 초문사肖門寺로 기록되어 있다. 그러나 『해동고승전』에는 성문省門을 절로 만들었는데 뒤에 잘못 기록하여 초문肖門이라 하였다고 기록하고 있다. 그에 따라 본서에서는 성문사로 표기하였다.
5 『삼국사기』 권18, 고구려본기 제6, 소수림왕 5년 2월.

왕조마다 불교를 치국의 방편으로 활용하였다. 이런 상황을 알게
된 새로운 지배층 역시 불교수용에 적극적일 수밖에 없었다. 그들은
전래된 불교를 적극적으로 활용하였다. 특히 불교의 업설業說과 전륜
성왕轉輪聖王 사상은 긴요하게 활용되었다.

업설은 자신이 지은 선하고 악한 행동에 의해 그 과보를 받는다는
불교사상이다. 이 교리적 내용은 새로운 지배층에게 많은 기대감을
주었다. 왜냐하면 전생부터 자신이 선한 일을 많이 해서 현재 왕이
될 수 있었다는 근거가 되었기 때문이다. 이것으로 왕위의 교체는
찬탈이 아닌 필연적이라는 당위성을 확보할 수 있었다.

이런 업설의 내용은 대중에게도 희망을 주는 사상으로 활용되었다.
공식적인 전래 후 20여 년이 지난 고국양왕 8년(391) 국민들에게
불법을 숭신하여 복을 구하라고 명을 내렸다. 대중에게 현재보다
나은 미래를 제시함으로써 지배체제의 교체를 정당화할 수 있었다.
이러한 이유로 불교는 수용 이후 국가적으로 권장될 수밖에 없었다.[6]

전륜성왕 사상은 정법으로 나라를 다스리는 불교의 이상적인 지도자
를 상징하는 내용이다. 그런 왕이 되기 위해서는 전생에 선한 행동을
많이 해서 번뇌가 모두 사라진 보살의 경지에 이르러야 한다. 이런
내용은 백성들에게 새로운 지배자가 훌륭한 왕이라는 근거로 활용될
수 있었다.

이와 같은 불교사상은 새로운 체제를 구축한 고대국가의 왕에게
관심을 끌면서 적극적으로 유입되었다. 그리고 우리 사회에 뿌리를

---

6 『삼국사기』 권18, 고구려본기 제6, 고국양왕 8년 3월.

내리면서 민족적인 종교로 정착되기 시작하였다.

2) 백제의 적극적인 수용

백제에 불교가 전해진 것은 제15대 침류왕 원년(384) 9월이었다. 동진
東晉에서 인도승 마라난타가 오자 왕은 교외까지 나가 맞이하였다.
그리고 궁중에 머물도록 하고 받들어 공양하였다.[7] 적극적으로 불교를
수용하는 모습이었다.

불교가 전해질 무렵 백제 역시 부족국가에서 고대국가 체제로 변모
하는 과정에 있었다. 왕실의 기본적인 의전이 있어 일반인은 함부로
궁중에 출입할 수 없었다. 그런데 언어와 외모가 다른 외국 승려를
궁중에 출입시키고 머물게 하면서 예경을 다해 가르침을 받았다는
것은, 이미 불교에 대한 이해가 있었고 지배층에서 적극적으로 수용하
려는 의지가 있었던 것을 보여준다.

백제의 적극적인 수용의지는 전개되는 과정에서도 확연히 드러난
다. 마라난타가 온 다음해 2월 한산에 절을 창건하고 10명의 승려를
배출하였다.[8] 5개월 남짓한 동안에 국가적인 차원에서 사원을 건립하
고 교단의 주역이 될 수행자 10명을 배출한 것은 적극적인 의지가
없으면 어려운 일이다.

이렇게 불교에 대해 적극적인 수용의 자세를 보인 것은 불교사상에
서 얻을 수 있는 국가적인 이익 때문이었다. 이 무렵 백제의 지배층은

---

7 『삼국사기』권24, 백제본기 제2, 침류왕 원년 9월.;『삼국유사』권3, 흥법 3,
  난타벽제.;『해동고승전』권1, 유통1-1, 석마라난타.
8 『삼국사기』권24, 백제본기 제2, 침류왕 2년 2월.

불교의 업설과 전륜성왕 사상을 통해 자신들이 통치자가 될 수 있는 당위성을 백성들에게 보여줄 수 있었다. 그리고 새로운 종교로 현재보다 나은 미래를 제시할 수 있었다.

불교가 전해지자 곧바로 한산주漢山州에 사찰을 건립하였다. 수용 초기부터 사찰을 건립했다는 것은 수용하기 이전 불교 홍포에 치밀한 계획을 가지고 있었음을 시사한다. 사찰은 복을 닦고 죄업을 소멸시키는 불교의 신앙처이며 수행자를 배출하는 곳이다. 그리고 포교의 근거지가 되기 때문에 불교 발전의 초석이라 할 수 있다. 그런 의미로 볼 때 백제는 불교를 통해 국가가 지향하는 목적을 이루려고 한 의도가 있었음을 알 수 있다.

불교를 공인한 후 8년이 지난 아신왕阿莘王 즉위년(392) 2월[9] 국민들에게 불법을 숭신하여 복을 구하라고 명을 내렸다.[10] 이 기록을 통해 우리는 백제가 불교를 수용해서 활용한 방향에 대해 다음과 같이 유추해 볼 수 있다.

불교신앙이 국가적으로 권장되었다는 사실이다. 국왕이 모든 국민에게 불법을 숭신하라고 하교한 것은 국가적인 불교신앙의 장려이다. 고대국가 시대 일반인들이 불교에 대해 자세하게 알기는 어려웠다. 그런 상황에서 백성들에게 불교를 알려주고 신앙하도록 한 것은 대중적인 불교를 지향한 것을 의미한다.

이런 정황으로 볼 때 백제의 지배층은 불교를 복되게 사는 가르침으

---

9 아신왕은 392년 12월 즉위하였다. 따라서 즉위년 2월은 12월의 誤記일 수 있다. 아니면 즉위 2년(393) 2월이 되어야 한다.

10 『삼국유사』 권3, 홍법 3, 난타벽제.

로 이해하였고, 그 내용을 대중들에게 전달하여 현실의 어려움을
이겨내고 미래의 희망을 얻도록 권장한 것을 알 수 있다.

3) 신라의 불교전래와 순교

신라는 고구려와 백제보다 불교전래가 늦었다. 지리적으로 동남쪽에
위치한 탓에 새로운 문물의 유입이 늦을 수밖에 없었다. 그리고 폐쇄적
인 지역 특성으로 부족의 전통신앙이 강해 외래 신앙을 받아들이기
어려웠다.

신라에 불교가 전해지는 기록은 여러 가지가 존재한다. 그 가운데
가장 빠른 것은 신라 13대 미추왕 2년(263) 고구려 승려 아도我道의
활동이다. 그가 처음 신라에 왔을 때 사람들은 불교를 몰라 죽이려고
하였다. 일선현 모례의 집에 숨어 있다가 공주의 병을 고쳐준 것을
계기로 천경림에 절을 짓고 교화를 시작하였다. 미추왕이 죽자 사람들
이 해하려는 것을 피해 다시 모례의 집으로 돌아가 생을 마쳤다.[11]
이 기록은 후대 신라불교의 우수성을 드러내기 위해 전해진 시기를
빠르게 설정한 것으로 보인다.

본격적으로 신라에 불교가 전해지게 된 것은 19대 눌지왕(417~458)
때이다.[12] 묵호자墨胡子가 일선군 모례의 집에 머물면서 교화하였다.
21대 비처왕 때는 아도阿道가 시자 3인을 데리고 와서 모례의 집에

---

11 『삼국유사』 권3, 흥법 3, 아도기라.

12 20대 왕명이 자비왕慈悲王인 것으로 보아 불교의 발전이 컸음을 알 수 있다.
  신라 역시 17대 내물왕 이후 고대국가 체제를 갖추기 시작하여 중앙집권화 과정에
  있었기 때문에 불교사상이 매우 필요한 시기였다.

머물다가 죽었다. 시자들이 남아서 경률을 강독하자 신봉자가 생겼다. 그 후에는 정방正方 그리고 멸구자滅垢眦 등이 신라로 와서 교화하였다.[13]

23대 법흥왕 때 아도阿道가 와서 불법을 전하였다. 이들은 잠시 불교를 포교할 수 있었지만 아직도 부족의 전통이 많이 남아 있었던 탓에 지속하지 못하고 순교하는 등 어려움을 겪었다.[14]

이와 같은 기록에는 인물과 활동이 혼재되어 있다. 그 내용을 정리하면 19대 눌지왕 무렵 전해져 20대 자비왕 때 발전을 이루었다. 그러나 이후 23대 법흥왕 때까지 갈등이 있어 정착되지 못한 것으로 보인다. 이것은 신라의 불교수용이 순탄하지 않았음을 시사한다.

이런 상황을 타개하고 불교를 국가발전의 동력으로 활용한 군주가 법흥왕이었다. 일찍부터 불교의 필요성을 인식한 왕은 고구려와 백제 같이 적극적으로 수용하려고 하였다. 그런 왕의 계획은 귀족들의 반대를 불러일으켰다.[15] 그러나 왕은 신라가 강한 나라로 가기 위해서는 불교를 수용하고 발전되어야 한다는 생각을 굽히지 않았다. 대신들의 동의를 얻지 못할 때 22세의 사인舍人 이차돈異次頓이[16] 자신을

---

13 『삼국유사』 권3, 흥법 3, 아도기라.;『해동고승전』 권1, 유통1-1, 석아도.

14 『해동고승전』 권1, 유통1-1, 논왈.

15 그들은 수행자에 대해 일상적인 모습이 아니며 생각과 가르침 역시 기이하다고 여겼다. 불교를 받아들이면 반드시 후회가 있을 것 같아 임금의 명을 받들지 않았다. 심지어 흉년이 들어 백성들은 편안하지 못하고, 또 이웃나라가 경계를 침범하여 싸움이 그치지 않은 때 쓸데없이 사원을 지어 백성을 괴롭히지 말 것을 건의하였다.

16 『삼국사기』 권4, 신라본기 4, 법흥왕 15년. 이차돈을 처도處道라고 표기하였다.;

26

희생하여 왕의 뜻을 받들겠다고 하였다. 왕은 본래 불법을 펴고자 하는 뜻은 이로움을 일으켜서 해를 없애려는 것인데 도리어 충신을 죽게 하는 것은 옳은 일이 아님을 들어 거절하였다.

그러자 이차돈은 나라를 위하여 몸을 바치는 것은 신하의 대절大節이고, 임금을 위하여 목숨을 바치는 것은 백성의 직의直義임을 들어 실행할 것을 주장하였다. 자신이 사찰을 창건할 것이니 이를 항의하는 대신들에게 왕명을 거짓 전하였다는 죄목으로 참수할 것을 건의하였다. 그리고 그때 천지의 이변이 생긴다면 모두 복종할 것이라 생각하였다.

계책에 따라 천경림에 흥륜사興輪寺를 짓기 시작하자 대신들은 왕에게 항의를 하였다. 왕은 그런 명을 내린 적이 없으며 정사精舍를 짓는다고 항의하는 것은 일부러 조작하여 자신을 어려움에 빠뜨리려는 계책임을 꾸짖었다. 사찰을 짓는 이차돈을 불러 국법을 어긴 죄로 목을 베게 하였다. 죽음에 임박한 이차돈은 불법의 우수함을 말하고 자신의 죽음에 신이함이 있을 것을 예언하였다. 참수하자 목에서 흰 피가 수십 길이나 솟아올랐고 머리는 날아 경주 북산 정상에 떨어졌다. 햇빛은 어두워지고 하늘은 신묘한 꽃을 내리며 땅은 크게 진동하였다. 신이로움을 목격한 신하들은 더 이상 불교수용을 반대할 수 없었다. 이렇게 신라는 이차돈의 순교 이후 비로소 불교를 적극적으로 수용하게 되었다.[17]

『삼국유사』 권3, 흥법 3, 원종흥법 염촉멸신. 염촉厭髑이라 표기하였다.
17 『삼국유사』 권3, 흥법 3, 원종흥법 염촉멸신.; 『삼국사기』 권4, 신라본기 4, 법흥왕 15년.

4) 가야의 불교전래와 발전

가야국 수로왕은 42년 3월 구지龜旨에서 마을 사람들에게 전해진 황금색 알에서 태어났다. 모두 여섯 개 알에서 태어난 어린이 가운데 용모와 지혜가 남달라 이름을 수로라 하였다. 왕위에 올라 도읍과 관직을 정비하여 국가의 기틀을 세웠다. 허황옥을 비로 맞아들여 함께 150여 년 동안 나라를 다스렸다.[18]

허황옥은 서역 아유타국阿踰陀國의 공주였다. 부모의 명을 받들어 바다를 건너 동으로 향하였지만 파도가 심해서 되돌아왔다. 이를 부왕에게 알리자 탑을 싣고 가게 하였다. 탑은 사면 오층이고 조각이 매우 기묘하였다. 그렇게 하자 무사히 항해하여 동한東漢 건무 24년 (48) 금관국 남쪽 해안에 도착하였다.[19] 그때까지 해동에는 아직 불교가 전해지지 않아 절을 창건하거나 부처님을 받들어 모시는 일이 없었다. 그 후 제8대 질지왕銍至王 2년(452) 비로소 왕후사王后寺를 세우고 복을 빌고 남쪽의 왜구를 진압하였다.[20]

금관성 파사석탑 이야기를 중심으로 전해지고 있는 가야불교는 사료와 유물이 부족한 현실을 그대로 드러내고 있다. 내용에 있어 설화적인 면이 많아 지금까지 관심 밖에 있었다. 그러나 사실 여부를 떠나 그 상징적 의미는 크다. 전해지는 내용을 그대로 이해하면 가야는

불교공인에 대해 『삼국유사』에는 법흥왕 14년, 『삼국사기』에는 15년으로 기록하고 있다.

18 『삼국유사』 권2 기이 2, 가락국기.

19 지금 그곳을 주포라 하고, 처음 언덕 위에서 비단바지를 벗던 곳을 능현綾峴이라 하며, 깃발이 처음 해안에 들어오던 곳을 기출변旗出邊이라 한다.

20 『삼국유사』 권3, 탑상 4, 금관성파사석탑.

가장 먼저 불교를 받아들인 나라가 된다.

이런 설화가 나오게 된 연유는 다음과 같은 의도가 있었음을 유추할 수 있다. 수로왕이 성장하여 허황옥을 왕비로 맞은 시기는 역사적으로 중국에 불교가 전래될 무렵이다. 이 이야기는 해상을 통한 전래였기 때문에 중국을 통한 육로와는 관계가 없다. 이렇듯 전래 시기가 매우 빠른 것은 다른 부족과의 우열경쟁에서 자신의 전통성과 우수성을 확보하기 위한 후대의 기록일 가능성이 크다.[21]

가야에 불교가 전해진 이후 거의 400여 년 동안 불교활동에 대한 기록이 없기 때문에 초전의 역사성을 신뢰하기 어렵다. 여러 정황으로 보아 전해진 시기는 질지왕 2년(452) 전후로 추정된다. 이때는 신라 제19대 눌지왕 36년으로 묵호자墨胡子가 들어와 교화활동을 전개한 시기와 거의 비슷하기 때문이다.

비역사성에도 불구하고 가야불교에서 다양한 문화의 전래를 볼 수 있다. 우리는 중국과의 관계를 중요하게 여긴 탓에 해양으로부터의 문화적 전래를 등한시하였다. 그러나 백제는 뱃길을 통해 중국 남조의 문화를 받아들였고, 불교 역시 그 길을 통해 전래되었다. 중국과의 해상 교류를 넘어 동남아시아와 서남아시아 문화의 전래 가능성도 충분하다. 항해술의 발전은 해양문화의 동쪽 전래를 가능하게 하였다. 수로왕릉의 문에 물고기 한 쌍을 고리로 장식한 쌍어문雙魚文은 메소포

---

21 이런 유형은 신라에도 보이고 있다. 신라불교 기록에서 가장 빠른 것이 제13대 미추왕 2년(263)에 고구려 승려 아도我道의 전래이다. 이때는 고구려에도 불교가 전래되지 않은 시기이다. 그런데 신라에 불교가 전래되었다고 하는 것은 김씨의 왕권 강화를 위한 목적으로 해석된다.

타미아 지역에서 시작해 인도와 중국 그리고 가야까지 전파된 문화였다. 그런 면에서 가야불교의 유물은 해상교류를 통해 들어온 것으로 추정된다. 삼국의 불교문화와 비교해도 결코 낮은 수준이 아니다.

2. 고대 불교발전과 전교활동

1) 고구려불교의 구법승

불교가 전해진 초기에는 전래승이 가지고 온 경전과 그들이 전해주는 내용으로 공부할 수밖에 없었다. 고대 경전의 형태는 족자 같은 곳에 손으로 쓴 양식이었다. 부피가 커서 가지고 오는 데 한계가 있었다. 많은 양의 경전이 전해질 수 없어 받아들이는 곳은 항상 부족한 상태였다. 전달하는 교리를 배울수록 중층적 체계는 궁금증을 가지게 하였다. 그런 상황을 보완하고 불교교리에 대한 이해를 넓히기 위해 중국과 인도로 불교를 공부하러 가는 구법승이 등장하였다.

구법은 전해준 곳으로 가는 것이다. 고구려에 불교를 전해준 곳이 중국이었으므로 자연히 그곳으로 가게 되었다. 불법을 구하러 간 승려들은 중국의 고승을 만나 법을 배우고 귀중한 경전을 구해 볼 수 있었다. 승려들은 그렇게 불법을 구하는 일 자체를 큰 영광으로 여겼다. 이들의 구법과 연구의 열정에 의해 초기 고구려불교는 발전할 수 있었다.

고구려의 구법활동은 장수왕(413~491) 때 보이기 시작한다. 불교전래 후 대략 80년에서 100년 정도가 지난 시기이다. 대표적인 구법승은 승랑僧朗이었다. 그는 장수왕 집권 후기 중국으로 가서 삼론학을 깊이 연구하였다. 그곳에서 중국의 승려들이 삼론과 성실론을 학문적으로 분리하지 않고 함께 연구하는 것을 보고 그 교학적인 차이를 지적하였다. 그의 조언으로 중국 삼론학이 발전하고 영향을 받은 중국 승려들에 의해 삼론종이 세워졌다. 승랑은 섭산 서하사栖霞寺에 머물면서 중국 교학 발전에 기여하며 스승을 대신해서 주지가 되었다. 양나라 무제가 승정僧正과 지적智寂 등 열 명의 승려를 보내 배우게 할 정도로 명성이 높았다. 승랑은 화엄학에도 깊은 조예가 있었다.[22]

평원왕 때 대승상 왕고덕은 의연義淵을 북제로 보내 정국사定國寺 법상法上에게 불교의 기원과 중국불교의 교학을 배워오게 하였다. 이때 『십지론』, 『지도론』, 『금강반야』 등의 경전들이 보이는 것으로 보아 그런 교학이 연구되어졌음을 짐작할 수 있다.[23]

그 후 석파약釋波若은 중국 천태산에 들어가 천태의 제자가 되어 교관을 연구하였다.[24] 581년 이후 수나라에 들어가 삼론을 강의한 실법사實法師,[25] 인법사印法師가 있었다.[26] 지황智晃은 부파교학에 뛰어난 학자였다.[27]

이 무렵 특별하게 고구려에서 인도로 불법을 구하러 간 수행자는 현유玄遊였다. 먼저 중국에 갔다가 스승인 승철僧哲을 따라 인도로 가서 스리랑카의 승려가 되었다.[28]

---

22 『양고승전』 권8, 의해 5, 석법도전(T. 50권, p.380 하).
23 『해동고승전』 권1, 유통1-1, 석의연.
24 『삼국유사』 권5, 피은 8, 혜현구정.
25 『속고승전』 권14, 의해 10, 석혜지전(T. 50권, p.537 하).
26 『속고승전』 권15, 의해 11, 석영예전(T. 50권, p.539 하).
27 『속고승전』 권18, 습선 3, 석담천전(T. 50권, p.572 상).

이와 같은 과정을 통해 알 수 있는 것은 당시 고구려에서 불교를 받아들이고 중요시했던 교학과 연구 경향이다. 구법승들의 활동에서 보이는 경론들의 이름으로 볼 때 당시 고구려에서는 부파교학과 더불어 삼론, 화엄, 천태, 반야사상 등의 대승교학이 연구된 것을 짐작할 수 있다.

2) 고구려불교의 전교활동

고구려 제19대 광개토왕 2년(392) 평양에 아홉 개의 사찰을 세웠다.[29] '불교를 믿어 복을 구하라'고 하는 고국양왕의 하교가 있던 다음 해이며, 순도가 고구려에 온 지 20여 년이 되는 해였다.

광개토왕이 많은 사찰을 창건한 것은 불법을 믿고 복을 받으라고 하교한 고국양왕의 유훈을 계승한 것이다. 그리고 자신의 치세에 많은 사찰을 건설한 것은 강성한 고구려를 불교의 진리로 통치하는, 가장 이상적인 왕인 전륜성왕의 사상을 추구한 것으로 생각된다.

광개토왕 때 평양은 고구려 수도가 아니었다. 다음 장수왕 때 이곳으로 천도하면서 수도가 된 곳이다. 이곳에 아홉 개의 사찰을 건축하였다면 수도를 중심으로 한 왕실 주변에는 더 많은 사찰이 세워졌을 것이다. 지방에까지 많은 절을 창건할 정도이면 이 무렵 고구려불교는 상당한 교세와 발전을 이루고 있었을 것으로 짐작된다.

고구려의 발전된 불교문화는 자연히 신라와 일본으로 전해져 많은 영향을 주었다. 신라의 경우 처음에는 부족신앙이 강해 불교가 쉽게

---

28 『대당서역구법고승전』 권하, 승철선사조(T. 51권, p.8 하).
29 『삼국사기』 권18 고구려본기 6, 광개토왕 2년 추8월.

수용되지 못했다. 그 후 공주의 치병과 또는 외국사신의 공경 등 결정적인 계기를 맞아 불교를 포교할 수 있었다. 그러나 지속되지 못하고 순교하는 등 어려움을 겪었다.

법흥왕 때 다시 불교를 공인하여 굳건한 토대를 마련한 신라는 진흥왕 12년(551) 고구려 혜량惠亮을 승통에 임명하면서 발전기로 접어들 수 있었다.[30] 혜량은 신라의 초기 교단을 형성하는 데 크게 공헌하였다. 이때 승려들의 출가와 수행방법 등 교단의 기초가 닦여졌다. 그의 건의에 의해 백고좌법회百高座法會와 팔관회八關會 등 신라불교의 중요한 의례가 행해져 민심을 통일시키는 역할을 하였다.[31]

고구려불교는 6세기 후반 일본에 전해지기 시작하였다. 일본은 이미 백제로부터 불교가 전해져 어느 정도 불교신앙이 형성되었기 때문에 고구려불교의 전교傳教 활동은 수월하였다. 일본에서 가장 먼저 활동한 고구려 승려는 혜편惠便이었다. 처음 일본에 갔을 때는 전교의 사정이 여의치 않아 속인의 모습으로 생활하였다. 고구려 평원왕 26년(584) 일본 대신 소아마자蘇我馬子가 백제에서 보낸 온 불상 2구를 봉안할 사찰을 건립하고 분수焚修할 승려가 필요할 때 선발되어 전교활동을 하였다. 그는 일본불교 최초의 비구니 수행자 선신니善信尼, 선장니禪藏尼, 혜선니惠善尼 세 명을 배출하였다.[32]

일본에 불교가 전해지는 데 많은 공헌을 한 사람은 성덕태자聖德太子였다. 태자는 불교를 받아들이는데 많은 힘을 기울였고 불법으로

---

30 『삼국사기』 권40, 잡지 9, 무관.
31 『삼국사기』 권44, 열전 4, 거칠부.
32 『일본서기』 권20, 민달천황 13년 추9월.

천하를 다스린 것으로 유명하다. 이런 태자의 스승이 된 고구려 승려가
혜자惠慈였다.[33] 영양왕 6년(595) 일본으로 건너가[34] 그에게 불법을
가르치고 그것이 사회에 실천될 수 있도록 애쓰다가 영양왕 26년(615)
고구려로 돌아왔다.[35]

일본의 불교교단 형성에 크게 기여한 고구려 승려는 혜관惠灌이다.
그는 백제 관륵觀勒의 뒤를 이어 일본의 제2대 승정이 되었다. 교단
정립에 크게 기여하면서 일본 삼론종의 시조가 되었다.[36] 그의 교학은
직접 수나라에 가서 삼론의 깊은 뜻을 배우고 돌아와 일본에 전해준
것이기 때문에 의의가 크다.[37]

고구려에는 부파불교와 대승의 교리가 함께 연구되고 있었다. 그
가운데 삼론학이 가장 융성하였다. 이런 경향을 볼 때 일본에 전해진
불교교리도 삼론학이 가장 많았을 것으로 짐작된다.

고구려는 일본에 불교교리만 전해준 것이 아니었다. 당시 고구려에
서 형성된 불교문화가 전래되었다. 그 가운데 두드러진 것이 바로
회화였다. 이 분야에서 두드러진 활약을 보인 수행자는 담징曇徵이다.
그에 의해 일본에 물감, 종이, 붓, 먹 등을 만드는 법과 아울러 그림을
그리는 기법 등이 최초로 전해졌다. 이때 함께 전해진 오경五經과
맷돌 등도 일본의 문화발전에 기여하였다.[38]

---

33 『일본서기』 권22, 추고천황 3년 5월.
34 『일본서기』 권22, 추고천황 원년.
35 『일본서기』 권22, 추고천황 23년 11월 계묘.
36 『일본서기』 권22, 추고천황 33년 춘정월 임신.
37 『삼국불법전통연기』 권중, 삼론종(『대일본불교전서』 제101책, pp.110 상~111 상).
38 『일본서기』 권22, 추고천황 18년 춘3월.

3) 백제불교의 구법승

백제불교의 초기 상황은 상당히 적극적으로 전개되었다. 그 후의
모습은 전해지는 자료가 없어 어떤 상황이었는지 추정하기 어렵다.
초전에서 150여 년이 지난 중기에 오면 다시 불교와 관련된 기록들이
보인다. 두드러진 활동으로 백제 승려의 구법을 들 수 있다. 법을
구하러 가는 구법활동이 나타나는 이유는, 전해진 경전을 가지고
불법을 공부하기에는 그 수나 양에 있어서 현저하게 부족하였기 때문
이다.

백제는 중국을 통해 불교가 전해졌지만 실제 전래승은 인도 수행승
이었다. 그런 까닭에 어느 곳보다도 인도에 대한 인식이 남달랐다.
따라서 구법의 필요성을 느꼈을 때 일찍부터 인도로 불법을 구하러
간 수행자가 있었다.

겸익謙益은 인도에 가서 5년 동안 범문과 율부를 공부하고 성왕
4년(526) 인도승 배달다 삼장과 함께 귀국하였다. 이때 아비담장과
오부율문의 범본 원문을 가지고 와 교학과 율학의 발전에 기여하였다.[39]

중국으로 불법을 구하러 간 수행자는 현광玄光이다. 그는 중국 남조
진陳나라에서 남악혜사에게서 법화삼매를 증득하였다. 고향인 웅주
옹산으로 돌아와 사찰을 세우고 크게 교화하였다. 그에 의해 『법화경』
안락행품을 중심으로 하는 실천적 법화신앙이 널리 전해졌다.[40]

---

39 이능화, 『조선불교통사』(상), pp.33~34. 미륵불광사사적.
40 『송고승전』권18, 감통 6-1, 진신라국현광전(T. 50권, pp.820~821 상).;『불조통기』
　　권9, 제조방출세가 5-1, 남악방출세가(T. 49권, p.196 상~중).

4) 백제불교의 전교활동

구법승의 활약으로 교학이 크게 발전한 백제불교는 일본불교에 크게
영향을 주었다. 백제가 일본에 불교를 전해준 시기는 백제 성왕 16년
(538)과 30년(552)의 두 가지 기록이 있다. 일본은 16년을 정설로
이야기하지만 그들의 정사正史인 『일본서기』에는 뒤의 30년으로 기록
하고 있다.[41]

일본불교의 초기 교단은 백제불교의 영향을 받았다. 성왕 32년(554)
담혜 등 9인의 승려가 일본에 가고 이미 일본에 있던 도심 등 7인의
승려가 백제로 돌아온 사실로 볼 때 백제의 교화단이 일본에 파견되었
음을 알 수 있다.[42]

이런 대규모의 교화가 가능했던 것은 백제 왕실의 적극적 후원이
있었기 때문이다. 성왕의 셋째 아들 임성태자가 일본에 건너가 관음,
묘견, 응부신앙 등을 전했다고 하는 기록도 그런 사실을 시사한다.[43]

이런 후원이 지속되면서 일본의 지배계급은 백제의 승려에게 많은
가르침을 받게 되었다. 성왕 42년(595) 일본에 간 혜총惠聰은 고구려에
서 온 혜자와 함께 일본의 성덕태자를 크게 일깨우며 일본불교 발전에
기여하였다.[44]

백제불교는 일본불교의 교단 형성에도 크게 영향을 주었다. 관륵觀
勒은 백제 무왕 3년(602) 일본에 건너갔다.[45] 삼론의 대가였던 그는

일본 최초의 승정이 되어 일본불교 교단의 기초를 세웠다.[46]

이런 백제불교가 일본에 전해지는 데에는 비구니의 활약이 컸다. 의자왕 15년(655) 일본으로 건너간 비구니 법명法明은 일본에서 유마경을 독송하여 병자를 고쳤을 뿐만 아니라, 그런 독경의 관습은 일본에서 유마회가 만들어지고 크게 성행하는 계기가 되었다.[47]

백제는 일본에 불교만 전한 것이 아니었다. 그런 과정을 통해 많은 문화가 함께 전해지게 되었다. 불상과 경전 그리고 사원건축과 관련된 많은 기술자들이 함께 건너가서 일본 고대 건축의 형성에 크게 기여하였다. 백제 무왕 때 천문, 지리, 역서, 둔갑, 방술 등 다양한 문화가 불교와 함께 전해져 일본의 문화 향상에 도움을 주었다.[48] 그밖에 불교가 전해지면서 의료에 관한 것도 전해졌다는 것으로 볼 때 다양한 문화가 백제에서 일본으로 건너간 사실을 알 수 있다.

특히나 일본에는 불교가 전해지면서 비로소 문자가 만들어졌다. 일본은 그동안 나무를 새겨서 표를 하고 끈을 맺어서 기호로 삼았다. 그런데 '백제로부터 불교 경전이 전해지고 불법을 공부하면서 글자를 가지게 되었다'고 수나라 역사서 『수서隋書』에 전해지고 있다.[49]

---

45 『일본서기』 권22, 추고천황 10년 동10월.

46 『일본서기』 권22, 추고천황 32년 하4월 임술.

47 『원형석서』 권18, 원잡 10-3, 니녀4(『대일본불교전서』 제101책, p.346 상).

48 『일본서기』 권22, 추고천황 10년 동10월.

49 『수서』 권81, 열전 46, 동이.

5) 신라불교의 발전과 특색

법흥왕의 뒤를 이어 왕위에 오른 진흥왕은 유사 이래 가장 넓은 영토를 확보하였다. 영남지방에 국한되었던 영토는 진흥왕 14년(553) 백제를 공격하여 한강 유역을 확보한 것을 시작으로 점점 확장되었다. 백제는 이런 신라에 대항하다 성왕이 살해되는 비운을 겪기도 했다.[50]

진흥왕 23년(562)에는 이사부를 시켜 대가야를 평정하였으며,[51] 고구려와 싸워 영토를 함경도까지 넓혔다. 새로 개척한 땅에 창녕昌寧, 북한산北漢山, 황초령黃草嶺, 마운령磨雲嶺 순수비를 세웠다.

가장 넓은 영토를 확보했다는 것은 많은 전쟁을 했다는 것을 의미한다. 지속된 전쟁으로 신라인들에게 죽음의 공포는 점점 커질 수밖에 없었다. 진흥왕은 그런 공포로부터 벗어날 수 있는 심리적 방안을 불교에서 찾았다.

불교 서적이 부족한 것을 보완하기 위해 진흥왕 26년(565) 중국 진陳나라에서 사신 유사劉思와 승려 명관明觀이 올 때 경론 1,700여 권을 가지고 오도록 하였다.[52]

진흥왕 27년(566) 기원사와 실제사 두 절을 지었으며,[53] 같은 해에 황룡사도 완공하는 등 많은 사원을 건립하였다.[54] 그리고 진흥왕 29년(568) 전몰장병의 명복을 빌기 위하여 팔관회를 개최하였다.[55]

---

50 『삼국사기』 권4, 신라본기 4, 진흥왕 15년 7월.
51 『삼국사기』 권4, 신라본기 4, 진흥왕 23년 9월.
52 『삼국사기』 권4, 신라본기 4, 진흥왕 26년.
53 『삼국사기』 권4, 신라본기 4, 진흥왕 27년 2월.
54 『삼국사기』 권4, 신라본기 4, 진흥왕 27년.
55 『삼국사기』 권4, 신라본기 4, 진흥왕 33년 10월 20일.

　진흥왕의 불교정책 가운데 가장 주목할 것은 황룡사 장육존상 조성이다. 신라는 부처님과 인연 있는 나라이며, 인도의 통일군주 아쇼카왕이 하려고 했지만 할 수 없었던 것을 신라가 완성함으로써 신라인들에게 자신감을 주고자 하였다.

　황룡사를 창건하고 얼마 되지 않아 하곡현河曲縣 사포絲浦에[56] 큰 배가 닿았다. 군졸들이 배를 조사하니 철과 금이 실려 있었고 인도 아쇼카왕의 편지가 있었다. 왕은 자신이 직접 부처님을 뵙고 공양하지 못한 것을 안타깝게 여기고 철 5만7천 근과 황금 3만 분을 모아서 석가 삼존불을 조성하려 하였다. 그러나 세 번이나 실패하자 그것을 배에 실어 보내며 인연 있는 곳에서 조성되기를 기원하였다. 조성하려던 삼존상 모양도 함께 실어 보냈다. 배는 남섬부주의 16대국과 5백 중국, 10천 소국 8만 촌락을 돌아다녔으나 모두 성공하지 못하고 최후에 신라에 이른 것이다.

　진흥왕은 배가 도착한 고을 동쪽에 동축사東竺寺를 세우고 모형 삼존불을 안치하였다. 금과 철은 경주로 가지고 와 진흥왕 35년(574) 3월 황룡사에서 장육존상을 완성하였다.[57]

　진흥왕은 황룡사 장육존상 조성을 통해 다음과 같은 두 가지 의도를 추구한 것을 알 수 있다. 먼저 신라는 부처님과 인연이 있는 곳임을

---

56 지금의 울주군 곡포谷浦이다.
57 『삼국유사』 권3, 탑상 4, 황룡사장육.; 『삼국사기』 권4, 신라본기 4, 진흥왕 35년 3월.
　"장육존상의 무게는 3만 5천7근이며 황금이 1만1백90분이 들었다. 두 보살은 철이 1만2천근과 황금 1만1백30분이 들었다."

강조한 불연국토사상佛緣國土思想이다. 그런 의식으로 신라인들은 전쟁에 나가는 것은 곧 부처님의 나라를 지키는 성스러운 일로 여기게 되었다. 싸움에서 자신의 생명이 다하면 바로 부처님의 세계에 왕생한다는 신앙적 귀의처를 갖게 되었다. 이런 신앙적 염원은 민중의 단결심을 이끌어내 훗날 삼국통일의 밑거름이 되었다.

　다음 진흥왕 이후 진덕여왕에 이르기까지 신라의 왕들은 진眞자가 들어가는 왕호를 썼다. 신라인들은 부처님이 태어난 석가족을 찰제리종刹帝利種이라 하였다. 참다운 종족이란 의미를 갖고 있어 이를 진종眞種이라 표현하였다. 이것은 석가족의 신성함을 강조하고 그와 함께 신라의 왕족 역시 일반인들과는 구별되는 우수한 혈통을 가지고 있음을 드러낸 것이다. 그런 혈통을 대중들에게 인정받기 위해서 인도와의 연계가 필요하였다. 그런 인식을 바탕으로 인도로부터 출발한 배가 수백 년이 지난 다음 신라에 온 것을 설화로 엮어 신라의 우수성과 존귀함을 나타낸 것이다.

　진흥왕 이후 신라 왕족의 이름에 석가족과 관련된 명칭이 등장하였다. 진평왕의 이름은 부처님의 아버지 이름인 백정白淨이며, 왕비역시 마야부인이었다.[58] 선덕여왕은 동방세계의 부처님인 선덕여래에서 유래한 것이며, 진덕여왕의 이름 승만은『승만경』에 나오는 승만부인에서 따온 것이다.[59]

58『삼국사기』권4, 신라본기 4, 진평왕 원년 7월.

59『삼국사기』권5, 신라본기 5, 진덕왕 원년 1월.

6) 신라불교의 구법승 활동

신라에 불교가 전해지는 초기에는 여러 면에서 뛰어난 고구려와 백제의 영향을 받았다. 그렇지만 그 단계를 지나 자체적인 교학 발전을 이루면서 역사적으로 많은 업적을 남긴 고승들이 출현하였다.

원광圓光은 진평왕 11년(589) 유학儒學을 배우러 진陳나라에 들어가 연구하다가 우연한 기회에 불법을 듣고 귀의하였다. 그 후 11년 동안 대승불교를 연구하고 진평왕 22년(600) 귀국하여 신라에 대승법문을 펼쳤다. 그의 학문이 매우 높아 국왕으로부터 성인처럼 공경받았다.

원광이 활동하던 때는 삼국이 첨예하게 대립하던 시기였다. 그는 대승불교를 펼치면서 신앙적 가치관을 국가존립에 맞추었다. 수나라에 병사를 요구하는 걸사표를 쓰면서 '자신을 구하기 위해 타인을 없애는 일은 수행자의 길이 아니나, 국왕의 곡식을 먹고 사는 백성으로서 명을 거역할 수 없다'고 한 것은 그러한 예의 표본이었다.

귀산과 추항에게 내려준 세속오계에서 절대적으로 살생을 금하여야 하는 수행자가 생명을 죽여야 할 때 가려서 할 것을 가르친 것도 삼국대립이라는 현실적 여건을 감안한 내용이었다.[60]

원광 이후의 구법승으로 안함安含을 들 수 있다. 수나라에 유학하는 동안 칙명으로 대흥성사大興聖寺에 머물렀다. 황실의 지원을 받아 당시 융성했던 천태학과 삼론학을 깊이 연구하였다. 귀국하면서 왕실에 『능가경』과 『승만경』을 바친 것을 볼 때 여래장 사상에도 깊은 관심을 갖고 있었음을 알 수 있다.

---

60 『삼국유사』 권4, 의해 5, 원광서학.; 『해동고승전』 권 제2 유통1-2, 석원광.; 『삼국사기』 권45, 열전5, 귀산.

안함은 밀교에도 조예가 깊었다. 귀국 후 호승 비마라진제毘摩羅眞諦
와 황룡사에 머물면서 『전단향화성광묘녀경旃檀香火星光妙女經』을 번
역하였다. 이 경은 현재 전해지지 않지만 경명으로 볼 때 밀교계
경전임을 알 수 있다. 그의 밀교사상을 알 수 있는 저서는 『참서讖書』
1권과 『동도성립기東都成立記』이다. 두 저술은 이름만 전해지고 있지
만 다른 곳에 전해지고 있는 내용으로 볼 때 밀교적 저술임을 알
수 있다. 이처럼 신라사회에서 본격적인 밀교활동을 펼친 안함은
선덕여왕 9년(640) 64세로 만선도량에서 입적하였다.[61]

자장慈藏이 구법할 무렵 신라 왕조는 성골의 부재로 연이어 여왕이
즉위하면서 왕권이 급속도록 약화되던 때였다. 나제동맹의 와해로
시작된 백제와 고구려의 침략은 진지왕과 진평왕을 거쳐 진덕여왕에
이르기까지 계속되었다.

삼국의 대립은 그 끝이 보이지 않고 중국은 수나라에서 당나라로
교체되었다. 국제정세가 긴박한 상황에 이르자 신라 왕실은 중국과
소통할 수 있는 인물이 필요하였다. 진평왕 때 중국으로 오가는 국서는
모두 원광의 심중에서 나왔다. 온 나라가 그를 받들어 정치를 맡기고
도법道法으로 교화하는 일을 물었다. 그런 원광이었지만 선덕여왕
재위 동안에는 몸이 아파 정사를 도울 수 없었다. 결국 선덕여왕
9년(640)에 황룡사에서 입적하였다.[62]

원광 이후 신라에는 중국을 잘 아는 불교인이 없었다. 선덕여왕은
그를 대신할 수 있는 인물이 필요하였다. 자신이 재상의 자리를 권유했

---

61 『해동고승전』 권2, 유통1-2, 석안함.
62 『삼국유사』 권4, 의해 5, 원광서학.

던 자장이 구법의 뜻이 있음을 알고 불법과 함께 중국의 선진문물을 배워오도록 칙명을 내렸다. 이런 왕실의 현실과 구법의 뜻이 맞아떨어진 자장은 선덕여왕 5년(636) 중국으로 건너갔다.[63]

중국 구법을 마치고 선덕여왕 12년(643) 3월 신라로 돌아왔다.[64] 대국통에 임명된 그는 불교계를 개편하고 승니의 모든 규범을 새로 정하였다. 그리고 신라 사회와 국민통합을 위한 대승적 불교 활동을 전개하였다.[65] 궁중에 들어가서 대승론大乘論을 강의하기도 하고, 황룡사에서 사부대중을 위해 7일 밤낮 동안 보살계본菩薩戒本을 강연하였다.[66] 불교신앙을 통해 왕권을 강화하려는 목적으로 선덕여왕에게 황룡사 9층탑 건립을 건의하여 14년(645) 완성하였다.[67]

약해진 왕권을 강화하고 상대적으로 점점 강해지는 귀족 세력을 견제하기 위해 당나라에서 실시되고 있던 관료들의 복식제도를 도입하였다. 그 결과 진덕여왕 3년(649) 이후 신라의 관리들도 계급에 따라 의관을 입게 되었다.[68]

신라의 구법승 가운데 인도로 간 수행자는 아리나발마阿離那跋摩이다. 처음에 중국 장안으로 갔다. 그곳에서 불교를 배우는 과정에서 인도를 순례하고 싶은 마음이 생겼다. 정관 연간(627~649)에 인도에 가서 나란타사에 머물렀다. 그곳에서 계율과 논서에 대해 공부하면서

---

63 『삼국사기』 권5, 신라본기 5, 선덕왕 5년.

64 『삼국사기』 권5, 신라본기 5, 선덕왕 12년 3월.

65 『삼국유사』 권4, 의해 5, 자장정율.

66 『삼국유사』 권3, 탑상 4, 황룡사구층탑.; 권4 의해 5, 자장정률.

67 『삼국유사』 권3, 탑상 4, 황룡사구층탑.

68 『삼국유사』 권4, 의해 5, 자장정율.

그 내용을 조개껍질과 나뭇잎에 베껴 썼다. 오래 되자 고국으로 돌아오고 싶은 마음이 간절해졌으나 뜻을 이루지 못하고 나이 70세에 그곳에서 입적하였다.

뒤에도 혜업惠業, 현태玄泰, 구본求本, 현각玄恪, 혜륜惠輪, 현유玄遊 등 인도로 구법을 간 승려들이 있었다. 그 밖에도 이름이 전해지지 않는 구법승들 모두 자신을 버리고 온전히 불법을 따르며 석가의 교화를 느끼려고 인도로 갔다. 이들의 구법여행은 고난의 여정일 수밖에 없었다. 중도에서 죽거나 혹은 살아서 인도에 머물기도 하였지만 다시 중국과 신라로 돌아오지 못했다. 오직 현태玄泰만이 당나라로 돌아왔다고 알려졌지만 그 역시 어디에서 입적하였는지 알 수 없다. 그들의 행적이 전해지지 않아 자세히 알 수 없는 것이 안타깝지만, 그런 활동만으로도 후학에게 많은 영향을 주었을 것은 미루어 짐작할 수 있다.

신라승들의 인도 구법에 의해 인도인들은 저 멀리 동쪽에 신라가 있음을 알았다. 이를 구구탁예설이라 불렀다. 구구탁은 닭(鷄)을 말하는 것이고, 예설은 귀함(貴)을 뜻하는 것이다. 그렇게 불렀던 것은 신라에서 계신鷄神을 높이 받들고 닭의 깃을 꽂아서 관을 장식하였기 때문이다.[69]

---

[69] 『삼국유사』 권4, 의해 5, 귀축제사.

II. 민족불교의 정착 시대

1. 신라의 삼국통일과 불교

1) 통일에 기여한 불교사상

한반도 남동쪽에 위치한 신라는 지역적 특성 때문에 선진문화의 수입이 늦었다. 초기 국력과 문화 발전도 고구려와 백제에 비해서 현격하게 열세였다. 그러나 삼국 가운데 대업을 이룬 나라는 신라였다. 통일을 이룰 수 있었던 요인은 여러 가지가 있지만 그 가운데 불교를 통한 민심의 통합도 중요한 원인이 되었다.

불교가 전해진 이후 신라인에게 자긍심을 주었던 것은 신라가 부처님과 깊은 인연이 있다고 하는 불연국토사상佛緣國土思想이었다. 이 사상은 삼국 항쟁의 역경을 극복할 수 있는 정신적 가치가 되었다.

중국에 다녀온 자장은 황룡사 9층탑을 세워 신라 왕권을 강화하고 호법의 분위기를 크게 일으켰다. 그러나 귀족들의 반발도 적지 않았다.

왕권을 강화하려는 선덕여왕과 자장은 그들을 견제하기 위한 방안을 강구하였다. 지금까지 국행불사를 주관하던 황룡사를 벗어나 새로운 왕실 사찰을 계획하였다.

선덕여왕 15년(646) 경주를 벗어나 삽량주에 통도사와 금강계단을 세워 중국에서 가져온 사리를 봉안하였다. 삼장三藏 4백여 함도 안치하였다.[1] 진신사리를 봉안함으로써 신라에 항상 부처님이 머문다는 진신상주사상眞身常住思想을 제시하였고, 이는 왕이 곧 부처라는 강력한 이념의 표현이었다.

신라의 불교수용은 고구려와 백제보다 늦었지만 신앙의 전개는 남달랐다. 통치이념으로 수용된 까닭에 초기 불교신앙의 중심축은 왕실과 귀족이었다. 대중들도 불교를 신앙하였지만 그 속에 녹아들기 어려웠다. 불법의 심오함을 배울 수 있는 곳과 교리를 이해하기 쉽도록 설명해주는 고승들이 드물었다. 그 후 왕실과 귀족들의 신앙이 원숙해지자 대중들을 위한 신앙 활동을 전개하는 승려들이 나타나기 시작하였다. 그것이 바로 불교의 대중화였다.

대중화의 주역으로 혜숙, 혜공, 대안, 그리고 원효를 꼽을 수 있다. 이들은 당시 승려가 누릴 수 있던 최고의 생활을 멀리하고 시골 촌락, 조그만 절, 시골 장터에 머물면서 그곳의 주민들을 교화하였다.[2] 전국 방방곡곡을 돌아다니면서 노래하고 춤추면서 불교의 진리를 알려주었다. 그들의 노력으로 신라의 대중들은 남녀노소를 불문하고 모두 불법을 알게 되었다.[3] 그런 교화활동에 힘입어 신라불교는 왕실, 귀족,

---

1 『삼국유사』 권3, 탑상 4, 전후소장사리.
2 『삼국유사』 권4, 의해 5, 이혜동진.

서민의 차별 없이 온 국민이 신봉하고 실천하여 통일된 정신력을 지니게 되었다.

하나의 신앙으로 통일된 신라인은 부처님이 항상 계시는 신라를 지키려 자신들의 목숨을 길가의 풀 같이 버릴 수 있었다. 그런 정신력으로 무장한 신라는 지역적으로 동남쪽에 치우치고 국가의 모든 상황이 열악했지만 마침내 삼국통일의 주역이 될 수 있었다.

2) 신라 지도자의 불교관

지도자의 불교신앙 역시 삼국을 통일하는 데 크게 기여하였다. 문무왕은 불교의 이념을 받아들여 고구려를 물리치고 당나라의 야욕까지 막아낸 현명한 군주였다. 통일 이후에도 그런 기조는 계속되어 문무왕 9년(669) 신혜信惠법사, 14년(674) 의안義安법사를 대서성大書省에 임명하고 국정 전반에 걸쳐 자문을 받았다.[4]

문무왕은 어려운 위기에 처했을 때마다 불교의 힘으로 극복하였다. 당나라가 신라를 침범하려고 하자 의상대사가 급히 귀국하여 그 사실을 알렸다. 그러나 대비할 시간이 부족하자 명랑법사를 불러 불교의 힘으로 타개할 방법을 논의하였다. 명을 받은 명랑은 신유림神遊林에 사천왕사四天王寺를 짓고 문두루비법文豆婁秘法으로 당의 군사를 물리쳤다.[5]

---

3 『삼국유사』 권4, 의해 5, 원효불기.
4 『삼국사기』 권6, 신라본기 6, 문무왕 9년 1월.; 『삼국사기』 권7, 신라본기 7, 문무왕 14년 추9월.
5 『삼국유사』 권5, 신주 6, 명랑신인.

48

신라 동쪽 해역을 자주 침범하는 왜구를 진압하기 위해 진국사鎭國寺라는 사찰을 조성하였지만 완성하지 못하고 죽었다. 아들 신문왕이 이를 완성하고 이름을 감은사感恩寺로 바꿨다.[6]

문무왕은 나라를 다스릴 때도 철저하게 불교사상을 근본으로 하였다. 왕이 통일을 하고 왕실의 위엄을 갖추기 위해 경주 외곽에 성을 쌓으려고 하였다. 이 소식을 들은 의상이 왕에게 나아가, "비록 초야의 허름한 집에 있더라도 정도正道를 행하면 복업이 오래 지속될 것이나, 정도를 행하지 못하면 사람들을 수고롭게 하여 성을 쌓아도 아무런 이익이 없습니다."고 조언하였다. 왕은 이 말을 듣고 곧바로 공사를 중지하여 백성들의 노역을 덜어주었다.[7]

그밖에도 전쟁무기를 녹여 농기구를 만들어 백성들이 편안하게 살 수 있도록 하였다. 긴요하지 않은 세금과 민생에 불편한 법령을 폐지하거나 고쳐 백성을 위한 법령이 되도록 하였다. 그 결과 집집마다 재물이 넉넉하고 풍족하여 민심이 안정되었고 더불어 나라 안의 근심도 사라지게 되었다.

그런 문무왕의 불심은 임종 때도 보이고 있다. 왕은 백성들에게 어려움을 주는 복잡한 장례의식을 생략하고 화장하여 동해 물속에 있는 큰 바위에 묻어주면 국가를 지키는 호국의 용이 되겠다고 하였다.[8]

이와 같은 문무왕의 통치관은 나라를 부처님 법으로 다스린다는 전륜성왕 사상을 실현한 것이다. 군주의 신앙으로 불교는 백성을

6 『삼국유사』 권2, 기이 2, 만파식적.
7 『삼국사기』 권7, 신라본기 7, 문무왕 21년 하6월.
8 『삼국사기』 권7, 신라본기 7, 문무왕 21년 추7월 1일.

다스리는 치국의 이념으로 자리하였고, 나아가 신라 번영의 토대가 되었다.

김유신 역시 불교 신앙으로 역경을 이겨낸 지도자였다. 화랑시절 함께 수련하던 사람들은 그가 미래의 지도자가 되고 좋은 세상을 만들 것을 염원하여 용화향도龍華香徒라 하였다. 이름에서 알 수 있듯이 용화는 미륵을 상징하는 것이며, 향도란 향을 사루는 무리를 나타낸다. 미래불인 미륵부처님이 신라에 와 번영의 시대가 될 수 있도록 서원한 것이다.

그는 어려운 일에 처했을 때 항상 기도한 신앙자였다. 삼국의 항쟁이 첨예한 시절 적을 물리쳐 신라를 편안하게 할 마음으로 중악의 석굴에 들어가 목욕재계하고 기도하였다. 적들이 이 땅을 침범하여 편안할 날이 없으니 자신에게 힘을 주어 나라의 환란을 막을 수 있게 해달라고 간청하였다. 기도 끝에 난승難勝 노인이 나타나 비법을 전해주면서 의롭게 쓸 것을 당부하였다. 김유신의 기도에 감응한 난승은 보살 십지 가운데 난승지에 해당하는 도솔천왕이다. 도솔천에 계신 미륵에게 기도하자 천왕인 난승을 보내 비법을 전하게 한 영험이었다.[9]

그런 신앙심은 통일전쟁에도 활용되었다. 전쟁에 임한 김유신은 난관에 부딪힐 때마다 기도로써 역경을 타개하였다. 백제가 멸망한 다음 일어난 부흥군이 북한산성을 포위하여 신라군이 위급하게 되었다. 부처님의 가피력으로 이겨내려고 사찰에 가서 기도하자 큰 별이 적진에 떨어졌다. 그리고 천둥과 큰 비가 쏟아져 적군을 물리칠 수

---

9 『삼국사기』권41, 열전 1, 김유신.

있었다.[10]

이런 김유신의 국가를 위한 신앙심을 추앙한 신라인들은 그가 사후에 도리천忉利天의 천신이 되어 신라를 지키고 있다고 믿었다.

3) 통일에 기여한 신라의 고승

신라가 삼국을 통일한 문무왕 8년(668)은[11] 불교가 다시 공인된 법흥왕 14년(527)으로부터 오랜 시간이 경과한 뒤였다. 신라불교 초기에는 여러 면에서 고구려와 백제불교의 영향을 받았다. 그런 과정을 지나 자체적인 교학 발전을 이루면서 역사적으로 많은 업적을 남긴 고승들이 출현하였다.

원광圓光, 자장慈藏, 의상義湘, 명랑明朗, 혜통惠通 등 뛰어난 고승들이 이 시기에 출현하여 신라불교를 빛냈다. 이들이 활동한 시기는 삼국이 첨예하게 대립하던 시기였다. 그런 이유로 이들의 신앙관은 국가존립과 삼국통일에 맞추어질 수밖에 없었다.

원광이 수나라에 병사를 요구하는 걸사표乞師表를 쓴 것과 세속오계에서 생명을 죽여야 할 때 가려서 할 것을 당부한 것도 삼국대립이라는 현실적 여건을 감안한 가르침이었다.[12]

자장은 자신의 본분보다 국가의 안녕과 발전을 생각한 수행자였다.

---

10 『삼국유사』 권1, 기이 1, 태종춘추공.

11 신라의 삼국통일에 대해 당나라 군사를 대동강 이북으로 축출한 676년으로 보기도 한다. 그러나 본서에서는 삼국의 항쟁이 마무리 되는 668년을 통일의 원년으로 삼았다.

12 『삼국유사』 권4, 의해 5, 원광서학.

선덕여왕 12년(643) 3월 신라로 돌아와 대국통에 임명되었다. 왕권강
화와 삼국통일의 염원이 담긴 황룡사 9층탑 건립을 건의하였다. 불교의
힘으로 신라를 둘러싸고 있는 외적들의 항복을 받으려는 의도였다.

왕은 여러 신하들과 논의하고 실행에 옮겼다. 건립 책임자 이간
용춘龍春은 백제 아비지阿非知를 초청하고 2백 명의 장인을 통솔하였
다. 신라로 초청된 아비지는 절의 기둥을 세울 때 백제가 망하는
꿈을 꾸자 작업을 중단하였다. 그러자 홀연히 땅이 진동하고 어두워지
면서 한 노승과 장사가 금당문에서 나와 기둥을 세운 후 어디론가
사라졌다. 아비지는 작업을 중단한 것을 후회하고 다시 재개하여
선덕여왕 14년(645) 탑을 완성하였다. 그리고 중국에서 가져온 사리를
탑 안에 봉안하자 천지가 태평하여 삼한을 통일할 수 있었다.[13]

의상 역시 국가관이 투철한 고승이었다. 문무왕 원년(661) 중국에
건너가 화엄종 지엄智儼의 문하에서 공부하였다. 총명했던 그는 오래
지 않아 인증을 받고 스승의 뒤를 이어 후학들을 지도하였다. 그런
가운데 당나라가 신라와의 연합을 깨고 침범하려 하자 급히 귀국하여
이 사실을 알렸다. 의상의 이런 노력으로 신라는 당나라의 침범에
대처하며 국난을 타개할 수 있었다.[14] 당나라에서 이룰 수 있는 자신의
학문적 성취와 명예보다 국가적 어려움을 해결하는 것을 우선으로
여긴 행동이었다.

또한 그는 왕이 선정善政할 수 있도록 잘 보필한 것으로도 유명하다.
문무왕이 통일을 하고 왕실의 위엄을 갖추기 위해 경주 외곽에 성을

---

13 『삼국유사』 권3, 탑상 4, 황룡사구층탑.
14 『삼국유사』 권4, 의해 5, 의상전교.

쌓으려고 하자 이를 말리는 직언을 하여 백성들의 어려움을 덜 수 있었다.[15]

말년에는 부석사를 창건하여 후학양성에도 최선을 다했다. 명성을 듣고 찾아온 제자가 3천 명이 넘었다. 그 가운데 뛰어난 제자 열 사람이 십대덕十大德이다. 이들 가운데 표훈表訓은 의상과 함께 흥륜사 금당에 모신 십성十聖에 이를 정도로 도력이 뛰어났다.[16]

명랑 역시 뛰어난 능력을 지닌 고승이었다. 자장의 생질甥姪이던 그는 당나라에 유학하였다. 일찍부터 비법에 능한 명랑은 당나라가 신라를 침입하자 왕을 도와 신유림에 사천왕사를 짓고 문두루비법文豆婁秘法으로 물리쳤다.[17] 이런 명랑의 비법은 고려 때까지 계승되어 국난타개의 의례가 되었다.

명랑과 함께 비법으로 신라의 통일을 도운 고승은 혜통이다. 당나라에 유학을 하여 밀교를 배우고 문무왕 5년(665) 귀국하였다. 그는 다라니 주송呪誦을 통해 질병치료와 해원解怨에 노력하여 통일 후 국사로 책봉되었다. 후대 총지종의 개조로 추앙되었다.[18]

---

15 『삼국사기』 권7, 신라본기 7, 문무왕 21년 하6월.

16 『삼국유사』 권4, 의해 5, 의상전교.

17 『삼국유사』 권5, 신주 6, 명랑신인.

18 『삼국유사』 권5, 신주 6, 혜통항룡.

2. 통일신라의 불교교단과 문화

1) 통일신라의 불교학 발전

신라의 불교학은 왕실과 승려들의 노력으로 점차 발전하였다. 왕실의 적극적인 후원으로 많은 승려들은 부족한 서적과 교학연구를 위해 인도와 중국으로 갔다. 그런 노력의 결과 삼국시대부터 화엄, 법화, 열반 등 대승교학이 발전할 수 있었다.

통일 이후에도 불교학은 지속적으로 발전하였다. 전쟁의 어려움이 끝난 뒤여서 국가적 지원과 연구에 대한 열의가 높아졌다. 불교계 안에서도 훌륭한 고승들이 끊이지 않고 배출되었다. 이들은 중국에서 불교를 수용하는 것에 만족하지 않고 연구를 통해 독자적인 이론과 저술을 남겼다. 내용이 우수하여 중국 고승의 찬탄을 받기도 하였다.

신라는 인도, 중국 불교와 다른, 자신들의 정서에 맞는 불교학의 토착화를 정립하는 데 고심하였다. 통일신라의 불교학을 발전시킨 고승을 꼽는다면 불교의 대중화에 크게 공헌한 원효元曉, 신문왕 때 국사를 지낸 경흥憬興, 그리고 경덕왕 때의 고승인 태현太賢을 들 수 있다. 이들은 한국불교 안에서 가장 많은 저술을 남긴 3대 저술가이다. 저술 모두가 전해지지는 않지만 서명書名만으로도 불교학의 모든 분야가 연구되었음을 알 수 있다. 중국의 불교학과 비교해도 결코 뒤지지 않는 역량이었다.

원효는 진평왕 39년(617) 압량군 불지촌에서 태어났다. 어린 시절 이름은 서당誓幢이었다.[19] 출가 후 국내 연구에 만족하지 않고 중국 구법을 희망하였다. 34세 때 의상과 함께 입당入唐 전 고구려 보덕화상

에게 『열반경』과 『유마경』을 배울 생각으로 고구려에 갔으나 국경에
서 잡혀 되돌아왔다.[20] 그 후 보덕은 백제 완산주로 옮겼다.[21] 660년
7월 백제가 멸망하자 의상과 그곳으로 가 공부한 후 항구로 가던
도중 무덤에서 진리를 깨달았다.[22]

중국 유학의 필요성이 사라져 신라로 되돌아온 그는 저술과 강학에
전념하여 한국불교에서 가장 많은 저술을 남긴 승려가 되었다. 불교학
전반에 걸쳐 연구서를 집필하였다. 그의 저서는 경전의 중요한 내용을
정리한다는 의미로써 종요宗要라는 표현을 썼다. 이런 원효의 불교학
연구를 당나라 고승들은 해동소海東疏라고 부르며 존중하였다. 『금강
삼매경소』는 당나라 승려에 의해 '이것은 보살의 경지에서만 나올
수 있는 저술이므로 당연히 논이란 명칭을 붙여야 한다'고 해서 『금강삼
매경론』으로 불리게 되었다. 신라 불교학의 우수한 면모를 보여주는
사례라고 할 수 있다.

경흥은 신문왕 때의 고승으로, 18세에 출가하여 삼장을 익혔다.
명망이 높아 문무왕이 아들 신문왕에게 국사로 삼을 것을 당부할
정도였다.[23] 그러나 명성과 달리 전해지는 행적은 소략하다. 『법화
경』을 비롯하여 『열반경』, 『반야경』, 『무량수경』, 『미륵경』, 그리고
『금광명경』 등 많은 경전의 주석서를 집필하였다. 많은 저술에도

19 『삼국유사』 권4, 의해 5, 원효불기.
20 『삼국유사』 권4, 의해 5, 의상전교.
21 『삼국유사』 권3, 흥법 3, 보장봉로 보덕이암.
22 「당신라국의상전」, 『송고승전』(T. 50권, p.729 상).
23 『삼국유사』 권5, 감통 7, 경흥우성.

불구하고 현재 전해지고 있는 것은 『무량수경연의술문찬』 3권과 『삼미륵경소』 1권뿐이다.

태현은 경덕왕 때의 고승으로 청구사문靑丘沙門이라 불렸다. 당나라에서 이름을 떨쳤던 원측의 제자 도증道證이 귀국하자 그에게 법을 배웠다.[24] 교학 연구에 투철하였던 그는 다방면으로 학식이 뛰어났다. 특히 원측에서 이어지는 유식학에 뛰어나 유가조瑜伽祖라고 불렸다.[25]

그의 저서는 중국 승려들까지 참고할 정도로 안목이 깊었다. 『화엄경』, 『법화경』, 『반야경』 등 대승경전을 연구한 가운데 유식학의 대가답게 그와 관련된 저술이 많았다. 자신의 저술을 고적기古迹記라 표현하여 자신의 주장보다 옛사람의 주장을 적는다고 겸손하게 표현하였다.

이와 같은 통일신라시대 3대 저술가의 학문적 성과는 대단한 것이었다. 이후 어느 누구도 대적할 수 없을 정도였다. 더 중요한 것은 모든 업적이 중국 유학을 하지 않고 국내에서 이루어졌다는 점이다. 자료의 부족함을 탓하지 않고 끊임없이 연구한 수행자들의 노력이 아니면 이룰 수 없는 업적이기 때문에 그 의의가 더욱 크다.

이외에도 통일신라시대 불교학 발전에 기여한 분으로 의적義寂,[26] 도륜道倫,[27] 연기緣起,[28] 대연大衍[29] 등이 있다. 모두 불교학 연구에

---

24 『삼국사기』 권8, 신라본기 8, 효소왕 1년.

25 『삼국유사』 권4, 의해 5, 현유가해화엄.

26 『삼국유사』 권4, 의해 5, 의상전교.
　의상의 제자 10대덕 가운데 한 분이다. 저술로 『범망보살계본소梵網菩薩戒本疏』와 『법화경론술기法華經論述記』가 현존한다. 10대덕은 다음과 같다. 오진悟眞·지통智通·표훈表訓·진정眞定·진장眞藏·도융道融·양원良圓·상원相源·능인能仁·의적義寂.

전념하여 많은 저술을 남겼다. 이들의 끊임없는 노력과 저술 활동은 통일신라 불교학 발전에 기여하면서 불교사상을 더욱 심오하게 하였다.

2) 교단의 정립과 승직제도

통일신라시대 불교학이 발전하면서 교단 역시 번성하였다. 확대된 교단을 효율적으로 관리하기 위해 자연스럽게 승직僧職이 설치되었다. 고구려는 북조의 영향을 받아 국통國統과 도유나都唯那 등이 있었다. 백제는 남조의 영향을 받아 승정僧正과 승도제僧都制를 채택하였다. 고구려불교를 받아들인 신라는 자연스럽게 북조와 고구려에 있는 승직을 두었다.

진흥왕 12년(551) 고구려에서 온 혜량惠亮법사를 국통에 임명한 것이 승직의 시작이었다. 그 후 선덕여왕 때 자장법사가 대국통에 임명되는 것을 보아 승직은 지속적으로 설치되었음을 알 수 있다.

이런 국통과 대국통은 그 명칭에서 알 수 있듯이 승단의 최고 통솔자였다. 승단의 모든 기강과 규범을 세우고 교단의 모든 일을 주관하였다. 국통을 보좌하여 승단의 기강을 세운 승직은 대도유나大都唯那였다. 이것은 북조의 승직인 도유나를 들여와 대大를 붙인 것이다. 대도유나

---

27 저술 『유가사지론기瑜伽師地論記』가 현존한다.

28 『화엄진류환원악도華嚴眞流還源樂圖』, 『화엄경요결華嚴經要決』, 『화엄개종결응華嚴開宗決凝』, 『대승기신론주강大乘起信論珠綱』, 그리고 『대승기신론습번취초大乘起信論拾繁取抄』 등을 저술하였으나 현존하지 않는다.

29 『대승기장大乘起章』, 『기신론소起信論疏』, 그리고 『대방등여래장경소大方等如來藏經疏』 등을 저술하였으나 현존하지 않는다.

에 최초로 임명된 것은 보량寶良 법사였다. 처음에는 1인을 두었으나 진덕여왕 원년(647) 1인을 추가하여 2인이 되었다. 국통을 보좌한 승직으로 신라에만 있었던 도유나랑都唯那娘이 있는데, 아니阿尼로 도유나랑을 삼은 것으로 볼 때 비구니를 통솔하던 승직으로 짐작된다.

승직 이외에 승려가 직접 국정에 참여하던 승관僧官으로 대서성大書省이 있었다. 진흥왕 11년(550) 안장安藏 법사가 맡았다. 처음에는 1인이 임명되었으나 진덕여왕 이후에는 2인이 임명되었다. 이런 대서성이 무슨 일을 하였는지 자세하게 전해지는 바가 없지만 승려로서 국정에 참여한 것으로 보아 교단 통제보다는 국왕의 통치를 자문하던 위치로 짐작된다.

국통과 대도유나 그리고 도유나랑과 같은 승직과 대서성과 같은 승관은 통일 이후에 좀 더 조직적이고 세분화되었다. 국통이나 대국통 이외에도 대통大統과 주통州統 그리고 군통郡統을 두었다. 지방 행정조직의 개편으로 승직 역시 확대될 수밖에 없었기 때문이다.

신라는 통일 이후 전국을 9주로 나누어 통치하였다. 각 주의 교단을 통제하는 승직으로 주통을 두었다. 각주는 군郡으로 세분화되었고 승직 군통을 두고 교단을 통제하였다. 주통은 각 1인씩 모두 9인이 임명되었다. 군통은 18인을 두었다. 이런 교단 업무를 국통 혼자 총괄하기 어려우므로 국통과 주통, 군통 중간에 둔 승직이 대통이었다.

통일 이후 승관 역시 확대되었다. 대서성에 불과하던 승관에 소서성小書省과 정법전政法典 또는 정관政官 등이 추가되었다. 원성왕 3년(787) 혜영惠英과 범여梵如 두 법사를 소서성으로 임명하였다. 대서성이 중앙에서 왕의 자문에 임했던 것처럼 지방에서 지방관의 자문에 임했던 승관으로 짐작된다. 정법전 또는 정관은 왕실의 기구로 짐작된다. 정법전의 구성원으로 대사大舍 1인, 사史 2인을 두고 일이 있을 때마다 임명되었다. 연한이 일정하지 않은 것으로 볼 때 상설직은 아니고 임시직이었던 것으로 짐작된다.[30]

이런 승직과 승관 이외에 신라불교는 국가적으로 중요한 사찰에 사성전寺成典을 두었다. 사성전에는 금하신衿荷臣 1인, 상당上堂 1인, 적위赤位 1인, 청위靑位 2인, 성省 1인 그리고 사史 2인의 관원을 임명하였다. 모든 사찰이 똑같지 않고 사찰 규모에 따라 다소 달랐다. 파견된 사람들이 관원인 것으로 보아 왕실에서 사찰의 중요성을 인식하고 관리 차원에서 파견한 것으로 짐작된다.[31]

그밖에 아니전阿尼典, 원당전願堂典, 승방전僧房典 등이 있었다.[32] 명칭으로 보아 비구니 사찰과 왕실이 세운 원찰, 그리고 일반 대중승려들이 머무는 사찰을 관리하던 부서로 짐작된다.

3) 대중적 불교신앙의 발전

신라불교의 우수성에 있어 불교학 못지않게 성숙된 것이 바로 신라인들의 신행이었다. 대중들은 이해하기 힘든 불교의 교학체계보다 받아들이기 쉬운 신행 방법을 원하였다. 그런 요구에 다가간 것이 진표眞表의 점찰법회占察法會였다.

진표는 완산주完山州 사람으로, 12살에 금산사 숭제법사崇濟法師에

---

30 『삼국유사』 권4, 의해 5, 자장정률.
31 『삼국사기』 권38, 잡지 7, 직관.
32 『삼국사기』 권39, 잡지 8, 직관.

게 출가하였다. 명산을 두루 돌아다니다가 선계산仙溪山 불사의암不思議菴에서 삼업을 갖추고 망신참亡身懺을 수련하였다. 23세인 효성왕 4년(740) 3월 15일 처음 일곱 밤을 기약하고 오체를 돌에 부딪쳐 무릎과 팔뚝이 모두 부서지고 피가 바위에 흩뿌려졌을 정도로 수행했으나 성응聖應이 없었다. 몸을 버릴 것을 결심하고 다시 7일을 기약하였다. 14일이 끝나자 지장보살을 친견하고 정계淨戒를 받을 수 있었다. 그러나 이에 만족하지 않고 영산사靈山寺로 옮겨 용맹정진하였다. 그런 기도 끝에 미륵보살이 나타나 『점찰경占察經』[33] 2권과 간자簡子 189개를 주었다.

『점찰경』 상권은 지장보살이 설주가 되어 말법시대 중생을 교화하는 방편으로 점찰법에 대하여 설하고, 하권은 대승으로 향하는 중생을 위하여 심묘한 법을 설하는 내용이다. 간자 189개는 점찰경에서 삼세의 과보를 점쳐서 나타나게 되는 189종 선악과보의 차별상을 의미한다.

점찰법회는 경전을 강설하는 동시에 189개의 간자를 던진 후 땅에 떨어진 모양을 가지고 선악과 죄상을 점쳐 참회하는 법회였다. 진표는 이 법회를 통해 세상에 법을 전하고 사람을 구하는 뗏목으로 삼았다. 그런 사실을 전해들은 경덕왕은 진표를 궁 안으로 초청하여 보살계를 받고 많은 보시를 하였다.

진표는 매년 금산사에서 개단開壇하고 널리 법시法施를 베풀었다. 그의 법을 얻은 제자 중 뛰어난 사람은 영심永深, 보종寶宗, 신방信芳, 체진體珍, 진해珍海, 진선眞善, 석충釋忠 등이었다. 모두 산문의 개조가

---

33 다른 이름은 지장보살업보경地藏菩薩業報經이다.

되었다.[34]

그 가운데 영심은 속리산에 길상사吉祥寺를 세우고 점찰법회를 열었
다.[35] 영심의 법은 심지心地에게 계승되었다. 심지는 제41대 헌덕왕의
아들로 태어나 15세 때 출가하여 불도에 힘썼다. 속리산에서 영심이
진표율사의 불골간자佛骨簡子로 과증果證 법회를 연다는 것을 듣고
찾아갔다. 법회 후 간자를 얻은 심지는 선인仙人과 함께 산 위에 올라
던졌다. 숲의 샘 속에서 떨어진 간자를 찾아내 강당을 짓고 안치하였다.
그곳이 지금 동화사 첨당籤堂 북쪽에 있는 작은 우물이다.[36]

대중들은 이런 점찰법회를 통해 인과의 법칙을 이해할 수 있었다.
그리고 그런 대중적 방편은 불교가 널리 신행되는 동력이 되었다.

통일신라시대 대중들의 불교신앙의 특징 가운데 하나는 현재 자신의
몸으로 부처가 되고 싶은 염원이 성취된 현신성불現身成佛이었다.
그런 수행의 주체는 수행자에서 노비에 이르기까지 다양하였다.

수행자의 경우 자신의 성불을 위해 다른 도반과 경쟁하기도 하고,
뛰어난 고승에게 법을 묻는 등 다양한 방법으로 서원을 성취하였다.
성불의 목표를 이룬 모습에는 자신의 신분과 여건에 좌절하지 않고
신앙적 성취를 이루어내는 진실함이 돋보였다.

이러한 내용들은 모두 설화로 전해지고 있어 그 진실 여부를 논하기
는 어렵다. 그렇지만 신라인들의 구도적 자세는 분명 불교가 지향하고
있는 목표와 일치하고 있음을 알 수 있다. 누구에게나 존재하는 불성을

---

34 『삼국유사』 권4, 의해 5, 진표전간.
35 『삼국유사』 권4, 의해 5, 관동풍악발연수석기.
36 『삼국유사』 권4, 의해 5, 심지계조.

찾아 성불하는 신앙심을 갖고 있었던 것이다.

『삼국유사』에 전해지고 있는 남백월이성南白月二聖 노힐부득 달달박박 설화는 신라 수행자가 미륵불과 아미타불이 되는 현신성불사상을 보여주고 있다. 신라 구사군仇史郡에 백월산이 있고 동남쪽으로 3천 보를 가면 선천촌이 있었다. 그곳에 노힐부득과 달달박박이 살고 있었다. 그들은 약관의 나이에 마을 동북쪽에 있는 법적방法積房에 가서 출가하였다. 그 후 승도촌에 있는 옛 절이 진인眞人이 머물며 수행할 만하다는 말을 듣고 그곳으로 가 대불전大佛田과 소불전小佛田에 살았다.

그들은 처자를 거느리고 서로 왕래하며 살다가 몸과 세상의 무상함을 보고 도를 이루고자 성덕왕 5년(706) 백월산으로 들어갔다. 달달박박은 북쪽 고개 사자암에서 그리고 노힐부득은 동쪽 고개 뇌방磊房에서 각각 미타불과 미륵불이 되기를 서원하며 수행하였다.

3년이 지난 어느 날 저녁 나이 20세 무렵의 낭자가 북암에 와서 기숙하기를 청하였다. 달달박박은 '사찰은 청정을 주로 하는 곳이니 너는 지체 말고 가라' 하며 문을 닫았다. 이어 남암을 찾아가 노힐부득에게 청하자 중생의 어려운 처지를 헤아려 맞아들였다. 그날 밤 낭자의 실험을 이겨낸 노힐부득은 자신의 서원대로 미륵불이 되었다. 그리고 다음날 찾아온 달달박박을 도와 미타불이 될 수 있도록 하였다. 두 수행자를 시험한 낭자는 관세음보살의 화신이었다.

두 성인이 성불하였다는 소식을 듣고 마을 사람들이 몰려와 참배하고 찬탄하였다. 두 성인은 그들을 위해 설법하고 구름을 타고 가버렸다. 경덕왕은 이 이야기를 듣고 16년(757) 대가람을 창건하여 백월산남사라고 하였다. 절이 완성되자 금당에 미륵불을 조성하여 현신성불 미륵지전이라 하고, 또 강당에 미타불을 모시고 현신성불무량수전이라 하였다.[37]

『삼국유사』에 전하고 있는 욱면비염불서승郁面婢念佛西昇 설화 역시 현신의 몸으로 부처가 된 다음 서방으로 왕생하는 내용이다. 경덕왕 때 강주지방에 남자 신자 몇 십 명이 미타사를 창건하고 서방정토를 서원하였다. 아간阿干 귀진貴珍의 집에 욱면郁面이라는 여자종이 있었다. 그녀는 주인과 함께 절에 가면 마당에 서서 염불하였다. 주인은 그녀가 직분에 어울리지 않는 행동을 하는 것을 못마땅해 하고 더 많은 일을 맡겼다. 그러나 여자종은 부지런히 일을 마치고 절에 가서 염불을 하였다. 법당에 들어가지 못하고 뜰에서 염불하던 중 하늘에서 '욱면은 법당에 들어가서 염불하라'는 소리가 들렸다. 승려들이 이 소리를 듣고 욱면에게 법당에 들어가 염불할 것을 권하였다. 얼마 뒤에 하늘의 음악이 서쪽에서 들려오더니 욱면의 몸이 솟구치며 천정을 뚫고 올라갔다. 그리고 서쪽 교외로 가더니 육신을 버리고 부처의 몸으로 변해 연화대에 앉아 큰 빛을 발하면서 천천히 사라졌다. 그때 뚫린 법당 구멍은 오랫동안 전해졌다.[38]

『삼국유사』가 전하고 있는 남백월이성과 욱면비염불서승 설화의 내용은 신라인들의 불교적 실천이었다. 미래세의 성불이 아닌, 현재 자신의 몸으로 부처가 되고 싶은 염원을 담고 있는 것으로 보아 그들의 실천이 어느 정도였는지 짐작할 수 있다.

---

37 『삼국유사』 권3, 탑상 4, 남백월이성 노힐부득 달달박박.
38 『삼국유사』 권5, 감통 7, 욱면비염불서승.

4) 통일신라의 불교문화

통일신라시대 불교는 이론과 실천면에서 체계화되었다. 국가적으로 조직된 승직과 승관 역시 교단의 분위기를 한층 성숙시켰다. 이렇게 내외적으로 성숙한 통일신라불교는 사원건축과 불탑 그리고 범종으로 대표되는 불교문화에서 비약적인 발전을 이루었다.

통일신라시대에는 많은 사찰이 건립되었다. 지금 경주에 현존하는 사찰 대부분이 이 시기에 건립된 것들이다. 사찰건축으로 대표되는 것이 불국사와 석불사이다. 가난한 여인 경조慶祖의 아들이었던 대성大城이 선업을 짓고 재상 김문량金文亮의 집에 태어났다. 장성한 대성은 사냥을 좋아하였다. 어느 날 토함산에 올라 곰 한 마리를 잡고 산 밑 마을에서 잤다. 꿈에 곰이 귀신으로 변하여 대성을 죽이려 하자 절을 창건하기로 약속하였다. 대성은 곰을 잡은 자리에 장수사長壽寺를 세웠다. 이후로 자비의 원력이 깊어져 현세의 양친과 전생의 부모를 위해 불국사와 석불사를 창건하여 신림神琳과 표훈表訓 두 성사를 머물게 하였다.[39]

불국사는 원래 2,000칸이 넘는 대찰로 신라인의 신앙심과 불교의 세계관이 어우러진 불교문화의 진수이다. 일주문을 지나 자하문 앞에 이르면 청운교와 백운교가 있다. 모두 33개의 계단으로 된 이것은 33천을 상징한다. 이곳을 지나 부처님이 계시는 대웅전 앞으로 가면 석가탑과 다보탑이 있다. 이는 석가여래와 다보여래를 상징하는 불탑이다.

---

39 『삼국유사』 권5, 효선 9, 대성효이세부모.

이렇듯 통일신라시대 가람에는 지리적 요소와 불교적 깨달음의 세계가 반영되었다. 일주문에서 불이문에 이르는 가람의 배치와 사찰 입구에 놓여 있는 교각을 비롯한 여러 가지 전각에는 신라인의 신앙관이 함축되어 있다.

석불사는 신라 조형예술의 대표라고 할 수 있다. 중국의 석굴사원을 받아들여 조성한 것이지만 자연적인 암벽과 달리 인공으로 석굴을 만들어서 불상을 조성하였다. 석불사는 전실과 후실 이중으로 조성되었다. 후실 천정은 돌을 쌓아서 돔을 만든 교묘함을 보여주고 있다.

석불사가 통일신라 불교문화의 대표가 될 수 있는 까닭은 그 조각에 있다. 후실 중앙의 석가상을 비롯하여 둘레의 벽에 부조된 십일면관음보살과 문수, 보현, 석제의 상이 압권이다. 그리고 십대제자와 사천왕상 그리고 동적인 동작을 하고 있는 금강역사가 새겨졌다. 각각의 상은 석굴 안에서 각기 신앙적 특색과 조화된 아름다움을 이루면서 불교의 세계관을 나타내고 있다.

사찰이 건립되면서 필요한 여러 가지 신앙적 공예품도 조성되었다. 대표적인 것이 탑과 범종이다. 신라의 탑은 대부분 석탑이다. 그 가운데 불국사의 석가탑과 다보탑 그리고 화엄사의 쌍사자탑은 조형미가 뛰어나다. 감은사에 세워진 동서 양탑 역시 신라 석탑의 웅장함을 보여준다.

현존하는 신라의 범종 가운데 유명한 것은 상원사종과 성덕대왕신종이다. 상원사종은 신라의 범종 가운데 가장 오래된 것이고, 성덕대왕신종은 가장 큰 종이다. 경덕왕이 부왕인 성덕왕을 위해 조성하려 했으나 생전에 완성하지 못했다. 아들인 혜공왕 6년(770) 완성하여 봉덕사奉德

寺에 안치하였다.[40] 에밀레종으로 불리는 이 종은 높이가 11척으로 현존하는 종 가운데 최대이다. 그리고 비천상과 연화문의 장식도 통일신라시대를 대표할 만큼 문화적 가치와 아름다움을 지니고 있다.

통일신라시대 불교학의 발전은 자연스럽게 목판인쇄술의 발전으로 이어졌다. 교단이 조직되고 많은 승려들을 교육하기 위해 경전과 각종 서적이 필요했기 때문이다. 그런 불교의 인쇄문화 가운데 석가탑에서 발견된『무구정광대다라니경』은 탑을 세운 경덕왕 10년(751) 이전의 것으로 세계에서 가장 오래된 목판인쇄물로 평가되고 있다.

불교는 통일신라 사회의 중심사상이었다. 현실적 바람과 내세의 기원 모두 불교의 신앙 안에서 이루어졌다. 이런 현실관과 내세관은 자연적으로 문학에 스며들어 불교문화를 성숙하게 하였다.

불교문학 가운데 대표적인 것은 향가鄕歌이다. 승려들은 불교적 내용은 물론 신라사회에 필요한 향가를 지었다. 월명사月明師가 지은 「도솔가」와 「제망매가」는 전자의 경우에 해당된다.[41] 충담사忠談師가 지은 「찬기파랑가」와 「안민가」는 후자에 속한다.[42] 이런 향가들은 진성여왕 때 삼대목三代目에 집대성되어 신라 사회에 널리 퍼졌다.[43]

---

40 『삼국유사』 권3, 탑상 4, 황룡사종 분황사약사 봉덕사종.

41 『삼국유사』 권5, 감통 7, 월명사도솔가.

42 『삼국유사』 권2, 기이 2, 경덕왕·충담사·표훈대덕.

43 『삼국사기』 권11, 신라본기 11, 진성왕 2년.

3. 통일신라불교의 교류 활동

1) 신라불교와 인도불교의 교류

통일 전후 신라불교와 인도불교의 교류가 있었다. 진평왕 때 아리나발마阿離那跋摩는 정관 연간(627~649)에 중국을 거쳐 인도에 가서 나란타사에 머물며 불법을 연구하였다. 그는 귀국하지 못하고 70여 세 때 그곳에서 입적하였다.

이 무렵 혜업惠業도 중국을 거쳐 인도로 가 부다가야의 보리사에 머물면서 불법을 공부하였다. 그 후에는 나란타사에서 사경하고 연구하다가 60여 세에 그곳에서 입적하였다. 그 이후 현태玄泰, 구본求本, 현각玄恪 그리고 혜륜惠輪 등이 인도에 가 불법을 공부하고 그곳에서 생애를 마쳤다.[44]

신라와 인도의 불교교류에 가장 큰 공헌을 한 사람은 성덕왕 때의 혜초慧超였다. 성덕왕 3년(704) 신라에서 태어나 16세에 중국으로 건너가 인도 승려 금강지金剛智와 불공不空에게 불법을 배웠다. 그리고 금강지의 권유로 인도 구법의 길을 떠났다.

중국 광주에서 해로를 통해 동천축국東天竺國으로 들어간 후 중천축국, 남천축국, 서천축국, 북천축국을 경유하면서 불교유적을 방문하였다. 부처님의 유훈을 살펴보는 한편 많은 선지식을 만나 법을 구하였다. 캐시미르 지방을 거쳐 중앙아시아 파미르 고원을 지나 성덕왕 26년(727) 11월 상순 안서도호부安西都護府가 있던 구자국에 도착하였다.[45]

---

44 『삼국유사』 권4, 의해 5, 귀축제사.
45 지금의 고차庫車이다.

구법여행을 정리한 것이 『왕오천축국전往五天竺國傳』이다. 이 책은 1908년 3월 프랑스의 동양학자 페리오가 돈황의 천불동에서 본국으로 가지고 간 각종의 경전 속에 있었다. 이후 청나라 학자 나진옥羅振玉의 연구에 의해 세상에 알려지게 되었다. 8세기 인도불교의 상황을 전해주는 점과 함께 서역지방의 풍속 그리고 지리와 역사 등을 알려주어 서역사西域史 연구에 매우 귀중한 자료이다. 국내에는 1934년 12월 동아일보 지령 천호千号를 기념하여 '외방에 끼친 선인의 자취'에 소개되었다.[46] 1943년 최남선이 편찬한 『삼국유사』 부록으로 원문을 싣고 해제를 붙임으로써 그 내용이 알려지게 되었다.[47]

경덕왕 때 원표元表는 천보天寶 연간(742~755)에 입당하였다. 그후 인도에 가 여러 불적을 참배하였다. 중국으로 돌아와 80권 화엄경을 가지고 지제산支提山에서 두타행을 실천하였다. 자세한 행적이 전해지지 않아 더 이상의 활동은 알 수 없다.[48]

그 후에도 인도와의 교류는 계속되었다. 원성왕 5년(789) 오진悟眞은 중국에서 혜과惠果에게 밀교를 배운 다음 공부를 위해 중인도로 건너갔다. 불법을 공부한 후 토번吐藩으로[49] 건너와 그곳에서 입적하였다.[50]

---

46 「동아일보」, 1934. 12. 05. 1면. 외방에 끼친 선인의 자취 (一) 혜초와 왕오천축국전.

47 최남선, 『신정 삼국유사』, 경성; 삼중당 1943, p.17.

48 『송고승전』 권30, 잡과성덕편 l0-2, 당 고려국 원표전(T. 50권, p.895 中).

49 지금의 티베트이다.

50 『대당청룡사삼조공봉대덕행상』(T. 50권, p.295 中).

2) 신라불교와 중국불교의 교류

중국에서 불교가 전래된 까닭에 신라의 수행자들은 중국 구법에 대한 열망이 강하였다. 통일 전부터 신라의 수행자들은 중국으로 건너가 불법을 공부하며 양국의 불교교류에 크게 공헌하였다.

그런 수행자 가운데 대표적인 인물은 원측圓測이다. 진평왕 35년 (613) 신라 왕손으로 태어나 15세에 중국으로 건너가 법상法常과 승변 僧辯의 문하에서 공부하였다. 지혜가 뛰어났던 까닭에 6개 언어에 능통하였고 중국에 그 이름을 떨쳤다. 그런 명성을 들은 당 태종은 직접 도첩을 하사하였다. 장안에 머물며 비담毘曇, 성실成實, 구사俱舍 등 고금의 장소章疏를 연찬하였다. 유식학에 정통하여 현장이 인도에서 돌아와 많은 경론을 번역할 때 참여하였다. 서명사西明寺에 머물면서 자신의 유식사상을 발표하는 등 그 활동이 남달라 측천무후의 귀의를 받았다. 신라는 국정에 도움을 받고자 그의 귀국을 청했으나 측천무후의 반대로 귀국할 수 없었다. 효소왕 5년(696) 84세에 중국 불수기사佛授記寺에서 입적하였다.[51]

제자로는 도증道證, 승장勝莊, 그리고 자선慈善 등이 있었다. 이 가운데 도증과 승장은 신라승이다. 도증은 중국에서 원측에서 수학한 다음 효소왕 원년(692) 귀국하였다. 유식학에 관한 여러 저술을 남겼으며,[52] 신라 3대 저술가인 태현太賢을 양성하여 신라 유식학 발전에 크게 기여하였다.

---

51 「대주서명사고대덕원측법사사리탑명 병서」, 『현장삼장사자전총서』 하권(『만속 장』 제이편, 을 23套 제1책 하권).

52 『삼국사기』 권8, 신라본기 8, 효소왕 1년.

　승장은 신라 왕실의 후예였다. 중국에 건너가 현장의 문하에 머문 뒤 원측에게 공부하여 교학체계를 세웠다. 당나라 의정義淨과 보리유지菩提流志의 역장에서 증의 역할을 하였다. 귀국에 관한 행적은 알려진 바가 없다.[53] 저술로『성유식론결成唯識論決』,『잡집논소雜集論疏』,『범망계본술기梵網戒本述記』,『금광명경최승왕경소金光明經最勝王經疏』1권 등이 있는 것으로 보아 불교학에 조예가 깊었던 것을 알 수 있다.

　신방神昉도 신라가 통일하기 전 중국에 건너가 활동한 수행자이다. 현장의 문하에서 수학한 그는 4명의 수제자 가운데에서 가장 뛰어났으며 역장에 참여하여 증의와 필수를 담당하였다. 대승교학에 뛰어난 자질을 보여 대승에 뛰어난 신방이라는 뜻으로 대승방大乘昉으로 불렸다.『십륜경초十輪經抄』3권,『십륜경소十輪經疏』8권,『십륜경음의十輪經音義』1권,『대승대집경지장십륜경서大乘大集經地藏十輪經序』등을 저술하였다. 이 가운데『대승대집경지장십륜경서』만이 현존한다.

　삼국통일 이후 신라는 해로와 육로가 모두 열려 중국과의 교류가 빈번하게 되었다. 통일 무렵 중국에 건너가 양국의 교류에 공헌한 수행자는 승전勝詮과 무상無相을 들 수 있다.

　승전은 중국에 건너가 현수賢首 문하에서 수학하고 신문왕 12년 (692) 귀국하였다. 전해지는 저술이 없어 자세한 것은 알 수 없지만 총명함과 식견이 뛰어나 심오한 것을 찾고 숨은 뜻을 가려내는 데 신묘함이 있었다고 한다. 현수가『수현소搜玄疏』를 찬술하여 의상에게

53『송고승전』권4, 의해 2-1, 당 경조 대자은사 법보전(T. 50권, p.727 중).

부본副本을 보낼 때 이를 가지고 귀국하였다.[54] 상주지방 개령군開寧郡
에 사찰을 창건하고 화엄교학을 강설하였다. 제자 가운데 가귀可歸가
총명하고 도리를 알아 법맥을 계승하였다.[55]

무상은 성덕왕 27년(728) 중국으로 건너갔다. 5조 홍인의 제자인
지선智詵과 그의 제자 처적處寂을 만난 후 처적의 제자가 되었다.
무상은 깊은 계곡과 나무 밑에서 좌선하여 법을 깨달았다. 그의 명성을
들은 현종玄宗이 귀의하였다. 많은 사람들이 그를 도와 정중사淨衆寺와
영국사寧國寺를 세웠다. 무상은 주로 정중사에 머물면서 제자들을
가르쳤다. 그는 무억無憶, 무념無念, 그리고 막망莫忘의 선지를 강조하
였다. 대중들은 그의 선을 정중선 또는 정중종이라 불렀다.[56]

지장地藏 역시 통일신라시대 중국불교와 교류하는 데 크게 활약한
수행자이다. 성덕왕 4년(705) 신라의 왕자로 태어난 그는 출가 후
중국으로 건너가 지주池州 구화산九華山에서 수행하였다. 도력이 알려
지면서 많은 사람들이 귀의하자 화성사化城寺를 세우고 제자를 양성하
였다. 명성이 신라에 알려지면서 많은 수행자가 중국으로 건너와
그의 문하에서 배웠다. 기이한 행적과 철저한 수행으로 일관한 지장은
애장왕 4년(803) 99세로 입적하였다.[57]

무루無漏 역시 중국불교와 교류하는 데 공헌하였다. 왕자로 태어나

---

54 『삼국유사』 권4, 의해 5, 의상전교.
55 『삼국유사』 권4, 의해 5, 승전촉루.
56 『송고승전』 권19, 감통 6-2, 당 성도 정중사 무상전(T. 50권, pp.832 중~833 상).
57 『송고승전』 권20, 감통 6-3, 당 지주 구화산 화성사 지장전(T. 50권, pp.838 하~839 상).

출가 후 중국으로 건너갔다. 수행 중 부처님 사리탑에 예경하고자 인도행을 결심하였다. 길을 떠나 총령葱嶺 부근에 있는 절의 관음상 앞에서 49일 동안 선정에 들었다. 관음의 영험이 중국으로 왔다는 그곳 대중들의 말을 듣고 되돌아왔다. 안사의 난으로 촉蜀 지역에 있던 숙종은 꿈에서 본 금색의 사람이 대사의 모습과 같아 궁중으로 모시고 우대하였다. 여러 번 산사로 돌아갈 것을 간청하였으나 허락받지 못했다. 경덕왕 21년(762) 궁궐에서 공중에 떠 합장한 채로 입적하였다. 육신을 예전에 지내던 산으로 옮기던 도중 회원현懷遠縣에서 움직이지 않자 그곳에 탑을 세우고 모셨다. 수백 년이 지나도 육신이 변하지 않은 신이가 있었다.[58]

통일신라는 중국과의 교역도 활발하였다. 많은 신라인들이 중국에 진출하였다. 이들이 모여 사는 곳을 중심으로 마을이 형성되었다. 산동반도 신라인들의 집단 거주지를 신라방新羅坊이라 하였다.[59] 그곳에 건립된 사찰은 신라원新羅院이었다. 신라인들은 이곳에서 고국에 있을 때와 같은 신앙생활을 하였다.[60] 이국땅에서 겪는 여러 가지 어려움을 이겨내는 의지처가 되었다. 또한 당나라와 신라를 오가면서 무역을 하는 사람들의 안전을 기원하는 도량이었다.

신라원은 한 곳에만 건립된 것이 아니었다. 다수의 신라인이 있는 곳이면 세워져 신앙생활에 도움을 주었다. 가장 유명한 곳이 홍덕왕

---

58 『송고승전』 권21, 감통 6-4, 당 삭방 영무하원 무루전(T. 50권, pp.832 중~833 상).
59 원인, 『입당구법순례행기』 권4, 회창 5년 7월 3일.
60 원인, 『입당구법순례행기』 권2, 개성 5년 3월 24일.

(826~836) 때 장보고張保皐가 세운 산동반도 적산촌의 법화원法花院이다. 이곳은 당으로 구법의 길을 가는 신라 수행자와 일본에서 구법의 길을 온 수행자까지 편의를 제공하였다. 일본승려 원인圓仁은 자신의 구법순례기에 '중국에 와서 불법을 공부하고 귀국할 때 이 법화원의 도움을 받아 무사히 돌아갈 수 있었다'고 적었다.[61]

중국에 건립된 신라사찰 신라원은 중국 전역으로 확산되지 않았지만 신라양식의 절을 짓고 신라불교의 의식을 거행하면서 그곳 사람들을 교화하였으며, 중국에 신라불교를 알리는 역할을 하였다. 그런 의미로 볼 때 신라의 불교수행자는 단순히 불법을 구하고자 중국으로 건너간 것만은 아니다. 신라불교의 중국 진출이라고 하는 상징적 의미를 가지고 있다.

3) 신라불교의 일본 전래

통일신라불교는 교학적인 면과 예술적인 면 모두 찬탄을 받을 만한 우수한 문화를 이루었다. 이런 불교문화가 중국에 전해지기도 했지만 보다 적극적으로 수용해 간 나라는 일본이었다. 삼국이 대립하던 때 백제와 밀접한 관계에 있었던 일본도 통일 이후에는 신라를 통해 불교를 유입하였다. 일본의 많은 수행자가 신라로 유학하여 불법을 공부하였다. 신라불교는 자신보다 문화적으로 미흡한 일본에 많은 것을 전하고 가르쳤다.

통일신라 초기 신문왕 6년(686) 일본승려 관상觀常과 영관靈觀이

---

61 원인, 『입당구법순례행기』 권2, 개성 4년, 6월 7일.

신라에 와서 공부하였다. 학업이 끝나 귀국할 때는 많은 문물을 가져가 일본불교의 발전에 기여하였다.[62] 성덕왕 6년(798) 일본승려 의법義法, 의기義基, 정달淨達 세 사람이 신라에 와서 불법을 공부하고 돌아갔다.[63]

이처럼 일본 수행자의 구법도 빈번하였지만 신라에 의해 전해지는 불교도 상당히 많았다. 신라가 일본에 불교를 전해줄 때 왕실의 주요 인물이 담당하였는데, 이것은 국가적인 차원에서 이루진 것을 의미한다.

신문왕 7년(687) 신라 왕자 김상림金霜林은 지륭智隆과 함께 불상을 비롯하여 발우, 번 등 불교에서 사용하는 다양한 불구佛具들을 가지고 일본에 갔다.[64] 동왕 9년 4월 천무천황天武天皇의 조문을 위해 파견된 사신 김도나金道那 등은 금동아미타상, 금동관세음보살상, 대세지보살상 각 1구를 가지고 갔다. 이때 신라승려 명총明聰과 관지觀智가 동행하였다[65] 이런 불상과 불구들은 일본사찰의 장엄과 불교의례에 쓰여 불교신앙과 문화를 형성하는 데 많은 영향을 주었다.

경덕왕 11년(752) 왕자 김태렴金泰廉은 사절단 700여 인과 함께 일본에 건너가 불교를 전하였다.[66] 일본불교의 중심지였던 동대사東大寺에 머물면서 불사를 원조하여 일본불교 발전에 기여하였다.[67]

통일신라는 교단적인 차원에서 일본에 불교를 전해주었다. 신문왕

---

62 『일본서기』 권29, 천무천황 14년 여름 5월.

63 『속일본기』 권3, 문무천황 경운 4년 5월.

64 『일본서기』 권30, 지통천황 원년 가을 9월.

65 『일본서기』 권30, 지통천황 3년 하4월.

66 『속일본기』 권18, 효겸천황 천평승보 4년 윤3월.

67 『속일본기』 권18, 효겸천황 천평승보 4년 6월.

9년(689) 전길詮吉을 비롯하여 신라 승려 50여 명이 일본에 건너가 불교를 전하였다. 그 규모로 보아 개인적인 전교는 아니고 교단 차원이 었음을 알 수 있다.[68]

경덕왕 17년(758) 비구 32명과 비구니 2명 그리고 남자 19명과 여자 21명이 함께 일본으로 건너가서 무장야武藏野에 신라도新羅都를 세우고 교화에 힘썼다.[69] 또한 헌덕왕 10년(816) 승려 26명이 일본에 건너가서 각 사찰에 머물면서 불교홍포에 힘썼다.[70]

통일신라시대 일본에 전래된 불교학은 법상학과 화엄학이 주류를 이루었다. 성덕왕 2년(703) 지봉智鳳, 지란智鸞 그리고 지웅智雄 세 사람은 왕실의 명을 받아 당나라에 가서 박양撲揚 대사에게 법상종 교학을 배웠다. 그 후 일본에 건너가 불법을 전하였다. 성덕왕 5년 지봉은 『유마경』을 설했으며 지란과 함께 일본 승정 의연義淵에게 법을 전수하였다.[71]

심상審祥은 성덕왕 때 일본에 건너가 크게 불법을 펼친 수행자이다. 일본에 가자 일본불교의 승정 양변良辨이 찾아와 대중을 위한 강연을 여러 번 간청하였다. 여러 차례 거절하던 심상은 효성왕 4년(740) 10월 8일 동대사東大寺에서 법연을 펼쳤다.[72] 처음 강의 때 붉은 빛

---

68 『일본서기』 권30, 지통천황 4년 춘2월.
　일본기록에는 신라의 사문 전길과 급찬 북조지北助知 등 50명이 귀화하였다고
　하였으나 그보다는 방문단 성격이 짙다.
69 『원형석서』 권20, 자치표 1, 폐조(『대일본불교전서』 제101책, p.406 상~하).
70 『원형석서』 권20, 자치표 1, 홍인황제(『대일본불교전서』 제101책, p.418 하).
71 『삼국불법전통연기』 권중, 법상종(『대일본불교전서』 제101책, pp.112 하~113 하).
72 金鐘道場으로 동대사 견색당이다. 법화당이라 부른다.

구름이 산 위를 덮었다. 명성을 들은 도성의 명승 대덕들이 모였다. 국왕도 걸림 없는 설법에 찬탄하여 비단 1천여 필을 내렸다. 많은 관료들도 법문에 감화되어 보시한 물건이 산처럼 쌓였다.

심상은 화엄학에 조예가 깊었다. 1년에 20권씩 3년 동안 60화엄의 강론을 마쳤다. 이런 활약으로 상하 많은 사람에게 존경을 받았다. 일본불교는 신라불교의 우수성에 감탄할 수밖에 없었다. 경덕왕 원년 (742) 심상이 입적하자 양변良辨 등 많은 제자들이 그의 사상을 계승하여 일본 화엄학을 크게 일으켰다.[73]

이상과 같은 사실 이외에도 일본 사서를 보면 통일신라불교가 일본불교의 발전에 많은 기여를 하였다고 적고 있다. 많은 일본승려들이 신라에 유학해서 공부하고 돌아갔다는 기록으로 볼 때 양국의 불교교류가 빈번하게 이루어졌음을 알 수 있다.

4. 신라 후기 선의 전래와 구산선문

1) 신라 하대 선사상의 전래

통일 이후 신라의 불교문화를 최고점에 달하게 한 경덕왕이 재위 24년(765) 6월 서거하였다.[74] 곧이어 신라는 정치적 어려움에 빠지게 되었다. 혜공왕은 도처에서 시작된 귀족의 반란으로 어려움을 겪다가 죽음에 이르렀다.[75] 헌덕왕 14년(822)에 일어난 김헌창金憲昌의 난은

---

73 『삼국불법전통연기』권중, 화엄종(『대일본불교전서』 제101책, p.119 상).
74 『삼국사기』 권9, 신라본기 9, 경덕왕 24년 하6월.
75 혜공왕 4년(768) 대공大恭과 대렴大廉이 난을 일으켰고, 6년 김융金融, 11년 김은거金

아버지 주원周元이 왕위에 오르지 못한 것에 앙심을 품고 일으킨 대규모
의 반란이었다.[76] 이 난은 귀족들의 연합에 의해 진압되었지만 신라
사회에 큰 영향을 주었다.

빈번한 귀족들의 난은 정치적 혼란을 가중시켰고 빈번한 왕위 교체
로 이어졌다. 선덕왕이 즉위한 780년에서 경순왕이 고려에 귀순한
935년까지 156년 동안 20명의 왕이 교체되어 평균 재위기간이 8년이
되지 못했다.

중앙 귀족사회의 혼돈은 지배력을 약화시켜 지방의 분권을 가져오는
계기가 되었다. 중앙의 정치적 힘이 미치지 못하는 틈을 타서 세력을
키운 호족들이 등장하였다. 그들이 커진 데에는 활동무대를 해외로
돌린 해상무역과 변경의 수비를 담당하면서 군사력을 장악한 군진軍鎭
세력의 대두가 주요한 원인이었다. 청해진을 근거로 활약한 장보고와
후백제를 세운 견훤이 대표적인 인물이었다.

하대에 들어선 신라가 국정을 유지하고 계승할 능력을 잃자 창조적
이고 선도적이며 활력에 차 있던 불교문화도 그 설자리를 잃게 되었다.
불교인들은 자칫 휘말리기 쉬운 정쟁의 혼란을 피해 조용한 산속을
찾아 운둔하거나 해외로 떠났다. 그 결과 신라불교는 수행적인 면은
물론이고 문화적인 면에서도 침체기에 들어서게 되었다.

隱居·염상廉相·정문正門이 반란을 일으켰다. 혜공왕은 16년 김지정金志貞의 난에
죽을 정도로 혼란의 시기였다.
『삼국사기』 권9, 신라본기 9, 혜공왕 4년 추7월.; 혜공왕 6년 추8월.; 11년 하6월.;
16년 하4월.
[76] 『삼국사기』 권10, 신라본기 10, 헌덕왕 14년 춘3월.

이런 시기 중국에서는 선종의 발전이 계속되면서 중국불교의 중요한 사상으로 자리하였다. 세속의 관계를 떠나 참선을 통해 깨달음을 추구한 선종은 중국은 물론 신라에도 크게 영향을 끼쳤다.

신라의 수행자들은 불교교단이 너무 정치세력과 밀접한 관계를 지속하자 중국의 선종을 들여와 새로운 변화를 도모하였다. 지금까지 교학 위주였던 신라불교에 불립문자 교외별전不立文字 敎外別傳 직지인심 견성성불直指人心 見性成佛의 선지를 들여와 교단 쇄신과 불교발전의 토대로 삼았다.

신라에 선법이 처음 들어온 시기는 자세하지 않다. 통일 전후 법랑法朗이 중국으로 가서 선종의 4조 도신道信에게 법을 받고 돌아왔다는 기록으로 볼 때 오래 전부터 교류가 있었음을 짐작할 수 있다. 법랑은 자신의 선의 요체를 제자 신행神行에게 전했다.[77] 신행은 신라에 선법의 전래가 미흡함을 안타깝게 생각하고 중국으로 건너갔다. 북종 신수神秀의 제자 보적普寂의 문인인 지공志空에게 법을 얻었다. 귀국 후 지리산에서 교화하였으나 큰 영향을 미치지 못하고 혜공왕 15년(779) 단속사斷俗寺에서 입적하였다. 신행의 법은 준범遵範과 혜은惠隱을 거쳐 도헌道憲에 이르렀다. 그러나 새로 들어오기 시작한 남종선에 의해 그 세력을 잃어버리게 되었다.[78]

2) 도의국사의 남종선 도입

도의道義는 북한군北漢郡 출신으로 속성은 왕씨였다. 출가 후 법호가

77 「문경봉암사지증대사탑비」『조선금석총람』권상, p.91.
78 「산청단속사신행선사비」『조선금석총람』권상, pp.113~116.

명적明寂이었으나 뒤에 원적元寂으로 고쳤다. 처음에는 신라 사회에 많은 영향을 미치고 있던 화엄학에 관심이 많았다. 선덕왕 5년(784) 법을 구하러 당나라로 건너가 오대산을 참배하였다. 그곳은 문수보살의 성지로 중국 화엄사상 발전에 막대한 영향을 미친 곳이다. 신라 승려 가운데 화엄종에 속하거나 영향을 받았다면 모두 참배의 대상으로 생각하는 성지였다.

오대산에 들어가서 각고의 수행과 기도를 통해 문수보살을 친견하고 그 법을 배울 수 있기를 고대하였다. 기도가 이루어져 마침내 문수를 친견하고 허공에서 성스러운 종소리가 나서 산을 울리는 메아리를 들었으며, 산에서는 신령한 새가 날아오르는 것을 보았다.

문수보살 친견 이후 도의는 여러 지방을 만행하였다. 헌덕왕 2년 (810) 중국 남쪽으로 내려가기 전 장안과 낙양에 머물면서 신라에서 공부하러 온 승려들을 만났다. 그것을 계기로 지금까지 자신이 알고 있던 화엄학 외에 다양한 불교사상을 접할 수 있었다. 당시 제도권에서 활발하게 움직이고 있던 정토종, 법상종, 구사종, 삼론종, 밀교 등 중국불교의 다양한 종파와 접촉한 것이다.

선종과 접촉할 수 있는 계기도 있었다. 장안과 낙양에는 제방의 선객들은 물론 마조 도일馬祖道—의 제자들도 진출해 활발하게 활동하고 있었다. 이들과 교류하면서 지금까지 무심하게 여겼던 선종에 대해 살펴보는 계기가 되었다.

마음을 닦아서 불성을 드러낼 수 있고, 미혹하면 중생이고 깨달으면 성인이라는 선종의 요체는 충격적이었다. 그리고 화엄종과 같은 교종의 이론 중심의 번쇄함에서 벗어나 실천을 중시하는 선불교 속에서 새로운 불교운동의 가능성을 찾았다. 수행방법이 매우 간단하면서도 현실적인 점도 관심을 갖게 하는 요소였다. 이런 감동은 신라 사회를 변화시킬 수 있다는 의지로 이어졌다.

남종선을 수용하기로 결정을 한 그는 헌덕왕 2년(810) 이후 광부의 보단사寶壇寺를 참배하고 육조의 조사당을 참배하였다. 참배를 마치고 긴 여정을 시작한 도의는 헌덕왕 4년(812) 전후 강서 홍주 개원사開元寺에서 제자를 육성하고 있던 서당지장西堂智藏을 찾았다. 서당은 그를 만나자 돌 속에서 옥을 얻고 조개껍질 속에서 진주를 얻은 것처럼 기뻐하였다. 그의 지혜가 뛰어남을 알고 인가하면서 도의라는 법명을 주었다.

서당에게 인가를 받은 도의는 스스로 두타행을 실천하면서 헌덕왕 6년(814) 무렵 백장산의 회해懷海를 방문하였다. 그를 찾은 것은 백장청규를 제정하여 선종 교단의 독자성을 확립하고 선농일치禪農一致의 전통을 확립하였으며, 계급의식이나 권위의식에서 탈피하고 실용성을 중시한 점에서 새로운 실천방향을 엿볼 수 있었기 때문이다. 그 후 중국 제방의 선지식을 만나 법을 배우고 내면적으로 새로운 불교운동의 방향을 정립한 도의는 헌덕왕 13년(821) 귀국하였다.[79]

신라로 돌아온 그는 자신이 배운 선불교를 정립하려고 하였다. 정치권과 밀접한 교종의 모습을 탈피하고 신라 대중들에게 새로운 사상을 제시하였다. 그러나 그의 뜻과 달리 신라 사회는 선불교를 환영하지 않았다. 신라의 불교인들은 아직 남종선의 사상을 명확하게

---

79 『조당집』 권17, 장 4-5.

이해하지 못했다. 신분계급인 골품제 속에서 형성된 신라불교는 선불교의 평등성과 실용성 그리고 권위주의 탈피 같은 새로운 도전을 수용할 수 없었다. 오히려 마설魔說을 퍼뜨린다는 비방을 받았다. 신라 하대의 정치적 혼란과 함께 불교계의 한계성을 절감한 도의는 경주를 떠나 설악산 진전사陳田寺로 들어가 후진을 양성하였다.[80]

진전사에서 그의 법을 배운 제자가 염거廉居였고, 그 법을 체증體澄에게 전하였다. 선법을 전수받은 체증은 희강왕 2년(837)에 당으로 건너가 여러 고승들을 찾았다. 그러나 도의에서 전해진 법 이외에 구할 것이 없음을 알고 문성왕 2년(840) 귀국하였다. 가지산에 보림사寶林寺를 창건한 다음 도의의 선풍을 펼쳤다. 경문왕 원년(861)에는 더욱 확장되어 가지산파를 이루었다. 체증의 문하에는 영혜英惠, 청환淸奐, 의거義車 등 8백여 명의 제자가 있었다.[81]

3) 구산선문의 시작과 지역

신라 사회에 본격적으로 선법이 알려지기 시작한 것은 홍척洪陟이 실상산문을 개산한 이후이다. 그 뒤 많은 수행자들이 당나라에서 선법을 배워 오면서 가지산문, 동리산문, 사굴산문, 성주산문, 사자산문, 봉림산문, 수미산문, 희양산문 등 구산선문이 개산되었다.

가장 먼저 실상산문을 개산한 홍척은 일찍이 당으로 건너가 서당지장西堂智藏의 법을 배웠다. 흥덕왕 원년(826) 귀국하여 흥덕왕과 선강태자宣康太子의 적극적인 후원으로 크게 선법을 일으켰다.[82] 흥덕왕

---

80 「문경봉암사지증대사탑비」『조선금석총람』 권상, pp.89~90.
81 「장흥가지산보림사보조선사창성탑비」『조선금석총람』 권상, pp.61~64.

3년(829) 남원 지리산에 실상사를 개창하고 후학을 양성하였다. 선풍을 떨친 천여 명의 제자들 가운데 편운片雲과 수철秀澈이 뛰어났다. 수철은 헌강왕의 요청으로 심원사深源寺 주지를 맡아 음광飮光, 수인粹忍 등 수백 명의 제자를 길러냈다.[83]

동리산문을 세운 혜철惠哲은 속성이 박씨로 경주 사람이다. 강보에 쌓여 있던 시절부터 행동이 보통 사람과 달랐다. 15세 출가하여 부석사에서 화엄을 배우고 22세에 대계를 받았다. 헌덕왕 6년(814) 8월 중국으로 건너가 공공산龔公山에서 수행하던 서당지장에게 법을 배웠다. 서당이 임종하자 서주 부사사浮沙寺에서 대장경을 탐구하였다. 3년이 되자 문장이 오묘하여도 궁구하지 못함이 없었고 이치가 숨겨져 있어도 통달하지 못하는 것이 없었다. 신무왕 원년(839) 2월 귀국하여 무주 관내 쌍봉난야에서 보내다가 곡성군 동리산桐裏山 대안大安 암자로 옮겼다. 법석을 열어 자질을 갖춘 사람을 받아들이니 구름처럼 모였다. 경문왕 원년(861) 2월 6일 질병 없이 앉아서 입적하였다. 8일에 절의 송봉에 안치하고 돌을 세워 부도로 하였다. 경문왕 8년(868) 6월 비를 새기도록 명을 내렸다. 적인寂忍이라 시호를 내리고 탑명을 조륜청정照輪淸淨이라 하였다.[84] 문하에는 수백 명의 제자가 배출되어 선풍을 날렸다. 그 가운데 도선道詵과 여화상如和尙이 뛰어났다.

성주산문을 개산한 무염無染은 태종 무열왕의 8세손으로 애장왕 원년(800) 아버지 범청範淸과 어머니 화씨華氏 사이에서 태어났다.

82 「문경봉암사지증대사탑비」 『조선금석총람』 권상, p.90.

83 「운봉심원사수철화상릉가보월탑비」 『조선금석총람』 권상, pp.56~60.

84 「곡성대안사적인선사조륜청정탑비」 『조선금석총람』 권상, pp.116~120

어린 시절 걷거나 앉을 때 꼭 합장하고 가부좌를 하였다. 아홉 살에 유학 공부를 하였지만 좁게 느껴져 열두 살에 설악산 오색석사五色石寺로 가 법성法性에게 출가하였다. 여러 해 동안 배워 더 이상 가르칠 것이 없자 법성이 중국 구법을 권하였다.

부석사로 옮겨 석등 대덕釋燈大德에게 화엄경을 배운 후 헌덕왕 13년(821) 당으로 건너갔다. 종남산 지상사至相寺에서 화엄을 배우다가 '자기 자신이 부처인 것을 깨닫는 것이 좋지 않겠느냐'는 대사의 말을 듣고 경전 공부를 내려놓고 사방을 돌아다녔다. 불광사佛光寺 여만如滿을 거쳐 마조 도일의 제자 마곡 보철麻谷寶徹에게 법을 얻었다. 문성왕 7년(845) 귀국 후 왕자의 권유로 웅주 오합사烏合寺에 머물면서 크게 선문을 펼쳤다. 인재가 모이고 절이 커지자 이름을 성주사聖住寺로 바꿨다. 진성왕 2년(888) 89세로 입적하기 전까지 2천여 명의 제자를 양성하였다. 그 가운데 순예詢乂, 원장圓藏, 허원虛源, 현영玄影이 뛰어나 사선四禪으로 불렸다.[85]

사굴산문은 범일梵日이 개산하였다. 태어날 때부터 육계肉髻가 선명했던 그는 15세에 출가하였다. 불법을 공부하다가 흥덕왕 6년(831) 당나라로 건너가 염관 제안鹽官齊安에게 선법을 배웠다. 문성왕 9년(847)에 귀국하여 강원도 강릉에 굴산사崛山寺를 세우고 40여 년간 선문을 열었다. 경문왕, 헌강왕, 정강왕 등의 귀의를 받다가 진성왕 8년(894) 80세로 입적하였다.[86] 그의 문하에 낭원 개청朗圓開淸,[87] 낭공

85 「성주사대탑낭혜화상비」 『조선금석총람』 권상, pp.72~83.
86 『조당집』 권17, p.107.
87 「강릉지장선원낭원대사오진탑비」 『조선금석총람』 권상, pp.140~144.

행적朗空行寂[88] 등 10대 제자가 있어 선풍을 크게 떨쳤다.

　가지산문은 체증體澄이 개산하였지만 그 사상적 연원은 도의이다. 설악산 진전사로 들어간 도의가 법을 염거에게 전했고, 그 법이 체증에게 전해졌기 때문이다. 체증은 김씨이며 웅진熊津 사람이다. 화산花山 권법사勸法師 문하에 의탁하여 불경 듣는 것을 업으로 삼았다. 희강왕 2년(837) 가랑협산加良陜山 보원사普願寺에서 구족계를 받았다. 억성사에서 염거를 섬기며 청정하게 일심一心을 닦았다. 그 해 동학인 정육貞育, 허회虛會와 함께 중국으로 건너가 고승을 찾아 법을 물었다. 그러나 스승 염거가 전해준 도의의 법 이외에 달리 구할 바가 없음을 깨닫고 문성왕 2년(840) 2월 귀국하였다. 고향에서 교화하던 중 헌안왕 2년(859) 10월 왕의 요청으로 가지산사迦智山寺로 옮겼다. 그곳에서 도의의 종풍을 펼치자 수백 명의 제자가 귀의하여 가지산문을 열었다. 헌강왕 6년(880) 3월 9일 입적하였고, 3년이 지난 헌강왕 9년 3월 15일 비를 세우고 절의 이름을 보림사寶林寺로 하였다.[89]

　사자산문을 개산한 이는 도윤道允과 그의 제자 절중折中이다. 도윤은 헌덕왕 17년(825) 당으로 건너가 마도 도일의 제자 남전 보원南泉普願에게 법을 얻고 문성왕 9년(847) 귀국하였다. 금강산에 머물다가 전남 쌍봉사雙峯寺로 옮겨 선풍을 떨치다가 경문왕 8년(868) 71세로 입적하였다.[90]

　그의 선법을 이은 절중이 헌강왕 8년(882) 강원도 영월 사자산에

88 「봉화태자사랑공대사백월서운탑비」『조선금석총람』권상, pp.181~189.
89 「장흥가지산보림사보조선사창성탑비」『조선금석총람』권상, pp.61~64.
90 『조당집』권17, p.110~111.

머물자 왕이 사자산 흥령선원이란 편액을 주고 중사성에 예속시켰다. 그의 문하에 여종如宗, 홍가弘可, 이정理靖, 지공智空 등 천여 명의 제자가 있어 선법을 크게 선양하였다.[91]

봉림산문을 개창한 이는 현욱玄昱과 그의 제자 심희審希이다. 현욱은 헌덕왕 때 당으로 가서 마조의 제자인 장경 회휘章敬懷暉에게 법을 배운 후 희강왕 2년(837) 귀국하였다. 실상사에 안거하다가 혜목산 고달사高達寺로 옮겨 종풍을 떨쳤으며, 경문왕 8년(868)에 82세로 입적하였다.[92]

심희는 가야의 왕족으로 9세에 출가한 다음 현욱에게 가르침을 받았다. 효공왕 때 경남 창원에 봉림사鳳林寺를 창건한 다음 스승인 현욱을 개산조로 추앙하였다. 그의 문하에 찬유璨幽, 경질景質, 융제融諦, 홍준洪俊 등 오백여 명이 있어 선풍을 떨쳤다.[93]

수미산문을 개창한 이엄利嚴은 일찍이 출가하여 진성왕 10년(896) 당나라로 건너가 청원 행사의 법맥인 운거 도응雲居道膺에게 선법을 배운 뒤 효공왕 15년(911) 귀국하였다. 고려가 건국된 918년 왕건의 부름으로 개경으로 들어가 왕사의 예우를 받았다. 고려 태조 15년(932) 왕건의 도움을 받아 황해도 해주 수미산에 광조사光照寺를 세운 후 선풍을 떨쳤다.[94]

마지막으로 희양산문을[95] 개창한 긍양兢讓은 효공왕 4년(900) 중국

---

91 「영월사자산흥寧사징효대사보인탑비」『조선금석총람』 권상, pp.157~162.

92 『조당집』 권17, pp.106~107.

93 「창원봉림사진경대사보월릉공탑비」『조선금석총람』 권상, pp.97~105.

94 「해주수미산광조사진철대사보월승공탑비」『조선금석총람』 권상, pp.125~130.

으로 건너가 청원 행사 계열인 곡산 도연谷山道緣으로부터 선법을
배운 후 경애왕 원년(924) 귀국하였다. 강주 백엄사伯嚴寺에 머물면서
법을 펴기에 적합한 곳을 찾아 고려 태조 18년(935) 경북 문경 희양산으
로 옮겼다. 이곳에 있던 절을 중창하여 봉암사鳳巖寺라 하고 선법을
펼쳤다.[96]

 이와 같이 구산선문의 개산을 보면 대부분 신라의 수도 경주에서
먼 곳이었다. 이것은 기성 교단의 모순을 멀리하려는 선종의 자세에서
비롯된 것이다. 지방 호족들은 선승을 우대하고 수행 기반을 제공하였
다. 구산선문은 그런 호족의 사상적 기반이 되었다. 이처럼 선종은
신라 하대 침체한 교단에 새로운 바람을 불러일으키려 했다. 그러나
정치적 변동에 시달리던 신라와 불교교단은 이를 수용하지 못했다.

---

95 "희양산문 개산을 지증대사 도헌이라 하나 그는 현계사 안락사에 있다가 신도의
 청으로 희양산에 새로 지은 절로 가서 봉암사라 이름하고 머물렀다. 다시 안락사로
 돌아가 입적하였다. 그의 법손인 긍량이 935년 이곳에 와 쇠락한 봉암사를 일으키
 고 후학을 배출하여 선풍을 확립시켰으므로 그를 개산조로 보아야 한다."
 김영태, 「희양산선파의 성립과 그 법계에 대하여」『한국불교학』 4집, pp.37~38.
96 「문경봉암사정진대사원오탑비」『조선금석총람』 권상, pp.196~207.

Ⅲ. 사회적 지평의 확대 시대

1. 고려의 건국과 불교정책

1) 태조 왕건의 불교정책

태봉을 건국한 궁예가 처음과 달리 정치력을 잃어가자 그를 따르던 신하들은 918년 신료들 사이에 신망이 두터웠던 왕건을 왕으로 추대하였다. 정치적 변동 속에서 건국한 고려는 아직까지 국가의 틀을 유지하고 있는 신라, 그리고 완주지역을 거점으로 그 힘을 키워가고 있는 후백제와 함께 패권을 다툴 수밖에 없었다. 그 외에도 많은 지역의 호족들이 독자적인 힘을 가지고 형세에 따라 이합집산하면서 전국이 한치 앞을 내다볼 수 없는 혼란의 시기가 계속되었다.

918년 6월 왕위에 오른 왕건은 혼란한 후삼국 시대 민심을 수습하기 위해 불교에 의지할 수밖에 없었다. 919년 3월 수도를 송악으로 옮기면서 법왕사, 자운사, 왕륜사, 내제석원, 사나사, 보제사, 신흥사, 문수

사, 원통사, 지장사 등 10개의 사찰을 창건하였다.[1]

사찰명이 상징하듯 불보살과 불국토를 지키는 호법 신중을 표현한 구성이었다. 불교에서 10은 만수滿數를 상징한다. 다함이 없는 중중무진의 의미를 담고 있다. 왕건은 불보살의 가피로 고려의 번영이 영원하기를 바란 것이다.

통치에 있어서도 불보살의 가피를 회구하는 기복양재祈福禳災의 신앙을 활용하였다. 후삼국이 항쟁하는 시대에 전쟁의 공포와 생존의 문제는 평상시와 달랐다. 불교신앙으로 현세적 어려움이 사라지고 재난을 물리치려는 의도가 강할 수밖에 없었다. 지역 민심을 회유하기 위하여 정법에 의지하기보다 백성들의 취향에 맞는 신앙으로 이끌어 갔다. 고승들 역시 그런 상황을 외면하지 못하고 예언적이고 도참적인 주술로써 현실을 타개하려 하였다.

왕건은 신라 말 도선국사의 비보사탑설裨補寺塔說에서 많은 영향을 받았다. 우리나라 지형에서 악惡하고 흉凶한 지역에 사원과 탑을 세워 지세를 눌러 국가의 안녕을 도모하는 사상이었다.[2] 고려시대 사원과 불탑 모두가 이를 바탕으로 설립된 것은 아니지만 사원 창건과 불탑 조성에 큰 영향을 주었다.

왕건은 죽음에 임박하자 후손들에게 훈요십조訓要十條를 남겼다. 자신이 정립한 불교정책이 지속되기를 기대하였다. 불교와 직접적으로 관련된 내용은 제1조, 제2조, 그리고 제6조이다.

제1조는 국가의 대업이 모든 부처님의 가피에 의해 이룩되었으므로

---

1 『고려사』 세가 권1, 태조 2년 3월.

2 「백운산내원사사적」 『조선사찰사료』 권상, p.19.

그 정신을 기려 선교의 사원을 창립하고 주지를 파견하여 부처님을 섬기라는 유훈이었다.

제2조는 모든 사원은 도선이 산수의 순역을 보고 지정한 곳 외에는 절을 세우지 말라는 내용이었다.

제6조는 연등회는 부처님을 섬기는 것이고 팔관회는 천령과 오악명산을 섬기는 것이므로 더하거나 빼지 말 것을 당부하였다.[3]

이와 같이 왕건은 건국 직후부터 나라를 다스리는 데 있어 철저하게 불교사상을 활용하였고, 마지막 유훈에서도 불교에 대한 신앙을 당부할 정도로 호불왕護佛王이었다. 이런 정책 기조는 이후 400여 년이 넘는 고려의 역사 속에서 국정의 근본이 되었다.

2) 고려 초기의 불교제도

고려시대 불교는 국가적인 지원을 받았으며, 정치와 연계되면서 제도화되었다. 그런 제도 가운데 대표적인 것은 승과僧科였다. 국가에서 건립한 사원을 관리하고 신앙을 발전시키기 위해 필요한 일이었다.

고려 초기 승려의 선발제도는 해회海會였다.[4] 여러 종파와 인물이 한 곳에 모인다는 의미였다. 인원이 필요할 때마다 선발하였기 때문에 비정기적 시험이었다. 국정이 안정되고 불교를 통해 대중을 이끌고자 하는 정치적 실현이 현실화 되면서 정례화 되었다.

승과가 정기적으로 행해진 것은 제4대 광종 때였다. 광종 9년(958) 5월 관리를 선발하는 과거제도가 실시될 때 병행되었다.[5] 선발 방식은

---

3 『고려사』 세가 권1, 태조 26년 4월.
4 「보원사법인국사보승탑비」 『조선금석총람』 권상, p.225.

예비시험과 본시험으로 나누어져 실시되었다. 예비시험은 각 산문이나 종파에서 실시하는 것으로 종선宗選이라 하였다. 여기서 합격하면 본시험인 대선大選에 응시할 수 있었다. 대선은 교종선敎宗選과 선종선禪宗選으로 실시되었다. 승과는 3년마다 실시되었다. 교종이 먼저 실시되었고 제13대 선종宣宗 때 선종의 참여가 이루어졌다.[6] 숙종 때부터는 천태종대선天台宗大選이 추가되었다.[7]

승과에 합격한 승려는 품계를 받았다. 처음 대선으로 시작해서 대덕, 대사, 중대사, 삼중대사로 이어지다가 이후 선종은 선사, 대선사의 품계를 받았고 교종은 수좌, 승통의 품계를 받았다.

불교교단이 점점 확대되자 효율적인 관리를 위한 승직제도가 필요하게 되었다. 고려시대 대표적인 승직으로 왕사, 국사제도를 들 수 있다. 불교의 신앙이 보편화되면서 대중을 교화할 수 있는 고승을 국사나 왕사로 책봉한 것이다.

왕사와 국사는 각기 한 대에 한 사람뿐이었다. 국사가 세상을 떠났을 때 왕사가 국사의 자리에 올랐다. 실제 승직의 차이는 없었지만 정서적으로 국사가 왕사보다 위에 있었다.

왕사와 국사에 대한 예우는 극진하였다. 국가에서 상당한 대우를 하였을 뿐 아니라 입적하면 관리를 보내 다비에 관한 모든 처리를 맡았다. 3일 동안 공무를 중단하고 온 나라가 조의를 표하였다. 대표적인 문한관文翰官을 뽑아 행장을 정리하고 부도를 세워 그 덕을 추모하

5 이능화, 『조선불교통사』 하권, 신문관 1918, p.294.

6 『고려사』 세가 권10, 선종 원년 1월.

7 「국청사묘응대선사교웅묘지명」 『조선금석총람』 권상, p.559.

였다.

이와 같은 왕사, 국사 제도는 고려 전반기의 무난한 운영 과정에 비해 후기에 접어들면서 그 의미가 다소 쇠퇴하였다. 그에 따라 그 기능도 점차 약화될 수밖에 없었다.

고려시대 승직 가운데 중요한 것으로 승록사僧錄司를 들 수 있다. 개국 초부터 존재한 승록사에 좌가승록左街僧錄, 우가승록右街僧錄, 그리고 좌우양가도승통左右兩街都僧統이 있었다.[8] 좌우양가는 도승록 과 부승록, 그리고 승정을 두었다. 그들은 수행자와 교단의 일을 관리하고 불교행사를 주관하였다. 양가의 기능이 통합된 좌우양가도승통에는 도승통都僧統이 임명되어 승록사 전체를 대표하였다.[9]

3) 고려 초기의 교학 경향

고려 초기 불교사상은 각 교파가 다른 교파의 사상을 융합하는 경향을 띠었다. 선종의 입장에서 교종을 융합하려는 경향과 교종의 입장에서 선종을 융합하려는 경향이 컸다. 그리고 화엄과 천태의 발전이 두드러 졌다.

선종의 입장에서 교종을 융합하려던 대표적 인물은 현휘玄暉이다. 남원 출신으로, 출가하여 낭혜화상의 제자인 심광화상의 문하에서 선법을 익혔다. 32세가 되던 효공왕 10년(906) 중국으로 유학하여 구봉산 도건대사의 심요를 얻은 후 사방을 유력하며 선법을 익혔다. 태조 7년(924) 귀국하자 왕은 설법을 듣고 국사로 임명하는 등 예를

---

8 『고려사절요』 권1, 태조 21년 3월.
9 「봉선홍경사사적갈비」 『조선금석총람』 권상, p.260.

다하였다. 태조의 요청으로 충주 정토사에 머물면서 법을 펼쳤다.

그는 세간과 출세간은 모두 불성으로 돌아가야 되고, 체에는 분별이 없으므로 모두 일승으로 귀일된다고 보았다. 그런 생각을 바탕으로 선문을 뜻하는 일탁一託의 송문松門으로 교종을 뜻하는 십경十經의 괴율槐律을 융합하였다. 두 문 모두 일승에 속하므로 선문은 일중一中에 일체一切가 있고 한 티끌 속에 시방 세계가 포함된다는 화엄과 일치한다고 여겼다. 이것은 중생이나 모든 법은 같은 진성眞性을 가졌으므로 그 안에서 동질성을 발견하고 융합하려는 생각이었다.[10]

현휘 이후 경보慶甫와 찬유璨幽 등이 나와 중국 유학을 거쳐 고려 초기 선종의 형성에 크게 기여하였다. 이들은 중국 조동종의 개창자인 동산 양개洞山良价의 제자에게 수학하여 자연히 그런 선풍이 전해지게 되었다.

광종 때 승과를 통해 선발된 선승을 오월 지역에 유학시켜 법안종을 유입한 것도 그런 예에 속한다. 법안종은 선종이면서 교학과의 융합을 지향하였기 때문에 중앙집권을 꾀하던 광종의 관심을 끌었다. 혜거惠居와 문도 영준英俊 그리고 석초釋超와 지종智宗 등이 중국에서 수학한 후 본격적으로 유입되었다.[11]

교종 입장에서 선종을 융합하려 한 대표적 인물은 탄문坦文이다. 장의산사莊義山寺에서 화엄을 수학하고 15세 되던 해 신엄율사信嚴律師에게 구족계를 받았다. 광종 19년(968)에 왕사가 되자 귀법사歸法寺에 주석하며 후학을 양성하였다.[12] 그는 화엄의 입장에서 선종의

10 「정토사법경대사자등탑비」『한국금석전문』 2, 아세아문화사 1984, pp.318~328.
11 이능화, 『조선불교통사』 하, 신문관 1918, pp.344~346.

융합을 주도하였다. 그런 노력으로 교종과 선종 양쪽의 지지를 받아 광종 26년(975) 보원사로 돌아올 때 양종의 승려 1,000여 명의 영접을 받았다.[13]

보원사는 의상의 화엄십찰 가운데 하나로 줄곧 화엄도량으로 중요시되었다. 개경에서 해로를 통해 곧바로 연결될 수 있는 곳이어서 고려 왕실은 일찍부터 보원사에 관심을 가졌다. 이런 보원사 내에 교종뿐만 아니라 선종 승려도 상당수 거주하고 있었다는 것은 탄문의 교선융합의 실제를 보여주는 일이다.

고려 초기 승정과 교단의 통일에 기여한 사람은 균여均如이다. 그는 태조 6년(923) 황주黃州의 형악荊岳에서 태어났다. 당형인 선균善均을 따라 부흥사 식현識賢 화상 문하에서 출가하였으며, 영통사 의순義順에게 수학하였다. 일찍부터 화엄에 조예가 깊었던 그는 후삼국 시대 분열되었던 화엄종의 남악파와 북악파의 차이를 해소하여 당대 최고의 화엄학자로 명성을 날렸다. 중국 화엄종의 대가인 지엄과 법장의 이론보다 신라 의상의 화엄학을 연구하여 독자적인 교학체계를 형성하였다.

그는 대중적 수행법을 제시한 것으로도 유명하였다. 『화엄신중경』에 의거하여 일반인들이 화엄 신중의 가호를 비는 신중신앙을 중시한 것이다. 그 밖에도 보현보살의 중생구제를 노래한 보현십원가를 지어 보현신앙을 널리 알리는 데 노력하였다.[14]

---

12 『고려사』 세가 권2, 광종 19년. 국사는 광종 25년 3월에 임명되었다.
13 「보원사법인국사보승탑비」, 『한국금석전문』 2, 아세아문화사 1984, pp.412~419.
14 「균여전」, 『신정 삼국유사』, 경성; 삼중당 1943.

고려 초기 천태학 연구는 상당한 수준에 있었다. 오월왕 전숙錢俶이 고려에 사람을 보내 천태 관련 전적을 요구하였으며, 광종 11년(960) 고려에서 전적과 함께 제관諦觀을 보냈다. 그는 그곳에서 『천태사교의 天台四敎儀』를 저술하여 중국 천태학 중흥에 기여하였다. 중국에서 10여 년을 보낸 뒤 그곳에서 입적하였다.[15]

그 무렵 의통義通 역시 중국에 들어가 천태학을 연구하여 중국 천태종 16조가 될 정도로 활약이 컸다. 그 역시 귀국하지 못하고 그곳에서 입적하였다.[16]

4) 불교정책 기조의 변화

고려 초기 국가적 통치와 일반 백성들의 생활에 끼친 불교의 영향은 절대적이었다. 그에 따라 부정적 영향도 적지 않게 나타났다. 이런 분위기에서 즉위한 성종은 불교의 문제점을 개선하려 하였다. 불교신 앙의 필요성은 공감하면서도 국가 전체로 볼 때 한쪽으로 치우쳐 국정을 행하는 데 부담이 되었기 때문이다.

성종은 유교를 기반으로 한 정치를 활용하여 균형 있는 국정을 도모하였다. 신료들에게 국가발전을 위한 제안을 요구하자 고려 사회에 대한 개선책을 제시한 이가 최승로崔承老였다.

그가 제시한 시무 28조는 고려사회의 개선에 필요한 방안 28개였다. 현재 시무책은 22조만이 전해지고 있다. 그 가운데 정치적이고 사회적인 개선 부분이 절반 정도이다. 그리고 불교의 폐해를 지적하고 시정을

---

15 『불조통기』 권10, 법사제관(T. 49권, p.206 상~중).
16 『불조통기』 권8, 십육조보운존자의통(T. 49권, p.191 중~하).

요구한 것이 절반에 이른다. 이것은 고려 초기 불교정책의 문제성이 표면으로 드러나기 시작한 것을 의미한다.

최승로는 먼저 불교계에 대한 우대정책의 축소를 건의하였다. 그에 관련된 것으로 불교 공덕재功德齋에서 비롯된 폐단, 사소한 보시의 금지, 그리고 불보佛寶의 전곡錢穀에 대한 엄중한 관리였다.

다음으로 승려에 대한 지나친 환대 금지 및 승려들의 객관客館과 역사驛舍 유숙의 금지였다. 그리고 연등회, 팔관회 등 불교의례의 축소와 아울러 불우佛宇의 남설濫設 금지와 금, 은, 동, 철을 사용한 불상 제작과 사경의 금지였다. 나아가 불교에 대한 혹신酷信을 버리고 나라를 다스리는 데 유교사상에 입각할 것을 건의하였다.[17]

최승로의 불교 비판은 교리 자체에 대한 것은 아니었다. 선대 왕들의 지나친 불교숭상에서 오는 경제적 남용과 불교계의 전횡에서 나타난 폐단이었다. 이런 문제점들이 최종적으로 민폐로 연결되어 국가와 사회 문제가 된 것을 지적한 것이다.

그런 시무책을 건의한 저변에는 유교적 지도이념을 정립하려는 의도가 있었다. 신라시대 최승로의 가계는 육두품이었다. 골품제도에 막혀 있던 이들은 고려 초기 새로운 주류로 부상하였다. 과거를 통해 중앙관료로 등장하면서 자연히 유학에 대한 소양이 깊었다. 지방에 근거지를 갖고 있는 호족과 달리 관료로서 정치적 이념을 중앙집권적 귀족사회 건설에 두었다. 이런 새로운 주류의 대표적 인물인 최승로는 불교를 견제할 수밖에 없었다.

---

17 『고려사』 권93, 열전 6, 최승로.

96

이런 현실을 배경으로 그의 시무책에 담긴 불교개혁안을 볼 때 정치적인 면에서의 효용성은 인정되나 불교에 대한 순수한 뜻에서 행해진 비판으로 볼 수 없다. 그렇지만 불교개혁안은 성종을 공감시켜 현실에 반영되었다. 성종 즉위년(981) 팔관회가 폐지된 것과 사람들의 집이 사원화되는 것을 금지시킨 일 등은 불교개혁의 단호한 의지를 엿볼 수 있는 사례이다.[18] 그 영향으로 불교의 여러 폐단이 일시적으로 제어되었다.

이런 조치는 불교에 관한 근본적 인식을 전환시키지 못했지만 태조에서 성종까지 약진하던 기세를 약하게 하였다. 그러나 성종의 치세가 끝나고 여러 군주를 지나 문종 대에 이르면 다시 왕실의 불교신앙이 성행하였다. 그 이후 불교계가 여전히 기득권을 누리는 것으로 보아 불교개혁안은 당대에 끝났음을 알 수 있다.[19]

2. 고려불교의 의례와 문화

1) 고려불교의 신앙의례

고려불교의 신앙은 국가적인 차원에서 현실의 어려움을 극복하는 방향으로 진행되었다. 자연스럽게 불교는 국가 창건의 대도大道이며

---

18 『고려사』 권3, 세가 3, 성종 즉위년 11월.; 『고려사』 권3, 세가 3, 성종 4년 10월.

19 『고려사』 권7, 세가 7, 문종 10년 9월.
　문종은 당시 불교계 상황을 재물을 불려 생계를 경영하여 농업과 축산으로 직업을 삼거나 상업을 풍습으로 삼고 있어 종교적 역할을 다하지 못한다고 비판하였다.

국민을 널리 구제하는 신앙으로 인식되었다. 참선 수행은 나라의 복운을 오래 이어가게 하고, 지혜의 경론은 외적의 침입을 막아준다는 기복양재祈福禳災의 신앙관이 형성되었다. 여기에 지리도참설地理圖讖說이 더해져 고려불교 신앙의례는 복합적인 구조가 되었다.

고려시대 신앙의례는 법석, 대회, 도량, 재 등 여러 가지 명칭으로 실시되었다. 그 결과 왕실과 지도층 그리고 민중들 마음속에 현실적 이상을 성취할 수 있는 방편의 문으로 자리하였다.

고려시대에 실행된 신앙의례의 종류는 70여 종이 넘었다. 그 가운데 가장 많이 실시된 것은 연등회, 소재도량, 인왕도량, 그리고 팔관회였다. 고려시대 팔관회는 건국과 동시에 실시되었다.[20] 삼국시대부터 존재했던 팔관회는 일반 신도들이 수행자와 같은 생활을 할 수 없으므로 하루만이라도 여덟 가지 계율을 지켜 출가자의 수행을 본받자는 뜻에서 이루어진 불사였다.[21]

그러나 고려시대 팔관회가 왕실의 공식적인 행사가 되면서 그 성격이 바뀌게 되었다. 순수한 불교적 의식에서 하늘의 신령과 명산대천, 용신, 그리고 나라의 시조 등을 섬기는 토속신앙이 합쳐진 것이다. 그 결과 재난을 멈추게 하는 식재息災의 법회가 되었다.[22]

팔관회에는 궁중의 음악이 연주되고 여러 가지 동물과 모양을 본뜬 가장행렬이 이어졌다. 불사 중간에 용신과 산신 그리고 오방신 등에게

---

20 『고려사』권1, 세가 1, 태조 원년 11월.

21 신라 진흥왕 33년(572) 겨울 10월 20일에 전사한 사졸士卒들을 위하여 外寺에서 팔관연회八關筵會를 개최하여 7일 만에 마쳤다.

22 『고려사』권2, 세가 2, 태조 26년 4월.

대왕과 장군의 벼슬을 내렸다. 그런 분위기에서 임금은 문무백관과 외국 사신의 하례를 받았다. 자연히 임금의 만수무강과 나라의 무궁한 복을 비는 불사가 되었다.[23]

왕실의 행사였지만 모든 의식은 개방되어 있었다. 이 행사를 보기 위해 많은 사람들이 모여들어 개경 거리는 사람이 붐빌 수밖에 없었다. 시간이 지나면서 팔관회에 많은 물자가 소요되고 노역에 시달린 백성의 원망이 높아지자 불사를 중지하는 군주도 있었다. 그렇지만 오래지 않아 다시 실시되었음을 볼 때 고려시대 팔관회의 중요성을 짐작할 수 있다.[24] 그런 성격을 가지고 있었기 때문에 고려 마지막까지 지속된 의례가 되었다.[25]

연등회는 모든 부처님의 위덕을 기리고 보은과 기복을 위한 도량이므로 증익增益과 경애敬愛의 법회였다. 사찰에서 부처님을 찬탄하는 등불을 밝히는 연등회는 2월에 행해졌다.[26] 이틀 밤 동안 각각 3만 잔盞의 불을 밝혔고, 중광전重光殿과 여러 관청의 누각에 채색을 하고 등불로 산 모양이 되게 하며 풍악을 울렸다.[27] 부처님의 가피력으로 나라와 왕실이 번영할 수 있도록 기원한 불사였다.

---

23 『고려사』 권6, 세가 6, 靖宗 즉위년 11월.;『고려사』 권9, 세가 9, 문종 27년 11월.

24 성종은 즉위년 11월 번쇄함을 이유로 팔관회에서 잡기를 폐지하였고, 6년 10월에는 개경과 서경의 팔관회를 폐지하였다. 현종이 즉위하면서 팔관회를 다시 실시되었다.

25 『고려사』 권46, 세가 46, 공양왕 3년 11월.

26 『고려사』 권4, 세가 4, 현종 2년 2월.

27 『고려사』 권9, 세가 9, 문종 27년 2월.

연등회는 궁중과 중요한 사원에서만 행해지지 않았다. 나라 곳곳 사원이 있는 곳이면 모두 개최되었다. 마을 단위로도 행해져 팔관회처럼 남녀노소가 참여하였다. 개최 시기가 2월 혹은 정월이었던 것도 국민들을 위한 배려였다. 이 시기 이후 민중들은 본격적으로 농사를 준비해야 했기 때문이다.

마지막으로 소재도량이나 인왕도량은 외우내환을 소멸시키는 조복調伏의 성격을 띠었다. 소재도량 때 죄가 가벼운 죄수를 방면하였으며 밀린 조세를 탕감해 주었다.[28] 인왕도량 때는 수행자들에게 반승飯僧을 베풀었다.[29] 그런 성격의 의례였기 때문에 고려시대 내내 중요하게 행해졌다.

이와 같은 고려시대 신앙의례는 많은 물자와 백성의 노역이 동원되는 부정적 측면이 있었다. 그럼에도 불구하고 상하계층이 모여 즐기고 단합하는 분위기는 일체감을 형성시켜 불교의 대중화를 넘어 국민적 신앙이 될 수 있었다. 그리고 행사에 사용되던 의례와 음악은 고려시대 불교문화를 형성하여 사회적 지평을 확대하는 결과를 가져왔다.

2) 불교발전을 위한 경제제도

고려시대 사원에는 불교발전을 위한 다양한 보寶가 개설되었다. 이것은 사원에 시납된 재원을 남에게 대여하거나 소작을 주어 얻게 된 이윤으로 불사와 각종 법회 그리고 구제사업 등에 사용한 사원경제였다. 불교에서 권장하는 무진업無盡業과 관련된 보시의 강조 속에서

---

28 『고려사』 권7, 세가 7, 문종 2년 3월.
29 『고려사』 권8, 세가 8, 문종 18년 3월.

생겨난 제도였다.

고려시대 보는 불사를 위한 보, 불교연구를 위한 보, 신도들의
신앙을 위한 보, 그리고 사원운영을 위한 보로 나눌 수 있다. 먼저
불사를 위한 보에는 팔관회를 위한 팔관보八關寶가 있었다. 팔관회는
고려시대 대표적인 불사였다. 이를 개최하기 위해서는 많은 관리가
동원되었다. 그들은 시납된 재정을 관리하고 거기에서 남은 이윤과
왕실의 희사를 모아 팔관회를 개최하였다.[30]

불교연구를 위한 보에는 교학연찬에 소요되는 경비를 충당하기
위한 보와 경전간행에 필요한 재정을 위한 보가 있었다. 광학보廣學寶
와 불명경보佛名經寶로 대표되는 이 보는 불법을 배우는 사람들에게
소요되는 경비를 지원하였다. 정종定宗 원년(946) 1월 왕이 곡식 7만
석을 큰 사원에 나누어 시납하여 불법을 배우는 비용으로 충당한
것이 시작이었다.[31]

신도들의 신앙을 위한 보에는 장년보長年寶가 있었다. 자신과 친족
의 복을 바라는 것으로 수명연장을 기원하거나 질병과 재난을 피하도
록 기원하였다. 국왕의 축성祝聖을 위해 관리들의 시납으로 유지되는
경우도 있었다. 그렇지만 그 내면에는 개인적인 목적보다 불심을
모아 불교를 널리 알리려고 하는 의도가 담겨져 있었다.

---

30 『고려사』 권77, 지 31, 백관 2.
　　팔관보 관제는 사使는 1인이고 4품 이상, 부사副使는 2인으로 5품 이상, 판관判官은
　　4인으로 갑과권무甲科權務로 하였다. 이속吏屬은 기사記事 2인, 기관記官 1인,
　　산사算士 1인이었다.
31 『고려사』 권2, 세가 2, 定宗 원년 1월.

특권층을 위한 장년보와 달리 일반적인 신앙 관계에서 설립된 보는
기일보忌日寶였다. 기일에 재를 올리는 경비를 조달하기 위한 방편이
었다. 일부 특별한 공이 있는 경우 국가에서 설치하는 경우도 있었다.
신하의 공로가 커서 국왕 자신의 진전사원眞殿寺院에 공신을 위한
기일보를 설치하고 원당으로 배려한 경우도 있었다. 이런 경우를
제외하고 대부분 가족의 시납으로 이루어지는 것이 보편적이었다.
기일보는 대부분 부모의 추복을 위한 것이었지만 일부는 형제나 일찍
죽은 아들 등 조상이 아닌 혈족을 위한 목적도 있었다.

마지막으로 사원운영을 위한 보에는 상주보常住寶가 있었다.[32] 이것
은 사원운영의 총괄적인 재정을 의미한다. 사원에 기탁된 국가적인
시납과 개인적인 시납의 재원 모두가 여기에 해당된다. 이런 경비로
사원유지가 점차 보편화되었다고 볼 수 있다.

이런 보에는 사원 장엄시설을 위한 보로 성유향보聖由香寶와 불전의
장엄을 위한 수장보繡帳寶가 있었다. 성유향보는 특정 부처님 앞에
등불을 켜는 것으로 요즘의 인등과 같은 성격이었다. 수장보는 사원
전각과 불보살을 장엄하기 위해 특별히 조성된 보였다.[33]

이와 같이 고려시대에 설치된 보는 불교신자들의 보시 행위를 진작
시켰다. 그 결과 사원의 재정이 윤택해지고 사회적 영향력도 커졌다.
아울러 사원이 지향하던 여러 가지 불사가 원만하게 성취되어 우수한
불교문화를 창출하는 데 크게 기여할 수 있었다.

---

32 혜심, 「상주보기」, 『무의자시집』 권하(『한국불교전서』 6, 동국대 출판부 1984, p.65).
33 『수선사사원현황기』; 「상주보기」 참조.

3) 초조대장경과 고려교장의 간행

고려시대에 처음 조성된 초조대장경은 거란의 침입을 부처님의 힘으로 물리치려는 의도에서 제작되었다. 현종 1년(1010) 거란이 의주를 거쳐 평양을 포위하였다.[34] 승려 법언法言이 군사 9,000명을 거느리고 임원 역林原驛 남쪽에서 적을 맞아 싸웠다. 3,000여 수급을 베면서 분투하였지만 그곳에서 전사하였다.[35]

사태가 위급하게 되자 현종은 나주로 피난하였다.[36] 다음해 환도한 현종은 대장경 조성을 시작하였다. 불교의 힘으로 외적을 물리쳐 국가적 어려움을 극복하려는 의도였다. 이렇게 시작한 대장경이었지만 당대에 완성되지 못하였다. 그 후 덕종, 정종, 문종, 순종을 거쳐 선종宣宗 4년(1087) 완성되었다. 선종은 2월 개국사開國寺와 4월 귀법사歸法寺에 나아가 조성을 경축하였다.[37]

초조대장경 속에는 모두 1,106부 5,048권의 장경이 수록되었다. 대장경판은 영남 팔공산 부인사에 봉안하였다. 국가를 진호하는 상징과 국민의 신앙적 의지처가 되었으나 고종 때 몽고의 침입으로 소실되었다.

대장경과 함께 고려의 인쇄문화로 손꼽을 수 있는 것은 대각국사 의천이 조성한『고려교장高麗教藏』을 들 수 있다. 문종의 넷째 아들로 어려서 출가한 그는 13세에 우세승통祐世僧統이 될 정도로 지혜가

---

34 『고려사』권4, 세가 4, 현종 원년 12월.
35 『고려사』권4, 세가 4, 현종 2년 7월.
36 『고려사』권4, 세가 4, 현종 2년 1월.
37 『고려사』권10, 세가 10, 선종 4년 2월.; 4월.

밝아 해동의 성자로 칭송되었다. 불문에 귀의해서 많은 전적을 열람하면서 해동의 많은 법사가 남긴 기록에 억설이 많음을 안타깝게 여겼다. 이런 문제점을 해결하기 위해 중국 유학을 결심하였다. 왕실의 반대에도 불구하고 송나라에 들어가 많은 고승 대덕과 사찰을 참배하고 불법의 요체를 논의하였다.

모후의 간곡한 청으로 귀국을 결심하면서 요나라와 송나라 등지에서 유통되고 있는 전적을 수집하였다. 귀국 후에는 일본 등지에 유통되고 있는 장소章疏를 수집하여 4천여 권에 이르는 전적을 모아 정리하였다. 그 내용을 목록으로 작성한 것이 『신편제종교장총록新編諸宗教藏總錄』이다.

『신편제종교장총록』은 3권으로 구성되었다. 경의 장소章疏 561종 2,586권, 율의 장소 142종 467권, 그리고 논의 장소 307종 1,687권 등 모두 1,010종 4,740권이 수록되었다. 이 저술들은 모두 당시에 현존하던 장소여서 불교사적 의의는 물론 문헌서지학상의 가치가 매우 크다. 의천은 흥왕사에 교장도감教藏都監을 설치하고 목록을 바탕으로 고려교장을 간행하였다.[38]

의천이 교장을 간행한 이유는, 경과 론은 비록 갖추었더라도 그에 대한 장소章疏가 없다면 법을 펼 길이 없었기 때문이었다. 그렇게 간행된 『고려교장』이었지만 얼마의 인원으로 몇 해 동안 걸쳐 완성했는지 알 수 없다. 또한 판목의 수가 얼마였는지도 알 수 없다. 다만 몇 가지 판목이 지금까지 남아 있어 그 글씨와 새김의 정교함 그리고

---

38 『고려사』 권90, 열전 3, 종실 문종 왕자 대각국사 왕후.

판형의 규모를 엿볼 수 있을 정도이다.

3. 고려불교의 변화와 결사운동의 대두

1) 천태종과 조계종의 설립

고려시대 불교종파의 명칭은 조계업, 유가업 등 교학적 명칭으로 불렸다. 그 후 1097년 의천에 의해 천태종이 세워지면서 종파의 명칭이 시작되었다. 그 후 선종과 다른 교종들도 소의경전과 종지종풍을 표방하며 종파 설립을 본격화하였다.

홍왕사에서 『고려교장』을 발간한 의천은 선종 9년(1092) 모친 인예태후 서거 후 1094년 해인사로 옮겼다. 1096년 형 숙종이 즉위하자 다시 홍왕사로 옮겼다가 이듬해 국청사 완공 후 주지로 부임하였다. 이곳에서 고려불교를 개혁하기 위해 천태종을 개창하였다. 왕의 명으로 천태종에 참여한 승려가 700여 명, 직접 의천의 문하로 찾아온 승려가 300여 명이었다.[39] 숙종 5년(1101) 교종과 선종에 국한되었던 승과에 천태종이 포함되었다.[40]

천태종의 설립은 상대적으로 선종의 위축을 가져왔다. 개창 무렵 동참한 천여 명의 승려 대부분은 선종 소속이었다. 의천은 선종을 이끌던 원응국사 학일에게 여러 차례 천태종 참여를 권유하였으나 허락을 얻지 못했다. 학일은 조사의 가르침이 쇠퇴하는 것을 슬퍼하면서 홀로 서겠다는 마음을 확고히 하였다. 자신의 신명을 바쳐 그

---

39 「선봉사대각국사비」『한국금석전문』, pp.598~601.
40 「국청사묘응대선사교웅묘지명」『조선금석총람』권상, p.559.

임무를 소명으로 삼았다.[41] 의천이 주도하고 왕실의 후원을 얻어 크게 번성한 천태종이었지만 그가 입적하자 교세가 약세질 수밖에 없었다.

선종은 선적종禪寂宗으로 지칭되다가 인종 10년(1132) 무렵까지 조계업曹溪業으로 불렀다.[42] 그 후 명종 2년(1172)에 세워진 대감국사 탄연의 비명을 보면 '고려국조계종굴산하단속사대감국사'라 해서 공식적으로 조계종 명칭이 등장하고 있다.

탄연은 의종 12년(1158) 입적하였다. 비명에 그렇게 쓰인 것은 생전에 그가 조계종에 속했다는 것을 의미한다. 그렇다면 조계종 명칭은 그보다 앞서 생겼을 것이다. 조계업으로 불렸던 선종이 종파적 특징을 분명히 하며 조계종으로 변경된 것이다. 이는 의천이 천태종을 개창하자 조계업 역시 구산선문을 통합하고 내부 결속을 강화하려는 의도에서 선종으로 변경했을 가능성이 높다.

그 무렵 조계업 역시 종파로 설립될 수 있는 여건이 충분하였다. 혜소국사慧昭國師[43] 담진曇眞은 1076년 중국에 유학하여 임제종의 정인 도진 문하에서 수학하였다. 중국 황제 신종에게 법원대사라는 호를 받고 문종 34년(1080) 귀국하였다. 그는 예종 때 크게 두각을 나타냈다. 장녕전에서 선을 강설하며 비가 내리기를 빌었고,[44] 2년(1107)에는 왕사,[45] 9년에는 국사로 책봉되었다.[46] 그리고 11년(1116) 윤 정월

---

41 「운문사원응국사비」『조선금석총람』 권상, p.349.

42 「선봉사대각국사비」『한국금석전문』, p.601.

43 「청평산문수원기」『동문선』 권64.
   혜소慧昭는 혜조국사慧照國師로 불리기도 한다.

44 『고려사』 권12, 세가 12, 예종 1년 6월.

45 『고려사』 권12, 세가 12, 예종 2년 1월.

보제사에서 선을 강설할 때는 예종이 참석하여 많은 보시를 하였다.[47] 이런 활동을 문도들이 계승하면서 자연스럽게 조계종 설립의 분위기를 조성하였을 것이다.

　탄연은 문종 24년(1070)년 태어나 15세 명경생에 합격하고 숙종이 아들 예종의 글을 가르치게 할 정도로 문재가 뛰어났다. 19세에 가깝게 지내던 사안이 출가하였다는 소식을 듣고 궁에서 나와 성거산 안적사에서 출가하였다. 광명사에서 담진을 만나 심요를 전수받았다. 법력이 뛰어나 종풍을 크게 떨쳤고 조사의 가르침을 광양하여 동국의 선문을 중흥하였다. 그가 입적하자 공식적으로 조계종 명칭을 붙인 것으로 볼 때 숙종 9년(1104) 승과에 합격하고 이후 조계종으로 활약한 것으로 짐작된다. 그 후 인종 9년(1131) 대선사가 되고, 인종 23년(1145) 왕사로 임명되어 조계종을 이끌며 후학을 제접한 것으로 보인다.[48]

　이 무렵 담진의 제자 지인之印[49]의 활동과 대각국사 의천이 천태종을 개창하며 참여를 권유하자 이를 거절하고 선종에 남았던 원응국사 학일도 '선종의 발전을 위해 노력하겠다'고 한 것으로 볼 때 조계종 설립에 힘을 보탰을 것으로 짐작된다.[50]

---

46 『고려사』 권13, 세가 13, 예종 9년 6월.

47 『고려사』 권14, 세가 14, 예종 11년 윤1월.

48 「고려국조계종굴산하단석사대감국사비」 『조선금석총람』 권상, p.562.

49 1102년 예종의 아들로 태어나 9세가 되던 해 예종이 명하여 혜조국사 담진의 문하로 나아가 출가하였다. 15세가 되던 해 승과에 합격하였으며, 1119년 법주사 주지, 1127년 삼중대사의 법계를 받았다. 1147년 대선사에 오르고, 1149년 의종으로부터 광지廣智라는 법호를 받았다.

50 「운문사원응국사비」 『조선금석총람』 권상, p.349.

2) 불교의 귀족화와 묘청의 개혁

(1) 문벌귀족과 불교

왕건을 도와 고려를 건국한 지방 호족들은 점차 중앙의 문벌귀족으로 성장하였다. 그들은 성종 대에 시작되어 문종, 예종, 인종을 거치면서 정치권력과 경제적 재원을 가진 귀족이 되었다. 그들은 자신들만의 기득권을 유지하기 위해 5품 이상 관리의 자제는 과거시험을 거치지 않고 관직에 진출할 수 있는 음서제도를 두었다.[51]

문벌귀족은 자신들의 세력 유지와 확장을 위해 혼인 제도를 이용하였다. 자신의 가문을 높이고 출세가 보장된 왕실과의 혼인은 최고의 영예와 권력을 쥘 수 있는 지름길이다.

그들은 사회적 특권을 유지하기 위해 불교계를 악용하였다. 자신들의 이익을 대변할 수 있는 특정 종파와 깊은 관련을 맺었다. 당시 불교계는 화엄과 법상의 교학이 중심을 이루고 있었다. 그 가운데 화엄사상이 지향하는 무차별의 이념은 문벌귀족의 특권층을 대변하기 어려웠다. 그러자 법상의 교학을 차별화의 이념으로 왜곡하여 문벌귀족의 정서를 대변하게 하였다. 현종이 부모의 명복을 빌기 위해 현화사를 창건하자 이곳을 근거지로 법상의 교학이 두각을 나타낼 수 있도록 하였다.[52]

경제적인 면에서도 문벌귀족은 불교계를 악용하였다. 그들은 개국 초 공신전을 하사받고 지위를 이용해서 많은 토지를 소유하게 되었다.[53] 그 재산을 후손에게 세습하고 싶은 귀족들은 원당을 세웠다.

---

51 『고려사절요』 권2, 성종 16년 12월.
52 『고려사』 권4, 세가 4, 현종 9년 6월.

원당의 주지는 당연히 귀족의 자손들이 맡았다. 이곳에 토지를 기증하고 사원전으로 편입되면서 세습될 수 있었다.

문벌귀족의 삭발위승削髮爲僧 역시 사원이 가지는 경제적인 부와 관계가 깊었다. 인주 이씨 이자연은 자신의 딸 셋을 문종의 왕비로 들여보낸 뒤 권력을 독점하였다.[54] 아들 덕소가 출가하여 현화사의 주지를 맡자 이곳은 인주 이씨의 원당처럼 되었다.[55] 그런 관계가 형성되면서 사찰의 경제권은 점점 사유화되고 악용될 수밖에 없었다.

문벌귀족의 불교계 장악은 많은 폐단을 가져왔다. 대토지와 노비의 소유는 풍족한 생활을 보장하였다. 호화롭고 사치스런 국가의 불사는 불교계 안에 과소비의 풍조를 가져왔다. 이런 분위기가 대중들에게도 전해져 사치스런 불사를 봉행하고 재앙과 고통을 물리치고 복을 비는 신앙형태가 만연되었다.

이런 불교계의 현실을 지켜본 문종은 10년(1056) 9월 폐단을 바로잡을 목적으로 조서를 내렸다. 전국의 사원을 정리하여 계행에 정진하는 자는 모두 안착하게 하고 위반한 자는 법으로 다스려 선악을 구분하고 기강을 바로잡으려 한 것이다.[56] 그 결과 일시적으로 귀족들이 지은

---

53 『고려사』 권78, 지 32, 식화 1, 전제 공음전시.

54 『고려사』 권95, 열전 8, 제신 이자연.

55 이자연의 손자 이자겸 역시 자신의 아들을 출가시켜 법명이 의장義莊이었다. 그 역시 현화사 주지를 하였다. 이자겸이 난을 일으켰을 때 현화사로부터 승려 300여 인을 거느리고 궁성 밖에 이르니 궁궐 안에 있던 사람들이 감히 나오지는 못하고 단지 활과 화살을 쥐고 자성子城의 문 위에서 나누어 지킬 뿐이었다고 전하고 있다.
『고려사』 권127, 열전 40, 반역 이자겸.

원당과 권력을 끼고 중생들을 외면한 사찰들이 제제를 받았다. 그러나 이미 세속적인 관심이 고조된 불교계를 전적으로 바꿀 수는 없었다.

이자겸 역시 그의 딸을 예종과[57] 인종의 왕비로[58] 들여보내며 권력을 이어갔다. 친족들을 요직에 널리 배치시키고 여러 관부에 자기 편을 심어두었다. 스스로 국공國公이라 여기고 왕태자王太子와 동등한 예우를 받았다. 그의 아들 의장義莊은 수좌로 임명된 후 현화사 주지를 맡았다.[59] 이렇게 문벌귀족들과 불교계의 밀월 관계는 계속되었다.

(2) 묘청의 사회개혁

묘청은 서경 출신으로 인종 5년(1127) 백수환을 통해 중앙에 진출하였다.[60] 승려이면서 도교와 풍수지리 그리고 도참사상에 정통하여 인종의

---

56 『고려사』 권7, 세가 7, 문종 10년 9월.

문종은 당시 불교계 상황을 다음과 같이 지적하였다. "석가가 가르치기를, 청정을 우선으로 삼고 더러운 것을 멀리하며 탐욕을 없애야 한다고 하였다. 요사이 나라의 역을 회피하는 무리가 승려에 이름을 걸고는, 재물을 불려 생계를 경영하여 농업과 축산으로 직업을 삼거나 상업을 풍습으로 삼고 있다. 밖에 나가서는 계율의 조문을 위배하고 집에 들어가면 청정의 규약이 없으니, 한쪽 어깨를 내놓는 승려의 도포는 술독의 덮개로 떨어지고, 불경을 강송하는 장소는 헐어서 채소밭의 이랑이 되었다. 상인들과 매매로 통하고 객인들과 술주정과 오락으로 결탁하며, 기생집에서 떠들썩하게 섞이고 우란분盂蘭盆 행사를 더럽히고 있다. 세속의 관을 쓰고 세속의 옷을 입었으면서 사원 수리를 빙자하여 돈을 거두어 깃발과 북을 갖추어 노래하고 피리 불며, 마을에 출입하고 시장을 돌아다니며 사람들과 싸워 피투성이가 되기도 한다."

57 『고려사』 권12, 세가 12, 예종 3년 1월.

58 인종 2년 8월 셋째 딸을 왕비로 들였고, 3년 1월 넷째 딸을 왕비로 들였다.

59 『고려사』 권127, 열전 40, 반역 이자겸.

관심을 끌었다. 문벌귀족과 불교의 밀착으로 점점 침체되는 고려사회를 지켜본 그는 새로운 국가건설을 위해 인종 6년(1128) 서경천도를 주장하며 사회개혁을 주도하였다. 서경의 임원역林原驛은 큰 명당자리인 대화세大花勢이므로 궁궐을 세우고 수도를 옮기면 천하를 합병할 수 있고, 금나라는 물론 그 밖의 많은 나라가 고려에 항복하고 조공할 것이라고 주장하였다. 그의 의견에 따라 인종은 귀족들의 반대에도 불구하고 민심 전환을 이유로 천도를 결심하였다. 그리고 묘청을 수가복전隨駕福田으로 삼아 친히 서경에 행차하였다.

인종 7년(1129) 새 궁궐이 완성되자 왕은 서경에 행차하였다. 묘청은 표를 올려 왕에게 황제를 칭하고 연호를 제정할 것을 권하였다. 하지만 왕은 수락하지 않고 건룡전乾龍殿으로 옮겨 신하들의 하례賀禮를 받았다.

인종 9년(1131) 8월 임원궁林原宮에 팔성당八聖堂을 지어 보살과 호법신중의 보호를 받을 수 있도록 기원하였다. 다음해 서경에 대화궐大花闕을 창건하고 도선道詵으로부터 자신에게 전수된 태일옥장보법太一玉帳步法을 펼쳐 자신이 고려에 전해지는 도참의 정통임을 내세우며 개혁을 추진하였다. 그런 개혁 과정에서 정지상과 김안 등은 묘청을 성현으로 추천하면서 모든 정사의 최고 고문으로 삼을 것을 건의하였다. 그러자 인종은 12년(1134) 그에게 삼중대통지누각원사三重大通知漏刻院事를 제수하였다.[61]

이런 묘청의 개혁은 김부식을 비롯한 당시 개경 문벌귀족의 반발을

---

60 『고려사』 권15, 세가 15, 인종 5년 3월.
61 『고려사』 권127, 열전 40, 반역 묘청.

초래하였다. 유학을 통치이념의 근본으로 한 문벌귀족은 서경천도를 내세우며 주도하는 사회개혁을 달갑게 생각하지 않았다.[62] 새로운 불교세력과 개혁의지를 지닌 신흥관리들에 의해 서경천도가 이루어진다면 개경을 중심으로 한 기존의 불교계와 그들과 긴밀한 관계에 있는 문벌귀족의 입지가 축소될 수밖에 없었기 때문이다.

인종 10년(1132)부터 서경천도를 반대하는 탄핵이 끊이지 않았다. 인종 12년(1134) 대화궐 건룡전乾龍殿이 벼락을 맞는 등 재난이 속출하자 풍수도참에 기반을 둔 천도론은 서서히 명분을 잃게 되었다. 묘청은 보다 적극적인 개혁을 모색하였다. 인종 13년(1135) 1월 서경의 관리들과 서북의 군대를 서경에 집결시킨 후 국호를 대위국大爲國, 연호를 천개天開라 선포하고 군대를 천견충의군天遣忠義軍이라 칭하였다.[63]

그런 묘청의 개혁은 왕실과 문벌귀족들의 반대에 부딪혔다. 인종은 김부식을 원수元帥로 임명하고 중군中軍을 이끌도록 하였다. 그리고 이부상서 김부의金富儀가 좌군左軍, 지어사대사 이주연李周衍이 우군右軍을 이끌었다. 묘청과 서경 관리들의 병사가 김부식에게 진압되면서 개혁운동도 끝이 나고 말았다.[64]

새로운 방향을 주장했던 묘청의 사회개혁은 개경을 중심으로 문벌귀족과 긴밀한 관계에 있었던 불교계를 벗어나 국가와 사회를 위한 불교를 제시했다는 점에서 의의가 있다. 그러나 문벌귀족들은 자신들의 기득권이 상실되는 것이 두려워 묘청의 개혁을 제압하였다. 그

---

62 『고려사』 권98, 열전 11, 제신 김부식.
63 『고려사』 권127, 열전 40, 반역 묘청.
64 『고려사』 권98, 열전 11, 제신 김부식.

112

결과 고려사회와 불교는 자주적으로 변모할 수 있는 기회를 상실하고
더욱 혼란의 길로 들어서게 되었다.

3) 무신武臣과 불교계의 갈등

고려시대 무반은 문반과 더불어 지배층이었지만 차별대우를 받았다.
이런 차별은 묘청의 사회개혁이 실패한 이후 더욱 심화되었다. 의종이
향락 생활에 빠져 실정하면서 문신의 교만은 더욱 심해졌다. 불만을
가진 이의방, 정중부, 이고 등이 의종 24년(1170) 보현원普賢院에서
문신들을 살해하며 난을 일으켰다.[65] 의종을 폐하고 거제도로 귀양
보냈다. 그리고 왕의 동생 익양공翼陽公을 명종으로 옹립하며 무신정
권을 수립하였다.[66]

집권 후 분열이 일어나 이고가 이의방을 척결하려고 할 때 불교계를
끌어들였다. 불교계가 동조한 것은 그동안 문벌귀족과 긴밀하게 지내
며 기득권을 유지하였던 교종을 배제한 것에 대한 반발이었다.[67] 이고
의 시도가 실패로 끝나자 이의방은 불교계가 관계된 것에 대한 보복으
로 사찰을 파괴하고 재물을 빼앗았다. 승려들이 궁궐 근처에 오는
것을 견제하였다.[68]

그러나 명종 4년(1174) 12월 정중부와 그의 아들 정균 그리고 불교계

---

65 『고려사』 권19, 세가 19, 의종 24년 8월.
66 『고려사』 권19, 세가 19, 의종 24년 9월.
67 그런 반발은 대부분 개경 부근의 교종 사찰이 중심이 되어 일어났다. 명종 4년
  정월에 귀법사 승려 100여 명의 반발과 그 후 중광사, 홍호사, 귀법사, 홍화사
  등 여러 사찰의 승려 2,000여 명이 반발한 것이 그 예이다.
68 『고려사』 권19, 세가 19, 명종 원년 10월,

는 이의방을 제거하였다.[69] 정균은 잠시 관직에서 물러나 천신사에 머물면서 불교계와 깊은 관계를 맺고 있었다. 명종의 동생으로 승통이던 충희는 왕실 사찰인 홍왕사에 주석하고 있었기 때문에 힘이 될 수 있었다. 종군승 종참도 불교계의 세력을 규합하여 정균을 도울 수 있었다. 권력을 잡은 정중부는 보제사를 중수하는 등 불교계와 우호관계를 유지하였지만 명종 9년(1179) 9월 경대승에 의해 제거되었다.[70]

명종 13년 불교계에 우호적인 경대승이 죽자[71] 뒤를 이어 이의민이 집권하였다. 그 역시 개경 근처 벽란도에 있는 보달원普達院을 원찰로 삼을 정도로 우호적이었다.[72]

명종 26년(1196) 4월 이의민을 제거하고 최충헌이 집권하였다.[73] 그는 명종에게 봉사封事 10조를 올려 불교계에 대해 비판적인 정책으로 전환하였다. 왕자로서 승려가 된 홍기·홍추·홍규·홍균·홍각·홍이 등을 정사에 관여한다는 이유로 본사로 돌려보낸 뒤에 다시 해도海島로 유배보냈다. 총애 받던 운미雲美와 존도存道가 왕궁을 출입하자 아부하는 신료들의 모습을 보고 그들을 내쫓았다. 명종을 지지하던 세력인 두경승杜景升을 제거하고 대선사 연담淵湛을 포함한 10여 명의 승려를 영남지역으로 유배보냈다.

---

69 『고려사』 권128, 열전 41, 반역 이의방.
70 『고려사』 권20, 세가 20, 명종 9년 9월.
71 『고려사』 권20, 세가 20, 명종 13년 7월.
72 『고려사』 권128, 열전 41, 반역 이의민.
73 『고려사』 권20, 세가 20, 명종 26년 4월.

최충헌의 불교계 탄압은 주로 교종에 대해 이루어졌다. 그것은 불교교단을 선종 중심으로 재편하고자 한 그의 정책에 교종이 반발하였기 때문이다. 교종 사찰을 중심으로 그를 시해하려 하였지만 성공하지 못했다.[74] 최충헌은 명종을 폐위하고 신종을 옹립한 이후 산천비보도감山川神補都監을 설치하여 사원세력을 정비하였다.[75]

최충헌은 불교계를 탄압하는 과정에서 새로운 승려들을 중앙으로 유입하는 정책도 병행하였다. 각지의 선회에서 맹주로 요청되던 지겸志謙을 적극적으로 후원하여 왕사에 임명하였다. 선종 중심으로 불교계를 재편하려는 자신의 생각과 일치하였기 때문이다. 자신의 아들을 지겸의 문도로 출가시킬 정도였다.[76] 고종 6년(1219) 8월 최충헌이 죽자 아들 최우가 권력을 이었다.[77]

4) 지눌의 정혜결사와 의의

무신집권기 불교계는 정치권과 많은 갈등을 일으켰지만 스스로 정치권력과 밀착되기도 하였다. 그런 모습에 의식 있는 승려들은 불교 본연의 역할을 상실하였다고 자성의 목소리를 내었다. 그것이 보조국사 지눌에 의한 정혜결사와 요세에 의한 백련결사였다. 이런 선종의 결사운동은 교종에 영향을 주어 화엄종 요일寥一이 주도한 반룡사盤龍社, 대고大孤가 주도한 수암사水嵒寺 결사 등 자정운동이 일어나는

---

74 『고려사』 권129, 열전 42, 반역 최충헌.

75 『고려사』 권77, 지 31, 백관 2.

76 「화장사정각국사비」 『동국이상국전집』.

77 『고려사』 권64, 지 18, 예 6.

계기가 되었다.[78]

지눌은 고려 의종 12년(1158) 황해도 서흥군에서 태어났다. 희종이
내린 시호가 불일보조국사였지만 스스로 자신을 낮춰 목우자牧牛子라
하였다. 8세 때 종휘宗暉선사에게 득도한 후 명종 12년(1182) 25세에
승선에 합격하였다.

명리에 집착하지 않았던 그는 보제사 담선법회에서 도반 10여 명과
올곧게 수행할 것을 약속하였다. 그 후 창평 청원사淸源寺에서『육조단
경』을 보다가 중생의 진성眞性은 만상萬象에 물들지 않고 항상 자재함
을 깨달으면서 큰 전기를 맞이하였다.

28세 되던 명종 15년(1185) 경북 예천 하가산 보문사에서 3년 동안
대장경을 열람하였다. 여기서 이통현의『화엄론』을 읽고 부처님의
말씀이 선과 계합함을 깨닫고 선교회통을 마음에 새겼다.

지눌이 살았던 12~13세기 고려 사회는 이자겸의 난과 무신의 난
등 귀족들이 왕권에 저항하는 혼란한 시대였다. 이러한 상황에서
불교계는 권력층과 매우 밀접한 관계를 맺었다. 그러자 정치적 배후
를 등에 업고 본연의 모습을 상실하면서 세속과 결탁하는 일이 빈번하
였다.

이런 사회 상황에 회의를 느낀 지눌은 불교를 혁신적으로 개혁하려
하였다. 그것이 바로 선풍의 회복과 선교의 회통인 정혜결사운동이었
다. 명종 18년(1188) 팔공산 거조암에서 법회를 열고 정혜사定慧社를
결성한 후 결사문을 지었다.[79]

---

78 「송반룡여대사서」,『동문선』권84.; 「수암사화엄결사문」『동국이상국후집』권12.
79 보조, 「권수정혜결사문」『보조전서』, 불일출판사 1989, p.28.

116

사람들이 몰려들어 그곳이 불편하자 신종 원년(1198) 송광산 길상사로 옮겼다.[80] 보조 자신은 잠시 지리산 상무주암에 은거하며 2년 동안 동안 수행하면서 『대혜어록』을 읽다가 더 이상 번뇌가 일어나지 않는 완전한 깨달음을 이루게 되었다.

43세에 송광산으로 돌아간 그는 희종 1년(1205) 결사의 이름을 조계산 수선사修禪社로 바꿨다. 희종 6년(1210) 3월 입적할 때까지 이곳에서 정과 혜를 고루 닦아 선과 교를 함께 하는 수행으로 문란해진 교단의 수행풍토를 개혁하였다. 선교의 대립을 지양하는 회통을 위해 매진하였다. 성적등지문, 원돈신해문, 그리고 간화경절문의 삼문을 열어 대중을 제접하였다. 그런 노력으로 정혜결사에 남녀노소, 현우귀천을 가리지 않고 들어오는 자가 많아 선의 중흥을 이룰 수 있었다.[81]

지눌은 선의 중흥을 도모하면서도 선에 치중하지 않고 당시 고려불교계가 지니고 있는 선과 교의 문제점을 회통시켰다. 부처님의 입으로 말한 것은 교이고 조사의 마음으로 전한 것이 선이므로 부처와 조사의 마음과 입은 어긋나지 않는다고 생각하였다. 그런데 그것을 분별하는 것은 선을 수행하는 사람과 교학에 전념한 사람들 스스로 그 근원을 알려 하지 않고 각기 자신이 익힌 곳에 안주하기 때문이다. 이런 병폐를 치유하기 위해서는 먼저 교로서 그 방향을 분명히 한 다음 선을 닦아야 올바른 수행이 될 수 있다고 하였다. 그리고 이와 같은 선교회통은 수행자가 지녀야 할 본분임을 일러주었다.

지눌은 많은 제자를 배출하였다. 그들에 의해 계승된 지눌의 실천과

---

80 이곳은 후에 조계산 송광사가 되었다.
81 「조계산수선사불일보조국사비명」, 『조선금석총람』 권하, pp.949~952

사상은 고려 후기 선풍 진작에 크게 기여하였다. 그리고 이때 형성된
정혜결사의 이념은 한국불교의 전통으로 계승되었다.

5) 혜심慧諶과 수선사 사주社主

수선사 제2세는 혜심이었다. 신종 5년(1202) 보조를 찾아가 어머니의
재를 부탁한 것을 인연으로 제자가 되었다. 출가한 뒤 오산蜈山, 지리산
금대 등지를 전전하면서 수행하였다. 그는 3차례에 걸쳐 보조의 인가를
받았다. 혜심의 자질을 인정한 보조는 입적하기 전부터 수선사 제2세의
자리를 물려주려 하였다. 처음에는 이를 수용하지 않고 지리산으로
자취를 감추었다. 그러나 희종 6년(1210) 보조가 입적한 후 뒤를 이어
수선사 사주가 되었다.

2세가 된 혜심은 보조의 행장을 정리하고 비를 세우는 것을 주관하며
수선사를 유지하는 데 노력하였다. 24년간 수선사를 이끌며 최우와
최항 등 최씨 무신정권의 참여를 이끌어 선풍운동이 지속될 수 있도록
하였다.[82]

혜심은 보조와 같이 수행의 요점을 정定과 혜慧로 보았다. 정은
경계를 대해서 움직이지 않는 것이며, 혜는 성품을 보아 미혹함이
없는 것이라 하였다. 이것은 억지로 마음을 써서 되는 일이 아니며,
자신이 수행의 득력得力과 부득력不得力을 검토하여 정도를 알 때
가능한 일이라고 주장하며 보조의 사상을 따랐다.

혜심은 간화수행을 강조하면서도 보조가 무심합도無心合道가 경절

---

82 「조계산제이세수선사주진각국사비명」『조선금석총람』 권하, pp.949~952.

문이라 한 것과 달리, 무심이 최위성요最爲省要이며 진심이지만 그런 무심이라는 생각까지도 없어져야 진무심眞無心이라 하였다. 이는 명구에 걸리지 않고 온종일 화두를 참구하는 실참실어實參實語의 모습을 강조한 것이다.[83]

혜심 이후 보조의 사상은 송광사에서 수선사 사주를 중심으로 계승되었다. 수선사는 혜심 때 왕실, 무신, 귀족, 유학자, 관료 등이 결사에 참여하거나 간접적으로 지원하면서 자연스럽게 중앙의 정치세력과 연결되었다. 이런 관계는 수선사 발전에 영향을 미쳐 제3세 몽여夢如, 제4세 혼원混元, 제5세 천영天英을 거치면서 사세가 커졌다.

제3세 몽여는 선에 대한 깊은 지식을 갖고 보조의 사상을 계승하며 수선사의 전통을 지켜나갔다. 비문이 인멸되어 자세한 내용은 알 수 없으나 그가 사주로 있었을 당시 수선사 사세가 융성하였다고 한다.

제4세 혼원은 13세 때 사굴산문 범일의 후손 종헌에게 나아가 머리를 깎고 구족계를 받았다. 쌍봉雙峯의 변청우를 만나 깊은 공부를 배운 후 조계의 혜심 문하에 나아가 크게 칭찬을 받았다. 고종 33년(1246) 선원사 낙성식 때 초청되어 법석을 지도하였다. 청진국사 몽여의 후계자로 있으며 고종 39년(1252) 8월 그가 입적하자 수선사 제4세 사주가 되었다. 보조와 같이 선을 중심으로 하면서도 교에 대한 이해를 가벼이 하지 않는 선교일치의 사상을 갖고 있었다. 문도로는 천영, 수선사 제7세인 자정 일인, 수선사 제8세인 자각 도영, 탁연, 원정국사

83 혜심, 「상강종대왕심요」 『진각국사어록』(『한국불교전서』 6, p.23 하).

경지 등이 있었다.[84]

제5세 천영은 15세 때 진각국사 혜심에게 출가한 후 수선사 제3세 몽여가 송광사에서 조계 종지를 진작하고 있을 때 그곳을 찾아가 법을 배웠다. 그리고 제4세 혼원에게도 수학하였다. 고종 37년(1250) 제2의 수선사인 선원사 주지로 임명되어 사세를 확대하였다. 고종 43년(1256) 혼원의 후임으로 수선사 제5세 사주가 되었다.[85]

제6세 충지沖止는 출가 전 등과하여 관직에 나아가 사신으로 일본에 다녀오기도 하였다. 29세 때 선원사 법주로 있던 천영에게 사미계와 구족계를 받았다. 충렬왕 12년(1286) 천영이 입적하자 대중들이 그를 수선사 사주로 천거하였다. 그 해 4월 16일 하안거 결제일에 제6세가 되어 보조의 정통을 이어받았다. 원나라 황제의 존경과 귀의를 받을 정도로 도가 높았던 그는 보조의 사상을 계승하는 데 노력하였다. 교학을 가벼이 하지 않고 대장경을 열람하려는 원을 세우는 등 선교융화적인 분위기를 이끌어 갔다.[86]

수선사 사주는 제7세 일인一印, 제8세 도영道英, 제9세 선원禪源으로 이어졌다. 그러나 이 무렵 수선사 사세가 어려워 별다른 활동을 전개할 수 없었다.

제10세 만항萬恒에 이르러 다시 사세가 회복되었다. 만항은 원종 4년(1263) 천영에게 출가하였다. 충렬왕 때 삼장사를 시작으로 낭월사, 운흥사, 선원사 등의 주지를 지냈다. 수선사 사주가 될 무렵 제자가

---

84 「와룡산자운사진명국사비명」『조선금석총람』 권상, pp.593~595.

85 「불태사자진원오국사정조탑비」『조선금석총람』 권상, pp.595~596.

86 「조계산수선사제륙세원감국사비명」『조선금석총람』 권하, pp.1035~1036.

7백여 명에 이르고 이곳에 들어오려는 자가 이루 헤아릴 수 없을 정도였다. 충선왕이 베푼 강연회에 나아가 특강을 하여 왕이 크게 감탄하고 직접 가마를 내렸다. 많은 하사품과 함께 별전종주중속조등 묘명존자別傳宗主重續祖燈妙明尊者라는 법호를 내렸다.[87]

제11세 경린景麟과 제12세 내원乃圓은 비문이 인멸되어 자세한 내용을 알 수 없다.

제13세 복구復丘는 재상 이존비의 아들로 충렬왕 5년(1279) 10세 때 천영에게 출가한 후 구족계를 받았다. 그 후 대선사 도영을 추종하여 10년 만에 배움을 이루었다. 충숙왕 7년(1320) 총림의 지도자로 추앙된 후 오랫동안 종풍을 떨쳤다. 그의 문하에 천여 명의 제자가 있었다. 생존 시 왕사로 책봉될 정도로 명망이 높았다. 사주에서 물러난 후 정토사에 머물며 낮에는 삼장을 읽고 밤에는 참선하면서 보조의 유풍을 계승하였다.[88]

제14세 복암復菴과 제15세 선현禪顯은 비문이 인멸되어 자세한 내용을 알 수 없다. 이 시기 송광사의 사세는 상당히 기울어진 것으로 짐작된다. 수선사 제16세 고봉高峯은 조선 초 송광사를 중창하여 보조사상의 계승에 기여하였다.

6) 요세了世의 백련결사와 의의

요세는 의종 17년(1163) 합천지방 호족의 아들로 태어났다. 명종 4년

---

87 「해동조계산수선사제십세혜경국사비명」『조선금석총람』권상, pp.601~602.
88 「왕사대조계종사자각엄진존자각진국사비명」『조선금석총람』권상, pp.659~661.

(1174) 12세에 합천 천락사에서 출가하였다. 명종 15년(1185) 23세에 천태교관을 배워 승과에 급제한 후 여러 사찰을 찾아다니며 교학 연구에 전념하였다.

개경의 천태종 사찰 고봉사에서 승려들이 세속의 이익에 집착하는 모습을 보고 결사를 통해 새로운 불교를 추구하였다. 도반을 결속하자 10여 명의 수행자가 뜻을 함께하였다.

청도 장연사에 머물 때 지눌의 권유에 따라 정혜결사에 참여하여 팔공산 거조암에 머물렀다. 이때 보조는 요세에게 '어지러운 물결로 달이 제 모습을 드러내지 못하니 골방에서 등불 다시 밝혀라'라는 시를 주었다. 신종 원년(1198) 지눌이 송광산 길상사로 옮길 때 함께하였다.

얼마 되지 않아 강진의 유지 최표崔彪, 최홍崔弘, 이인천李仁闡 등의 권유로 만덕산에 자리를 잡았다. 그는 지눌의 정혜결사가 쇠락한 교단을 부흥하고 수행의 실천력에 있어 절대적으로 필요하다고 생각하였다. 그러나 이런 결사에 참여하여 깨달음을 이루려면 최소한의 지해력知解力이 있는, 보살에 가까운 근기가 필요하다고 느꼈다. 당시 수행자와 중생들의 근기는 범부에 가까웠다. 그들에게 맞는 수행방법이 필요하다고 인식한 그는 3년 동안 지눌과 함께 실천한 정혜결사의 수행을 마무리하고 새로운 결사를 시도하였다.

지눌과 헤어져 만덕산으로 옮긴 요세는 지방 세력들의 도움을 얻어 희종 7년(1211)에 불사를 시작하여 만덕사를 80여 칸으로 중건하였다. 고종 4년(1217) 법화결사인 백련사白蓮社를 세웠다. 결사의 명칭을 백련결사로 한 것은 동진시대 여산 혜원이 동림사에 설립한 백련결사의 이념을 계승하려는 뜻이었다. 고종 19년(1232) 보현도량을 설치한 요세는 천태사상에 기초한 결사운동을 전개하면서 정토신앙도 함께 하였다. 법화삼매를 닦아 정토에 왕생하고자 하는 이념의 반영이었다.

요세는 철저하게 『법화경』을 바탕으로 법화삼매참, 천태지관, 정토 구생의 세 문을 열었다. 참회법과 정토신앙을 실천운동의 핵심으로 삼은 것이다. 이것은 철저하게 범부중생을 생각한 수행이었다. 업장이 두터운 중생은 무엇보다도 먼저 죄업을 참회한 후 지관을 닦고 타방정 토문에 귀의할 것을 제시한 것이다. 자신도 매일 선관을 닦고 『법화 경』을 외우면서 준제신주를 1천 번, 나무아미타불을 1만 번 염송하며 전생의 업장을 참회하였다. 대중들은 이런 수행을 하는 그를 서참회徐 懺悔라고 불렀다.

그는 철저하게 무소유로 일관하였다. 백련사에 머물 때 시주로 들어온 물건은 모두 가난한 사람들에게 나누어 주었다. 그가 지녔던 소유물은 옷 세 벌과 발우 하나뿐이었다. 그런 청렴함으로 백련결사는 위로는 왕으로부터 아래로는 서민층에 이르기까지 3백 명이 넘는 다양한 대중이 동참하였다.[89]

요세의 백련결사는 대중적이었다. 본인이 참여했던 지눌의 정혜결 사가 대중들에게 너무도 어려운 수행임을 인식하고 보다 쉬운 방편을 일러주기 위해서였다. 그런 점이 작용했어도 고려사회의 불교 위상으 로 볼 때 대중들을 위한 결사운동은 매우 독창적인 것으로 평가할 수 있다. 백련결사는 제2세 천인天因과 제4세 천책天頙 등에 계승되어

---

89 「만덕산백련사원묘국사비명병서」, 『동문선』 권117.

수선사와 함께 고려 후기 불교계를 대표하는 수행결사가 되었다.

4. 원나라[90] 간섭과 불교교류

1) 원의 침략과 재조대장경 조성

고려의 국경지대에서 거란을 토벌한 원나라는 은인을 자처하면서 매년 많은 조공을 요구하였다. 그 요구가 지나쳐 두 나라 사이가 악화되었다. 고종 12년(1225) 정월 원나라 사신 제고여가 귀국 도중 피살되면서 양국의 국교는 단절되었다. 고종 18년(1231) 원나라는 살리타이를 앞세워 침략하였다. 개경을 거쳐 충주까지 도달하자 고려는 화친을 맺었다. 그들이 철수하자 최우는 1232년 7월 정권유지와 장기적인 항전을 위해 수도를 강화도로 옮겼다.

고려의 대응에 원나라는 2차로 침략해왔다. 고려인의 투철한 항쟁이 정신적 의지로 삼고 있는 호국불교에 있음을 깨닫고 진호국가의 상징을 파괴하였다. 첫 번째로 희생된 것이 대구 부인사에 있던 초조대장경이었다. 부인사와 인근 사찰의 많은 승려들이 농민들과 힘을 합쳐 대항하였지만 대장경의 소실을 막을 수 없었다.

강화도로 수도를 옮긴 고려는 국가적 위난을 부처님의 힘으로 물리치고자 다시 대장경판 판각을 결정하였다. 고종 23년(1236) 강화도에 본사인 대장도감大藏都監을 설치하고 남해에 분사를 두어 판각 사업에 착수하였다. 전국에서 학자와 기술자를 총동원하고 자료 등을 수집하

---

90 처음 고려와 대립했을 때는 몽고였다가 그 후 원元나라로 변경하였다. 본서에서는
   처음부터 원으로 표기하였다.

124

였다. 목재는 주로 지리산 거제목을 분사에서 베고 장만하여 판목을 만들었다. 대장경 각판사업은 16년이 소요되어 고종 38년(1251) 9월에 완성되었다.[91]

조성된 대장경판은 모두 81,352판이며 팔만대장경이라 부른다. 각판할 당시 수진守眞 등 30여 명의 고승이 각종의 서로 다른 판들을 대교하여 정밀하게 교정하였다.[92] 그런 까닭에 여러 나라에서 개판된 대장경 중에서 가장 우수하다고 평가되고 있다.

대장경판은 고려시대까지 강화 선원사에 보관되었다. 조선을 건국한 태조는 목판본의 소실을 걱정하여 군사 2천 명을 동원, 서울의 지천사로 옮긴 후 해인사로 이운하였다.[93]

2) 일연의 불교통합과 『삼국유사』 저술

일연의 주요 활동 시기는 원나라의 침략과 간섭기에 걸쳐 있다. 희종 2년(1206) 경북 경산에서 태어나 고종 1년(1214) 9세에 광주 무량사無量寺에서 출가하였다. 고종 6년(1219) 14세에 설악산 진전사에서 대웅장로大雄長老에게 구족계를 받았다. 22세에 승과에 나아가 상상과上上科에 급제하였다. 이후 경주 근처 비슬산 보당암寶幢庵에 주석하며 선관을 닦았다. 고종 23년(1236) 원나라 침입을 피해 지리산 무주암無住庵과 묘문암妙門庵에 머물렀다. 32세인 1237년 삼중대사三重大師가 되고, 41세인 1246년 선사禪師가 되었다.

---

91 『고려사』 권24, 세가 24, 고종 38년 9월.
92 『보한집』 권하.
93 『태조실록』 14권, 태조 7년 5월 12일 무오.

그는 국난을 타개하고 원나라 영향을 받으면서 무질서해진 승정을 바로 잡아야 했다. 그런 가운데 침체된 민족의 역사와 전통을 다시 정립해야 한다는 책임을 느꼈다. 고종 36년(1249) 이후 무인정권과 밀접한 관계인 정안鄭晏이 남해에 정림사定林社를 설립하자 그곳에서 수행하였다. 46세인 1251년 남해 분사分司의 대장경 조성작업에 참여하면서 수선사 2세 혜심이 편찬한 『선문염송禪門拈頌』을 열람하며 선관을 닦았다. 그 영향으로 일연은 『선문염송사원禪門拈頌事苑』을 편찬하였으나 전해지지 않는다.

일연은 조계종풍을 견지하면서도 다양한 선사상의 융합을 도모하였다. 고종 43년(1256) 중국 조동종의 기본서인 『조동오위曹洞五位』를 보완하여 『중편조동오위重編曹洞五位』를 발간하였다. 이것은 고려 사회에 전해진 다양한 선문禪門을 이해하고 통합하려는 의도였다.

일연은 원종 2년(1261) 강화도 선월사禪月寺로 옮겼으며, 원종 9년에는 왕명에 의해 운해사雲海寺에서 선・교종의 명승 100인을 모아 대장낙성회大藏落成會를 주관하였다. 선교통합을 도모하기 위해 모인 법회에서 낮에는 경전을 독송하고 밤에는 깨달음의 핵심을 논의하였다. 대중들이 궁금해 하는 것을 흐르는 물처럼 해석하고 뜻의 정밀함이 신의 경지와 가까워 공경하고 복종하지 않는 자가 없었다.

일연의 마지막 활동은 침체된 민족의식을 높이는 일이었다. 72세인 충렬왕 3년(1277) 왕명에 따라 운문사雲門寺에 머물면서 『삼국유사』 집필을 시도하였다. 충렬왕 4년 그동안 수집한 자료를 바탕으로 역대 연표를 인흥사에서 간행하였다. 『삼국유사』 왕력편의 토대가 마련된 것이다.

그는 세간에서 관심을 두지 않던 사료 가운데 민족성이 담긴 것을 발굴하는 데 관심을 기울였다. 외세의 압박과 간섭에 대항하고 민족의 기원이 오래되었음을 시사한 단군조선과 관련된 내용을 정리하였다. 왕실과 귀족만이 아니라 서민과 노비의 활동을 포함하여 대중들이 펼친 신행활동을 채록하였다.

충렬왕 9년(1283) 3월 국존國尊으로 책봉되면서 원경충조圓經沖照라는 호를 받았다. 충렬왕 10년부터 인각사麟角寺에 주석하면서 2회에 걸쳐 구산문도회를 개최하여 불교계 통합을 주도하였다. 충렬왕 이후 승과는 실시되지 않았으며, 승계는 물론 왕사, 국사의 임명도 원칙이 지켜지지 않아 질서가 무너졌기 때문이다. 그렇게 어려움을 겪던 고려불교를 일문一門으로 통합하려던 일연은 1289년 7월 왕에게 올리는 글을 남기고 입적하였다.[94]

일연의 사상과 통합 노력은 제자인 혼구混丘로 이어졌다. 그는 충숙왕이 즉위하면서 왕사로 책봉되었다.[95] 그리고 『선문염송사원』을 다시 『중편염송사원重編拈頌事苑』으로 발간하였다. 일연의 뜻을 계승하고 선문을 통합하려는 노력이었다.

3) 원의 간섭과 고려불교의 변화

개경으로 환궁한 원종 11년(1270)에서 1351년 공민왕이 즉위하여 반원정책을 펼 때까지 80여 년은 원의 간섭기였다. 정치적 압박 속에서

---

94 「고려국의흥화산조계종인각사가지산하보각국존비」, 『조선금석총람』 권상, pp.469~473.

95 『고려사』 권34, 세가 34, 충숙왕 즉위년 11월.

도 양국은 국가적인 정책과 왕실의 혼인 그리고 불교에 이르기까지 다양한 교류가 있었다.

간섭이 시작되면서 원나라는 고려에 라마승을 파견하였다. 원종 12년(1271) 8월 4명의 티베트 승려가 오자 왕이 직접 선의문 밖에서 맞이하였다.[96] 원나라는 정책적으로 자신들이 신앙하는 라마교가 성행할 수 있도록 상당한 영향력을 발휘하였다.

개경으로 환도한 고려 왕실은 전란으로 소실된 불교 사원의 중건을 위해 사원조성별감寺院造成別監을 두었다.[97] 원나라 황실은 고려 사원을 중수하는 데 재정을 지원하였고 그곳을 원당으로 삼았다.

충렬왕 1년(1275) 4월 원찰로 지정된 현성사賢聖寺는 고려시대 밀교 종파인 신인종의 중심 사원이었다.[98] 그곳이 원나라 세조의 복을 비는 사찰로 지정되어 축성의식祝聖儀式이 행해졌다.[99]

보제사普濟寺는 태조가 철원에서 개경으로 도읍을 옮기면서 창건한 10개 사찰 가운데 선종을 통합하기 위해 건립한 사원이었다.[100] 충렬왕 2년 1월 세조의 생일인 을해일乙亥日에 법석이 개최되면서 이후 항례가 되었다.[101]

신효사神孝寺도 세조의 원당이었다. 그가 죽자 충렬왕은 이곳에서

---

96 『고려사』 권27, 세가 27, 원종 12년 8월.

97 『고려사』 권27, 세가 27, 원종 14년 2월.

98 『삼국유사』 권5, 신주 6, 명랑신인.; 『고려사』 권2, 세가 2, 태조 19년 12월.
　　고려 태조 19년(936) 명랑을 위해 현성사를 창건하고 신인종의 근본으로 삼았다.

99 『고려사』 권28, 세가 28, 충렬왕 원년 4월.

100 『고려사』 권1, 세가 1, 태조 2년 3월.

101 『고려사』 권28, 세가 28, 충렬왕 2년 1월.

명복을 빌고,[102] 기일에도 그곳을 찾아 분향하였다.[103] 이후 신효사는 충렬왕의 비 제국공주와 원 왕실의 추복을 비는 원당이 되었다.[104]

그들이 지정한 곳은 고려에서도 중요하게 여기는 사찰이었다. 세조는 고려에 조칙을 보내 군사들이 사찰에 들어가 소란을 피우면서 불경과 불상을 훼손하는 것을 금지하여 승려들이 안심하고 의식을 행할 수 있도록 하였다. 이런 원당 지정은 고려와 원의 관계를 우호적으로 만들었다. 원당이 건립되고 라마승이 오자 충선왕을 비롯해 왕족들은 그들에게 계를 받아 라마교의 신자가 되었다.[105] 이런 관계는 원의 정치적 간섭을 상당히 완화시켜 고려가 독자적인 노선을 지향하는 데 도움이 되었다.

원나라는 원당 지정에 끝나지 않고 자신들을 위한 사찰을 직접 창건하였다. 충렬왕 10년(1284) 묘련사妙蓮寺는 왕과 제국대장공주의 발원으로 건립되었다.[106] 이곳은 원 황실의 원당 역할을 하다가 세조가 세상을 떠나자 진전사원眞殿寺院이 되어 천자와 종묘를 위한 불사가 행해졌다.[107]

충선왕이 왕위에 오르자 어머니 제국대장공주의 명복을 빌기 위해

---

102 『고려사』 권31, 세가 31, 충렬왕 21년 1월.

103 『고려사』 권31, 세가 31, 충렬왕 22년 1월.

104 『고려사』 권31, 세가 31, 충렬왕 23년 7월.;『고려사』 권33, 세가 33, 충선왕 복위년 9월.

105 『고려사』 권33, 세가 33, 충선왕 즉위년 5월;『고려사』 권33, 세가 33, 충선왕 즉위년 6월.

106 이제현, 「묘련사중흥비」,『익재난고』 권6.

107 『고려사』 권32, 세가 32, 충렬왕 27년 1월.

왕궁인 수령궁壽寧宮을 희사하여 민천사旻天寺를 세웠다.[108] 동왕 4년
(1312) 8월 이곳에서 금자장경金字藏經을 써서 모후의 명복을 빌었
다.[109] 흥천사興天寺의 경우 진왕晉王이 원찰로 삼았다.[110]

　양국의 관계가 지속되면서 고려인으로 황실의 일원이 된 사람들이
불사를 지원하는 일도 있었다. 충선왕 때 환관 방신우方臣祐, 충혜왕
때 기황후奇皇后는 많은 재원을 희사하며 불사에 참여하였다.[111]

4) 고려불교의 원나라 진출

양국의 교섭이 빈번해지면서 대도大都에 가는 고려 승려들이 많아졌
다. 고려불교의 진출은 원나라의 적극적인 후원을 받았다. 충렬왕
때 무종은 행공부行工部와 규운도총관부規運都摠管府를 설치하고 도성
남쪽에 복원사福元寺를 창건하는 등 고려불교에 우호적이었다. 그가
세상을 떠나자 인종은 고려 승려인 해원海圓에게 주지를 맡겼다. 해원
은 충렬왕 31년(1305) 무종의 초빙으로 원나라에 건너가 철저한 계행으
로 총애를 받았다. 유가업瑜伽業에 속했던 복원사 주지에 임명되자
그곳에서 유식에 대한 열띤 논의를 통해 고려불교의 위상을 높였다.[112]

---

108 『고려사』 권33, 세가 33, 충선왕 원년 9월.
　　충렬왕 3년(1277) 7월 궁을 희사하여 민천사旻天寺가 창건되었다. 충선왕 때
　　다시 수령궁을 희사하여 크게 확장하고 모후의 복을 빌게 하였다. 그리고 직접
　　민천사라고 사액한 것으로 보인다.
109 『고려사』 권34, 세가 34, 충선왕 4년 8월.
110 『고려사』 권34, 세가 34, 충선왕 3년 9월.
111 『고려사』 권33, 세가 33, 충선왕 2년 6월.; 이곡, 「금강산장안사중흥비」 『가정집』
　　권6.

고려의 왕들도 원나라 수도에 사찰을 건립하였다. 충선왕은 재위 5년(1313) 3월 충숙왕에게 왕위를 물려주고 대도에 거주하였다. 광교사光教寺를 창건하고 화엄교사華嚴敎師 징공澄公이 머물도록 하였다.[113] 충숙왕은 복위 1년(1332) 2월 조인규 아들 의선義旋을 보냈다. 의선은 고려의 영원사瑩源寺와 대도의 연성사延聖寺 주지를 겸하고 있었다. 광교사는 원나라 태정제泰定帝의 사액 사원이며, 서장대장경을 금으로 사경할 정도로 황실의 중요한 사찰이었다. 이곳에 오래 주석한 의선은 천자로부터 정혜원통지견무애삼장법사定慧圓通知見無礙三藏法師라는 법호를 하사받으며 양국 불교교섭의 주요 인물이 되었다.[114]

원나라 대도에는 많은 고려인들이 거주하였다. 그들 가운데 황실에 들어가 환관이 된 사람은 부와 권력을 가지게 되었다. 이들이 황실의 지원을 받아 대도에 사찰을 창건하는 일도 있었다. 고려인 환관 이신李信과 신당주申當主는 계명戒明 선사와 함께 20여 년에 걸쳐 용천사龍泉寺를 중창하였다. 이곳은 황실 가족을 축원하는 사찰이 되었다.[115]

고려인 환관 이삼진李三眞과 조분趙芬은 충혜왕 4년(1343) 자신들이 오랫동안 황실과 교분이 있었던 점을 활용하여 법왕사法王寺를 창건하였다. 이곳에 주변 향인鄕人들이 자유롭게 출입할 수 있도록 하여 황실의 복을 비는 원당 역할과 함께 양국 불교교섭의 거점이 되도록

---

112 이곡, 「대숭은복원사고려제일대사원공비」, 『가정집』 권6.

113 이곡, 「경사보은광교사기」, 『가정집』 권2.

114 이곡, 「고려국천태불은사중흥기」, 『가정집』 권3.

115 이곡, 「대도대흥현중흥룡천사비」, 『가정집』 권6.

하였다.[116]

대도에 창건한 고려 사찰 가운데 황실에 거주하지 않는 사람들이 창건한 경우도 있었다. 충숙왕 4년(1317) 건립된 홍복사는 고려 승려인 원담, 숭안, 법안 등과 장성군長城君 부인 임씨의 후원으로 창건되었다. 임씨는 원나라 황후궁에서 일하면서 후한 상을 받자 그 은혜에 보답하려고 사찰을 창건하였다. 이곳은 대를 이어가면서 고려 승려들이 강석을 주관하였고, 원에 거주하는 고려인의 신앙적 귀의처가 되었다.[117]

그렇게 세워진 사찰에는 인도승 지공指空을 위해 고려인 김씨 부인이 세운 법원사法源寺가 있었다. 이곳 역시 고려 구법승들이 많이 출입하였다. 고려 말에는 나옹, 무학, 지천 백운 등이 이곳에서 지공을 만나 법을 배웠다.[118]

이처럼 수도인 대도에 고려인들이 세운 사찰이 건립되고 고려에서 온 승려들이 머물면서 자연스럽게 고려불교의 신행과 의례가 전해지게 되었다. 그들은 계행이 뛰어나 황실의 존경을 받았고 교학 전달에도 크게 기여하였다.

5) 고려와 원나라의 불교문화 교류

원나라와 교류가 빈번하면서 자연스럽게 고려의 불교문화도 전해졌다. 그 가운데 가장 특징적인 것으로 사경을 들 수 있다. 원의 황실과

---

116 이곡, 「대도천태법왕사기」, 『가정집』 권4.

117 이제현, 「대도남성흥복사갈」, 『익재난고』 권7.

118 이색, 「서천제납박타존자부도명」, 『목은문고』 권14.

132

지도층에서 사경문화가 성숙되자 고려에 여러 차례 사경승 파견을 요구하였다.

충렬왕 때 지금까지 전담기구였던 사경원이 금자원과 은자원으로 분리되어 설치되었다.[119] 동왕 16년(1290) 3월 원나라 세조의 요구로 사경승 35명 보냈으며, 4월에는 65명을 보냈다. 8월에는 장군 조감趙瑊이 사경승을 데리고 갔다.[120]

그 후에도 사경승 파견은 계속되었다. 요구를 넘어 점점 징발에 가까웠다. 충렬왕 23년(1297) 8월 원나라 사신이 직접 와서 사경승 징발을 요구하였다.[121] 28년 4월과 31년 12월에도 사신을 보내 사경승을 요구하였다.[122]

사경승과 함께 사경지寫經紙에 대한 요구도 많았다. 충선왕 원년(1309) 4월과 충숙왕 후7년(1338) 7월 대장경 인행에 필요한 종이를 요구하였다.[123] 이런 점으로 보아 원나라에서 사경이 계속 진행되었음을 알 수 있다.

고려의 불교신앙도 전래되었다. 금강산 보살신앙은 기황후의 장안사 보시와 관련되면서 원나라 황실에 널리 알려졌다. 기황후는 금강산 장안사 승려 굉변宏卞이 대도에서 사찰중수를 위한 시주자를 찾자

119 『고려사』 권30, 세가 30, 충렬왕 15년 윤10월.
120 『고려사』 권30, 세가 30, 충렬왕 16년 3월.; 4월; 8월.
121 『고려사』 권31, 세가 31, 충렬왕 23년 8월.
122 『고려사』 권32, 세가 32, 충렬왕 28년 4월.;『고려사』 권32, 세가 32, 충렬왕 31년 12월.
123 『고려사』 권33, 세가 33, 충선왕 원년 4월.;『고려사』 권35, 세가 35, 충숙왕(후) 7년 7월.

불사에 참여하였다. 이를 계기로 원나라 주요 인물들도 관련을 맺게
되었다. 대표적인 인물이 중정원사中政院使 이홀독점목아李忽篤帖木兒
였다. 그는 기황후의 명을 받아 고려에 와서 강원도 춘천 문수사에
불서와 불전을 시주하였다. 그리고 황제와 황태자의 복을 빌고 생일에
반승을 실시하였다. 그런 후 복을 비는 기도처로 금강산 장안사만한
곳이 없음을 알고 중흥불사에 참여하였다.[124]

　고려의 불교문화가 원나라에 전해지는 것처럼 원나라 불교문화도
고려에 전해졌다. 그런 교류 가운에 주목할 만한 것은 라마교의 전래이
며, 그와 관련된 신앙의례가 행해졌다.

　충렬왕 2년(1276) 윤3월 고려에 온 토번승吐藩僧이 왕에게 청하여
만다라曼陀羅 도량을 설하였다.[125] 고려인 가운데 원나라에 가서 라마승
이 된 경우도 있었다. 충렬왕 20년(1294) 7월 성종의 사문보호 조직을
가지고 온 홀절사팔吃折思八은 고려인이었다. 그는 진도군 출신으로
원종 12년(1271) 삼별초의 저항 때 몽고군에 잡혔다. 투항한 후 황제의
스승에게 의탁하여 라마승이 되었다가 귀국한 것이다.[126]

　원나라의 불교문화는 고려의 탑파 양식에 영향을 주었다. 원나라
불교양식으로 세워진 대표적인 탑은 경천사 다층석탑이다. 경천사는
고려 예종 8년(1113) 9월 왕실의 원찰로 세워졌다.[127] 원나라 재상

---

124 이곡, 「금강산장안사중흥비」『가정집』권6.
125 『고려사절요』권19, 충렬왕 1, 충렬왕 2년 윤3월.
126 『고려사』권31, 세가 31, 충렬왕 20년 7월.
127 『고려사』권13, 세가 13, 예종 8년 9월. 고려사에는 慶天寺와 敬天寺가 보이고
　　있으나 같은 사찰로 보인다.

탈탈脫脫은 궁녀 기씨가 순제의 제2황후가 될 수 있도록 주선하였다. 공민왕은 강융의 누이를 탈탈의 총희寵姬로 삼게 하려다 생각을 바꿔 그 아들의 아내가 되도록 하였다.[128] 탈탈이 경천사를 원당으로 삼자[129] 강융이 원나라에서 장인들을 데려와 대리석으로 다층석탑을 세우고 원나라 황실과 고려 왕실의 안녕을 빌었다.[130]

원나라 불교문화는 고려 사원의 기와문양에도 영향을 미쳤다. 지금까지 연화문이나 보상화문양이 주류였던 기와 막새에 옴마니반메훔과 같은 진언이 새겨지기 시작한 것이다.

5. 고려 말 선풍진작과 벽이론의 대두

1) 고려 말 불교계의 선풍진작

고려 말 불교계는 안으로 승정의 문란으로 갈등이 깊어졌고, 밖으로 유학자들의 비판이 거세지면서 어려움이 가중되었다. 이런 시기 여러 선사들이 등장하여 선풍을 진작시키며 고려불교의 중흥을 시도하였다.

태고 보우는[131] 오도悟道 후 충혜왕 복2년(1341) 41세 때 삼각산

---

128 『고려사』 권124, 열전 37, 폐행 정방길·강융.

129 『신증동국여지승람』 권13, 경기 풍덕군 불우조 경천사.

130 「경천사석탑」 『한국금석전문』 중세 하, p.1179.

131 태고 보우는 고려 충렬왕 27년(1301) 9월 경기도 양근陽根에서 태어나 13세에 가지산문의 법을 이은 양주 회암사 광지선사廣智禪師의 문하에 출가하였다. 19세부터 가지산 총림에서 화두를 참구하였으나 뜻하는 것을 얻지 못했다. 교학에 뜻을 두고 공부한 결과 26세(1326) 화엄선華嚴選에 합격하고 오묘한

중흥사 주지로 가 동쪽에 태고암을 짓고 주석하였다. 이곳에 머물며
자신의 깨달음을 「태고암가太古庵歌」로 표현하였다. 이때 만난 중국
승려 무극無極의 권유로 충목왕 2년(1346) 중국 하무산 천호암에 있던
석옥 청공을 찾았다. 자신이 지은 「태고암가」를 보여주고 인가를
얻었다. 원나라 황제의 요청으로 영녕사永寧寺에서 개당설법하자 황후
와 황태자를 비롯하여 수많은 사람이 감응을 받았다. 황제는 금란가사
와 불자를 하사하였다.

충목왕 4년(1348) 귀국한 보우는 소설산小雪山에 머무르며 후학을
양성하였다. 이때 혼미한 승단을 시정하고 불교를 중흥하려는 생각으
로 원나라에서 갖고 온『칙수백장청규勅修百丈淸規』와『치문경훈緇門
經訓』으로 선문규칙의 일원화와 승풍쇄신을 주도하였다. 그리고 임제
선 수행이 고려불교에 정착되도록 하였다.[132]

그는 자신이 깨달음을 얻은 무자無字 화두로 후학을 제접하였다.[133]
이런 수행풍토는 뒤에 조계종의 수행전통이 되었고, 조선조에 이르러

경의 뜻을 알고자 하였으나 교학연구만으로는 진정한 깨달음에 이르기 부족함을
알고 다시 참선에 몰두하였다.
충혜왕 즉위년(1330) 30세 봄 용문산 상원암에 들어가 관음을 참배하고 12대원을
세워 수행에 정진하였다. 충숙왕 후2년(1333) 33세 가을 성서城西 감로사甘露寺
승당에서 죽기를 각오하고 화두를 참구하여 홀연히 깨쳤다. 충숙왕 후6년(1337)
37세 가을 불각사佛脚寺에서『원각경』을 보다 두 번째의 깨달음을 얻었다. 그리고
겨울 전단원栴檀園에서 조주의 무자화두를 참구하여 다음해 정월 7일 새벽 대오하
였다.

132 「현릉칙간백장청규발」;「중간치문경훈서」,『태고화상어록』권하(『한국불교전
서』권6, p.694 상).
133 「시무제거사」『태고화상어록』권상(『한국불교전서』권6, p.678 중~하).

136

보우를 중심으로 하는 법통설이 정립되었다.[134]

공민왕 5년(1356) 3월 보우가 봉은사에서 설법하자 왕을 비롯하여 선교의 대중들이 참여하였다.[135] 그 해 4월 왕사로 임명되어 광명사廣明寺에 머물며 원융부圓融府를 설치하여 종풍쇄신에 노력하였다.[136] 또한 구산문의 통합과 발전을 도모하며 불교계를 평등과 무아의 도리에 맞게 개편하여 국가발전의 요체로 삼았다.[137] 왕은 그와 사제의 관계를 맺는 한편 선종과 교종 사찰의 주지를 임명할 수 있는 전권을 일임하였다.[138]

보우는 공민왕 11년(1362) 양산사陽山寺 주지, 그리고 이듬해 가지사迦智寺 주지를 역임하며 불교계의 개선과 선풍진작을 이어갔다. 보우는 한양 천도를 제시하는 등 국정에도 참여하였다.[139]

---

134 「봉래산운수암종봉영당기」,『한국불교전서』권8, p.253 하.
135 『고려사』권39, 세가 39, 공민왕 5년 3월.
　　대사의 법문을 들은 왕과 공주가 폐백과 은으로 만든 바리때, 수놓은 가사를 시주하여 산더미 같이 쌓였으며, 그 문하의 승려 300여 명에게도 모두 흰 베 2필과 가사 1령을 시주하였다.
136 『고려사』권39, 세가 39, 공민왕 5년 4월.
137 「태고행상」,『태고화상어록』권하(『한국불교전서』권6, p.698 중).
138 『고려사』권39, 세가 39, 공민왕 5년 5월.
　　선종과 교종의 종문에서 사찰의 주지는 왕사의 추천을 받아 임명할 것이고, 과인은 단지 임명장만 내릴 것이라고 하였다. 이에 승도들이 다투어 보우의 문도가 되었다.
139 『고려사』권106, 열전 19, 제신 윤해·윤택.
　　보우가 도참설로 한양에 도읍하면 36국이 조공할 것이라고 하자, 왕이 양에 궁궐을 크게 건축하였다. 그러나 윤택의 반대로 천도는 무산되었다.

이 무렵 보우는 백운을 천거하였다.[140] 백운은 공민왕 7년(1358) 해주 신광사 주지를 시작으로 공민왕 19년(1370) 공부선功夫禪의 시관직까지 이어졌다. 그는 무심, 무념, 무위의 선을 강조하였다. 무심과 무위를 배우고 그것을 면밀히 길러 언제나 무념하고 잊지 않는다면 명연한 경지에 이를 수 있으며, 조사선과 화두선을 포용하며 어떤 방법이든지 시절인연이 도래하면 불성을 깨달을 수 있다고 보았다.

그는 그런 선사상을 바탕으로 선교를 구별하지 않았다. 근원을 통달하면 선도 없고 교도 없는데, 그 갈래를 벌려놓는 이가 각기 선과 교를 고집하는 것이라 하였다. 거기에 어두우면 모두를 잃는 것이요, 그것을 고집하면 둘을 해치는 것이라 하였고, 그러나 하나로 녹여버리면 통하지 않는 것이 없으므로 선교일치라고 주장하였다.[141]

승직에 별 관심이 없었던 그 역시 고려 말 불교계에 대해 회의적이었다. 성현의 자취가 사라지고 말법이 더욱 성하여 신도의 보시를 소비하면서 헛되이 세월만 보내니 깨치는 자가 극소수라고 안타까워하였다. 중도中道를 깨치는 법칙과 이치에 들어가는 문을 알지 못한다고 질타하며 더 이상 전면에 나서지 않고 후학을 양성하는 데 노력하였다.

---

140 백운白雲의 휘는 경한景閑이다. 전북 고부에서 출생 후 어려서 출가하였다. 충정왕 3년(1351) 중국으로 가 강남과 강북을 돌아다니면서 많은 선지식을 만났다. 그들이 조주의 무자, 만법귀일 등을 참구하는 것을 보고 마지막으로 가무산 천호암에서 석옥 청공石屋淸珙을 찾았다. 그곳에서 머물며 무념無念의 가르침을 배웠다. 그리고 인도승 지공指空을 찾아가 법을 묻기도 하였다. 고려로 돌아온 백운은 공민왕 2년(1353) 1월 『증도가』를 읽다가 깨달음을 얻었다. 이 소식을 들은 청공은 1354년 임종하면서 사세게辭世偈를 지어 백운에게 전하였다.

141 경한, 『백운화상어록』 상(『한국불교전서』 6, p.637 상~654 하).

나옹 역시 고려 말 선풍진작에 노력한 고승이었다. 충숙왕 7년(1320) 경북 영덕에서 태어난 그는 20세에 이웃 친구의 죽음을 보고 그것이 계기가 되어 공덕산 묘적암 요연了然선사에게 출가하였다. 여러 곳을 다니다가 25세 때인 충혜왕 후5년(1344) 양주 회암사에 이르러 3년 간 머무르며 수행하였다. 충목왕 3년(1347) 원나라에 가서 연경 법원사 法源寺에 있던 지공에게 인가를 받고 그의 상수제자가 되었다. 이어 자정사慈靜寺로 가서 임제종 제18세 평산 처림平山處林에게 법을 얻었 다. 그 뒤 명주의 보타락가산에 관음을 참례하고 육왕사育王寺와 무주 복룡산 등에서 고덕의 선장들을 만났다. 다시 연경으로 와 원나라 황제의 요청으로 광제사廣濟寺에 머물러 개당설법을 하며 크게 도력道 力을 떨쳤다. 다시 법원사에 가서 지공의 부촉을 받고 공민왕 7년(1358) 에 고려로 돌아왔다.

공민왕 10년(1361) 왕의 요청으로 궁궐에서 불법을 설한 후 해주 신광사에 머물렀다. 홍건적의 난으로 모두 피란을 갔으나 혼자 남아 절을 지켰다. 이어 청평사, 정양사 등을 다니며 선풍을 떨쳤다. 말년에 는 성내 광명사와 양주 회암사에 주석하였다.

나옹은 간화경절문을 중히 여겼다.[142] 공부십절목工夫十節目을 제시 하며 깨달음의 길로 나가는 법을 강조하였다. 이는 화두를 들고 참구하 며 깨달음에 이르는 과정으로 간화선의 수행전통을 계승한 것이다.[143] 그런 가운데 중, 하근기의 중생을 위해 칭명염불, 관상염불을 수용하여 타력염불문을 열어 놓았다.[144]

142 「시상좌참선방편」, 『나옹화상어록』(『한국불교전서』 권6, p.725 상).
143 「공부십절목」, 『나옹화상어록』(『한국불교전서』 권6, pp.722 중~하).

2) 신돈의 등용과 불교계의 갈등

공민왕은 원의 간섭을 벗어나 자주적인 노선을 지향하였다. 많은 고승을 왕사와 국사로 임명하여 현실정치의 자문을 받았다. 그런 가운데 원나라와 결탁한 권문세력과 연계되지 않은 참신한 인물을 찾았다. 공민왕 8년(1359) 재상 김원명의 소개로 신돈을 처음 만났다. 그의 총명함과 남루한 장삼을 입은 모습에 존경심을 가졌다. 많은 의복과 음식을 보내는 한편 비밀리에 궁중으로 불러들여 불교에 대해 토론하였다. 공민왕 14년(1366) 5월 그에게 청한거사淸閑居士라는 호를 내리고 사부로 삼아 절대적으로 신뢰하였다.[145] 12월에는 공신호를 내리고 관직에 임명하였다.[146]

공민왕의 신뢰를 받은 신돈은 국정개혁에 전적으로 참여하였다. 문벌귀족이 가지고 있던 기득권을 개혁하였다. 과거시험에 의해 형성된 좌주座主와 문생門生들이 가지고 있는 기득권을 바로 잡기 위해 공민왕 18년(1369) 원나라 과거 체제인 향시鄕試와 회시會試 그리고 전시殿試를 도입하였다.[147]

백성들의 생활을 안정시키는 정책으로 형인추정도감刑人推整都監을 두고 억울한 일을 당하여 죄수가 된 자들을 조사하여 죄를 면해주었다.[148] 전민변정도감田民辨整都監을 설치하고 자신이 판사가 되어 문벌

---

144 「시제염불인」 『나옹화상어록』(『한국불교전서』 권6, p.743 상).

145 『고려사절요』 권28, 공민왕 3, 공민왕 14년 5월.

146 『고려사』 권41, 세가 41, 공민왕 14년 12월.

147 『고려사』 권73, 지 27, 선거 1.

148 『고려사』 권41, 세가 41, 공민왕 14년 5월.

140

귀족의 횡포로 빼앗긴 토지를 되돌려주었다. 그리고 양인에서 노비로 전락한 사람들을 조사하여 원래의 신분으로 회복시켰다.

이런 신돈의 국정개혁은 많은 사람들의 지지를 얻었다. 공민왕 역시 그의 개혁정치가 성공할 수 있도록 여러 가지 조치를 취하였다. 신돈을 비판하거나 없애려는 무리들을 처벌하였다. 일반 백성들은 그를 신승神僧으로 여기며 설법을 듣고 복을 구하였다.[149]

정치적 실권을 장악한 신돈은 기존 불교계를 변화시키려 하였다. 제조승록사사提調僧錄司事가 되어 문벌귀족과 밀착된 불교계의 개혁을 추진하였다. 그러나 그런 움직임은 기존 불교계와 갈등을 일으켰다. 공민왕 15년(1366) 겨울 보우는 왕사에서 물러나면서 신돈의 삿됨을 들어 그를 멀리하라고 상소를 하였으나 받아들여지지 않았다. 오히려 전주 보광사普光寺에 머물다가 신돈의 모함으로 공민왕 17년(1368) 속리사俗離寺로 옮겼다.

불교계를 장악한 신돈은 자신과 가까운 선현禪顯과 천희千禧를 천거하여 왕사와 국사로 임명하였다. 원융부를 설치했던 광명사에 나가 직접 승려들의 공양을 받았다. 그곳에서 8회에 걸쳐 문수회를 개설하며 불교계를 자신의 통제 하에 두었다.[150]

신돈의 개혁이 전횡으로 변질되자 공민왕은 서서히 등을 돌리기 시작하였다. 공민왕 18년(1369) 3월 왕은 자신의 행동을 후회하고 보우로 하여금 소설산으로 돌아오기를 간청하였다. 그리고 19년(1370)에 나옹을 왕사로 임명하며 불교계 변화를 도모하였다. 송광사

149 『고려사』 권132, 열전 45, 반역 신돈.
150 『고려사』 권132, 열전 45, 반역 신돈.

주지에서 19년 9월 광명사로 온 나옹은 공민왕의 명으로 제산의 납자들을 모아 지도하였다.[151] 공민왕 20년(1371) 7월 신돈을 참형하고 보우를 다시 국사로 책봉하고 영원사螢原寺에 머물기를 요청하였다. 그러나 보우는 병을 이유로 사양하였다.

공민왕을 이어 왕위에 오른 우왕은 2년(1376) 회암사 중창불사가 완성되자 나옹으로 하여금 문수회를 주관하도록 하였다. 이때 전국의 남녀가 귀천을 불문하고 포백布帛, 과일, 떡 등을 가지고 가서 바쳤다. 군중이 너무 많아 절 문이 메워질 정도였다. 사헌부와 도당都堂에서 관리를 파견하여 부녀자들의 출입을 금지하였으나 막을 수가 없었다. 이를 우려한 왕실은 나옹을 밀양 영원사로 보냈으나 가는 도중 병을 얻어 여주 신륵사에서 입적하였다.[152]

우왕은 7년(1381) 겨울 보우를 국사로 임명하였다. 왕명으로 양산사에서 주석하다가 다음해 겨울 소설산으로 돌아왔으나 12월 입적하였다.[153]

보우와 나옹의 문하에서 많은 제자가 양성되었다. 국사 혼수, 왕사 찬영, 대선사 일승日昇, 자초自超, 석희釋希 등 많은 선사와 대선사가 배출되었지만 기울어가는 고려 말 불교계를 회복시킬 수는 없었다.

---

151 『고려사』 권42, 세가 42, 공민왕 19년 9월.
　　비문에는 공민왕 20년으로 되어 있으나 간지는 경술庚戌로 표기하여 공민왕 19년을 가리킨다. 『고려사』에는 19년으로 되어 있다.
152 『고려사』 권133, 열전 46, 우왕 2년 4월.
153 「고려국국사대조계사조시원증탑명병서」『조선금석총람』 권상, pp.526-529.

3) 유교의 확산과 벽이론의 대두

고려불교는 국가와 밀접하게 결합되어 왕실 및 귀족들의 절대적인
비호를 받았다. 국가의 태평과 백성의 안녕을 빌기 위해 왕을 비롯한
귀족들은 많은 경제적 후원을 하였다. 국가에서 사찰에 토지를 기증하
고 노비를 충당시켰던 것은 승려들로 하여금 잡역에서 벗어나 수행에
전념하도록 배려한 것이다. 그리고 그런 활동이 국가를 이롭게 한다고
생각하였다. 그러나 지나친 우대는 승풍의 문란으로 이어졌다. 불교가
비난과 외면의 대상이 되면서 유교가 전면으로 등장하였다.

충선왕은 왕위를 충숙왕에게 물려주고 북경에서 만권당萬卷堂을
개설하여 많은 책을 수집하는 한편 고려의 유학자를 불러 공부에
전념할 수 있도록 하였다.[154] 복위 후에는 공자를 모시는 석전釋奠을
정례로 하였다. 그리고 설총과 최치원을 유종儒宗으로 받드는 등 유학
을 증진시켰다.[155]

당시 고려 사회에 많은 영향을 끼친 유학자는 안향과 이제현이었다.
그들은 불교의 윤리보다는 유교의 윤리를 더 높이 평가하고 불교
비판에 앞장섰다. 안향은 왕에게 유교적 치국방향에 대해 조언하고
장학재단 양현고養賢庫를 설립하여 그 기금으로 공자를 모신 대성전을
세웠다.[156]

이제현은 만권당에서 수학하고 돌아와 고려 사회에 유교의 위민사상
과 실천윤리를 강조하면서 상대적으로 불교계를 비판하였다. 그는

---

154 『고려사』권34, 세가 34, 충선왕 5년 3월.
155 『고려사』권33, 세가 33, 충선왕 복위년 11월.
156 『고려사』권105, 열전 18, 제신 안향.

불교의 가르침은 효사상에 위배되므로 이를 따르지 말라며, 효와
인본주의를 함양할 수 있는 경서의 교육을 주장하였다.[157]

그의 영향을 받은 사람이 이고와 그의 아들 이색이다. 그들은 불교에
우호적이었지만 본연의 자세에서 어긋난 행위에 대해서는 통렬하게
비판하였다. 이색은 공민왕 원년(1352) 상중에 다음과 같은 내용의
상소를 올렸다.

'중세 이래 승도가 더욱 늘어나 오교양종이 이익을 위한 소굴이
되었으며 냇가와 산골까지 절이 많아지게 되었다. 승려들이 점점
비루해지고 놀고먹는 이가 많으니 이미 승도가 된 자들은 도첩度牒을
주어야 하지만 도첩이 없는 자들은 군대에 충당하여야 한다. 새로
창건되는 사찰은 모두 철거하고 철거하지 않으면 즉시 수령에게 죄를
묻고 양민의 출가를 금해야 한다'고 주장하였다.[158]

이색의 영향을 받은 정몽주 역시 유교는 음식과 남녀의 문제 등
일상의 일을 행하는 데 있음을 밝히고, 상대적으로 불교는 관공적멸觀
空寂滅을 종지로 삼기 때문에 평상의 도가 아니라고 하였다. 이런
인식을 가지고 있던 정몽주는 뒤에 왕사의 임명에 반대하였고, 불교를
배척하다 처벌받는 유생들을 변호하였다.[159]

정도전은 우왕 초 원나라 사신 영접을 반대하다 회진현會津縣으로
유배되었다. 사면 후 삼각산 아래에 움막을 짓고 경서를 강의하면서
이단을 물리치는 것을 자신의 임무로 삼았다. 공양왕이 즉위한 후

---

157 『고려사』 권110, 열전 23, 제신 이제현.

158 『고려사』 권115, 열전 28, 제신 이색

159 『고려사』 권117, 열전 30, 제신 정몽주.

사찰을 궁궐보다 더 높게 세우고 법석을 여는 것을 비판하는 한편
불사에 소요되는 비용을 줄일 것을 주장하였다.[160]

　실권이 없던 공양왕은 자신의 불안한 위치를 떨치기 위해 더욱
불교신앙에 의지하였다.[161] 그런 왕의 행동에 여러 신하가 상소를
올렸다.

　판밀직사사 겸 이조판서 강회백姜淮伯은 '길흉은 밖에서 오는 것이
아니며 화복은 오로지 사람이 부르는 것이므로 불교에 의지하여 술수
를 믿어 복리福利의 이치를 바라지 말 것'을 청하였다. 공양왕은 그의
건의를 받아들였다.[162]

　김초는 그런 불교숭배에 대해 일상을 무시하고 괴이함을 좋아하는
것으로 평가절하 하였다. 그로 인해 천재지변이 일어나면서 정사가
바르지 못하고, 형벌이 제도에 어긋나고, 인재등용이 적절하지 못해
백성들의 원통과 억울함이 산적하고, 그리고 나라의 재정이 안정되지
못한다고 주장하였다.[163]

　성균관 생원 박초 역시 자신이 생각하고 있던 불교에 대한 소견을
상소하였다. '성리학에서 주장하는 군신 사이의 윤리, 부자 사이의
윤리, 부부 사이의 윤리가 이 세상의 기본 윤리인데 불교에는 그런
윤리 의식이 없다'고 주장하였다.[164]

---

160 『고려사』 권119, 열전 32, 제신 정도전.
161 『고려사』 권45, 세가 45, 공양왕 2년 1월.
162 『고려사』 권117, 열전 30, 제신 강회백.
163 『고려사』 권117, 열전 30, 제신 이첨.
164 『고려사』 권120, 열전 33, 제신 김자수.

이런 배불상소에 불교계는 제대로 대응할 힘이 없었다. 공양왕은 2년(1390) 2월 찬영粲英을 왕사로 임명하였다.[165] 그러자 성균관 박사 정몽주는 불교의 가르침은 평상의 도가 될 수 없으니 믿지 말라고 건의하였다.[166] 좌상시 윤소종과 대사헌 성석린은 대궐문에 엎드려 간쟁하였다. 그들의 반대로 공양왕은 왕사 임명에 주저할 수밖에 없었다. 그렇게 임명이 지연되면서 개성에 왔던 찬영은 궁궐에 들어가지 못하고 되돌아갈 수밖에 없었다.[167]

이런 배불의 분위기 속에서 비판의 소리를 낸 것은 오히려 유학자였다. 이색의 문하였던 이첨이 반대의 의견을 제시하였다. 이색 역시 사대부들의 주장이 선대의 법을 허무는 것이라고 지탄하면서 그들의 태형을 상소하였다. 이런 주장에 힘입어 공양왕이 자신의 입지를 강화하기 위해 김초의 죄를 물었다. 그러나 형조와 정몽주의 반대로 대신을 능욕한 죄만 처벌받았다.[168]

---

165 찬영은 앞서 우왕 9년 2월 혼수가 국사로 임명될 때 왕사로 임명된 적이 있었다. 『고려사』 권135, 열전 48, 우왕 9년 2월.

166 『고려사』 권117, 열전 30, 제신 정몽주.

167 『고려사』 권120, 열전 33, 제신 윤소종.

168 『고려사』 권117, 열전 30, 제신 이첨.

Ⅳ. 민중신앙의 확대 시대

1. 조선의 건국과 불교정책

1) 태조의 배불과 흥불

1392년 7월 건국된 조선은 유교를 치국이념으로 삼았다. 위정자들은 유교를 확고히 하고 건국 초기에 필요한 국가재정 및 국역자의 증대를 위해 불교를 배척하기 시작하였다.

태조 즉위 3일 만에 사헌부는 불교배척의 상소를 올렸다. '고려 왕조는 조금만 재변災變이 있으면 두려워하고 반성할 줄은 몰랐다. 오직 부처를 섬기고 귀신을 섬기는 데만 힘써서 소비한 비용을 이루 다 기록할 수가 없었다. 승려들은 나라를 좀먹고 백성들을 병들게 함이 이보다 심한 것이 없었다. 그러므로 학문에 정통하고 행실을 닦는 자는 그 뜻에 따라 나아가게 하고 나머지는 머리를 기르고 각기 그 업에 좇도록 해야 한다'고 건의하였다.[1]

그러나 태조는 건국 초기 불교교단에 결정적으로 타격을 줄 수 있는 승니척태僧尼斥汰와 같은 일을 갑자기 시행할 수 없었다. 그렇지만 불사에 들어가는 비용과 같은 경우 국가 재정과 관련이 컸기 때문에 그대로 시행되었다.

승려들의 출가를 억압하기 위해 강력한 도첩제度牒制 실시가 제기되었다. 양반의 자제로 승려가 되려는 자는 오승포 백 필, 양인은 백오십 필, 천민은 이백 필을 소재지 관사에 바치고 도첩을 발급받아 출가하는 내용이었다.[2]

재정적 의무를 주어 마음대로 출가하는 자를 엄하게 다스리자는 것이었다. 이 제안은 전면적으로 실시되지는 않았지만 조선이 건국되면서 불교계를 장악할 목적과 국가 경영을 위한 양인 확보를 위한 의도가 담겨 있었다.

불교를 배척하는 분위기가 거셌지만 무無도첩승들은 증가하였다. 비용을 낼 수 없는 사람들이 임의로 출가하였기 때문이다. 그들 가운데 의도적으로 국가의 세금이나 자신의 허물을 감추기 위해 불가로 들어가는 자도 있었다. 그들의 비행은 사회적인 문제가 되었다.

건국 이후 많은 관료들의 불교배척 상소가 이어졌다. 그들은 전통적으로 이어져 오는 불사의 금지를 청원하였다. 승도의 민폐와 비행 사례를 들어 단속과 함께 도첩제를 엄격한 적용하자고 주장하였다. 그리고 불사에 소요되는 비용을 아껴 국가 재정을 비축하자고 건의하였다.[3]

---

1 『태조실록』 1권, 태조 1년 7월 20일.
2 『태조실록』 2권, 태조 1년 9월 24.

승려들의 구재행위도 금지되었다. 이것은 승려들이 중앙과 지방의 대소 관사와 결당하여 사원관리나 인경印經 등의 불사를 계기로 관사나 백성들에게 물품을 징수하는 것을 금단하는 것이었다.[4] 사원경제에서 상당한 부분을 차지하는 희사를 금지하여 불교 세력을 축소하려는 의도였다.

연등회와 팔관회 그리고 백고좌법회 등 불교의례의 폐지도 주장되었다.[5] 태조는 이에 대해 도당에 명하여 시설된 연원을 조사하도록 하였다. 그러나 금지에 대한 어떤 조치도 하교하지 않아 전면적으로 실시되지는 않았다. 그렇지만 조선을 건국한 지배층은 국가적인 불교행사로서 일반 대중 속에 뿌리내린 불교의례마저 없애려는 의도가 있었던 것이다.

마지막으로 조선은 새로운 도읍 건설과 종묘를 조영하는 데 승려들을 강제로 동원하였다.[6] 농민을 동원하면 농사의 어려움이 있는데 승려들은 가정이 없기 때문에 공사에만 전념할 수 있다는 생각이었다. 그 속에는 다분히 승려에 대한 멸시와 함께 억불의 의도가 깔려 있었다.

이와 같이 개국 초기 배불정책의 진행 속에서도 태조는 개인적으로 불교를 신앙하였다. 왕위에 오르기 전부터 보우와 나옹 같은 고승의 신도였던 그는 조선 건국 후 무학無學을 왕사로 삼아 어려운 건국사업을 이끌어 나갔다.[7] 그렇게 불교에 힘입은 바가 컸기 때문에 적극적인

---

3 『태조실록』 2권, 태조 1년 9월 21일.

4 『태조실록』 2권, 태조 1년 9월 24.

5 『태조실록』 1권, 태조 1년 8월 5일.

6 『태조실록』 4권, 태조 2년 11월 19일.;『태조실록』 6권, 태조 3년 12월 4일.

배불정책을 추진하지 않았다.

오히려 사회적 어려움을 해결하려고 불사를 실행하였다. 태조 2년
(1393) 3월 연복사 5층탑을 중창하여 낙성식을 갖고 문수회를 설하였
다.[8] 태조 4년 2월에는 건국되는 과정에서 희생된 사람들을 위해 수륙재
를 베풀고 이후 봄과 가을에 행하는 항식恒式으로 삼았다.[9] 4월에는
가뭄, 홍수, 질병 등 사회적으로 어려움이 닥치자 불교의 힘으로 해결하
려고 사천왕사에 사신을 보내 사천왕도량을 개설하였다.[10] 태조 6년
(1397) 신덕왕후 강씨의 명복을 위하여 정릉 동편에 170여 칸이나
되는 흥천사를 세우고 강씨의 소상을 기하여 성대한 낙성식을 하였다.[11]

그렇게 행한 불사 가운데 가장 큰 비중을 차지한 것은 소재도량이었
다. 궁중에 법석을 마련하고 태조가 참석하여 예불 행향하거나 사사寺
社에 사람을 보내 도량을 열게 하였다.[12] 그 외에도 경복궁 근정전에
8백 명의 승려를 모아 『금강경』을 강설하게 하는 등 전통적인 대중신앙
을 그대로 계승하였다.[13]

태조의 대장경에 대한 믿음은 남달랐다. 2년 연복사 5층탑 내에

7 『태조실록』 2권, 태조 1년 10월 9일.
8 『태조실록』 3권, 태조 2년 1월 5일.
9 『태조실록』 7권, 태조 4년 2월 24일.
  천마산 觀音窟, 삼척 三和寺, 그리고 거제에 있는 見嚴寺에서 수륙재를 베풀었다.
  그 후 태종 1년 1월 진관사, 10월 오대산 상원사가 추가되었다.
10 『태조실록』 7권, 태조 4년 6월 1일.
11 『태조실록』 10권, 태조 5년 12월 1일.
12 『태조실록』 9권, 태조 5년 1월 17일.
13 『태조실록』 9권, 태조 5년 4월 29.

대장경을 봉안하였다. 가야산 해인사의 고탑을 중수하고 대장경을
인성印成하여 탑 속에 봉안하였다. 그리고 나라가 복되고 백성이 이롭
게 되기를 발원하였다.[14] 7년(1398) 5월 대대적인 병력과 오교양종의
승려들을 동원하여 강화도 선원사 대장경판을 지천사로 이안하고
후에 해인사로 옮겼다.[15] 각 도의 사사에 사람을 보내 진병법석을
베풀었고 궁전을 지키는 병사까지 『신중경』을 외우게 하였다.[16] 그런
진병법석은 자주 행해졌다.[17]

2) 정도전의 불교관과 『불씨잡변』

정도전은 공민왕 11년(1362)에 문과에 합격하여 관리가 되었다. 우왕
1년(1375) 고려왕조가 친원 정책을 쓰자 이를 반대하다 전라도 나주군
회진현 거평부곡으로 유배되었다. 3년간의 유배 생활을 통해 피폐한
농민들의 생활상을 직접 체험하는 한편, 그곳에서 최초로 불교를
배척하는 『심문천답心問天答』 2편을 지었다.

이성계를 도와 조선왕조를 건국한 이후 태조 3년(1394) 『심기리心氣
理』 3편을 저술하였다. 이어 태조 7년(1398) 『불씨잡변佛氏雜辨』을

---

14 『태조실록』 4권, 태조 2년 10월 17일.
　태조는 다음과 같이 발원하였다. "대장경의 요지가 계정혜 삼학에 있고 그것은
　다시 일심에 내재해 있다. 불교의 묘리와 공덕은 쉽게 헤아릴 수 없다. 은밀한
　가호로 인해 법운이 광포되고 군물이 함께 깨어나 나라가 복되고 백성이 이로우며
　만세에 이롭기를 바람이다."
15 『태조실록』 14권, 태조 7년 5월 12일.
16 『태조실록』 3권, 태조 2년 2월 27일.
17 『태조실록』 12권, 태조 6년 9월 19일.

저술하였다. 이 가운데 『불씨잡변』에서 가장 강력한 배불의 심기를
드러냈다.[18]

그는 불교에 대해 사회적 폐해와 경제적인 폐해 두 가지 관점으로
바라보았다. 사회적인 폐해는 불교가 인륜을 무너뜨려 인민을 금수로
만든다는 것이다. 정도전을 비롯한 신흥사대부의 유교적 인식에서
본다면 불교는 부모도 없고 군주도 없는 가르침이었다. 출가와 같은
구도적 의지를 금수와 같은 행위로 단정하면서 수행자들을 인격적으로
비하시키려는 시각이었다.

『불씨잡변』 역시 불교를 비하해서 말하고 있다. 불교가 사회에
주는 폐해는 인륜을 허물어뜨리는 것이다.[19] 불씨는 오랑캐라 부모와
자식의 관계와 군신과 같이 지극히 공경해야 할 것에 대해 끊어버리고
도 조금도 기탄이 없다고 주장하였다.[20]

경제적인 폐해에 대해서는 다음과 같이 주장하였다. '사람은 하루에
쌀 한 톨을 먹을지라도 도에 합치되어야 하는데 수행자들은 빌어서
먹는다. 더 나아가 가만히 앉아서 옷과 음식을 소비할 뿐만 아니라
좋은 불사라고 꾸며 갖가지 음식이 낭자하고 비단을 찢어 불전을
장엄하였다. 그 비용이 대개 평민 열 집의 재산을 하루아침에 모두
소비할 정도로 컸다. 이로 인하여 불교는 이미 의리를 저버리는 인륜의
해충이 되었다. 하늘이 내어주신 물건을 함부로 쓰고 아까운 줄을
모르니 이는 실로 천지에 큰 좀벌레'라고 비하하였다.[21]

---

18 권근, 「불씨잡변서」 『양촌집』.
19 정도전, '佛氏毀棄人倫之辨' 『불씨잡변』(『삼봉집』, 민족문화추진위원회 1985).
20 정도전, 앞의 책, '佛氏慈悲之辨'.; '佛氏眞假之辨'.

이와 같이 반인륜적이고 비경제적인 불교신행으로 인해 이를 믿게 되면 반드시 화를 얻을 수밖에 없으므로[22] 부처를 섬기기를 극진히 할수록 국가의 존립은 단축될 수밖에 없는 것이라고 하였다.[23] 따라서 자신은 세상 사람들이 미혹되어 인륜의 도가 없어지는 것이 두려워 이단을 물리치는 것을 의무로 삼게 되었다고 밝혔다.[24]

정도전의 배불사상의 핵심이 담겨져 있는『불씨잡변』은 불교 전반의 광범위한 문제들을 대상으로 삼고 있다. 그렇지만 논의를 전개하는 데 있어 개념을 혼돈하고 있으며, 자신의 감정에 치우쳐 비약적인 부분이 많다. 이것은 교리적 모순을 지적하고 반대한 것은 아니라 감정적 배척이 앞서 반인륜적이고 비경제적인 모습을 부각시켰기 때문이다. 그러나 그런 모순점에도 불구하고『불씨잡변』에 담겨 있는 불교비하의 인식은 조선조를 통해 불교에 대한 핍박과 신분 하락이라는 결과를 가져올 만큼 영향력이 컸다.

3) 태종의 배불정책과 국행불사

조선조 불교를 본격적으로 탄압하기 시작한 군주는 태종이었다. 그는 즉위하면서 다음과 같은 불교배척을 강행하였다.

첫 번째, 사원경제를 축소하였다. 사찰의 토지와 노비를 국유로 몰수하고 군자軍資와 관사官舍에 분배하였다. 태종 2년(1402) 4월 서운

---

21 정도전, 앞의 책, '佛氏乞食之辨'.
22 정도전, 앞의 책, '事佛得禍'.
23 정도전, 앞의 책, '事佛甚謹年代尤促'.
24 정도전, 앞의 책, '闢異端之辨'.

관에서 상언한 대로 밀기부 70사와 그밖에 상주승 1백 명 이상의 사원을 제외한 모든 사찰의 토전土田의 조租는 군자에 영속시키고, 노비는 각사와 주군에 분속시켰다.[25] 이 조치는 4개월 뒤에 다시 환원되기는 하지만 불교교단에 큰 충격을 주었다.[26]

태종 5년(1405) 8월 전국 폐사의 전지와 노비를 모두 속공시키는 조치가 이어졌다. 노비의 수를 문서로 작성하여 각각 그 절 10리 밖에서 농사를 지으며 살게 하였다. 사찰에 둘 수 있는 인원은 100인이 거처하는 곳에 20명, 50인이 있는 곳에 10명, 10인 이하의 곳은 2명씩 매년 교체하여 윤번으로 일을 하게 하였다. 나머지 각사 노비는 모두 국가에 귀속시켰다.[27]

이러한 조치에 대해 승려들은 태종 6년(1406) 2월 감축된 사사의 수액과 삭감시킨 노비 및 전토를 복고시켜 줄 것을 호소하였다. 아무런 대답을 주지 않자 다시 조계종 승려 성민은 수백 명의 승려들을 이끌고 궐문으로 가서 신문고를 치며 조정의 지나친 배불정책의 시정을 요구하였다. 이 일은 왕에게 보고되었지만 태종이 끝내 허락하지 않았다. 불교계의 집단적인 의사 표명은 아무런 성과도 없이 끝나고 말았다.[28]

두 번째, 강력한 도첩제를 실시하였다. 태종 2년 6월 예조에서 상서하여 당시의 승풍문란과 부역도피 등을 이유로 승니 가운데 연장자는 머리를 길러 환속시킬 것을 청하였다. 이 상서는 한양 안에

---

25 『태종실록』 3권, 태종 2년 4월 22일.
26 『태종실록』 4권, 태종 2년 8월 4일.
27 『태종실록』 10권, 태종 5년 8월 29일.
28 『태종실록』 11권, 태종 6년 2월 26일.

두세 곳의 도량을 설치하여 계행이 청정한 자를 가려 일정한 수만 지내게 하자고 제안하였다. 지방 각 도에도 도회소를 두고 경사의 예와 같이 하며, 그 승도의 연장자는 머리를 길러 백성이 되게 하자고 하였다. 그리고 승니 또한 남편이 죽고 신심이 있는 자를 제외하고 나머지는 머리를 길러 환속케 하자는 강경한 배불정책을 주장하였다.[29]

이 정책은 도첩제의 엄격한 실시를 의미하였지만 태조의 반대로 실행되지 못하였다. 태종 2년 8월 태상왕(태조)으로부터 배불조치를 철회할 것을 요구받았다. 부왕의 거처인 회암사에 나아가 헌수하는 자리에서 육식을 건의하였는데, 태상왕은 국왕이 숭불한다면 그러겠다고 대답한 것이다. 태종이 이를 일부 허용함으로서 철저하게 실행되지는 않았지만 조선 초에 지속된 배불정책 가운데 하나였다.[30]

세 번째, 왕사와 국사 제도를 철폐하였다. 태종 5년(1405) 9월 왕사인 무학이 입적하였다. 왕은 부도에 봉안할 탑호 및 비명 등을 예조에 하명하였지만 사간원의 반대로 이내 정파停罷되었다. 더 나아가 왕사의 출생에 대한 비난과 다비 후에 이적이 없는 것이 논란이 되었다. 그리고 부도의 일로 유교를 숭상하여 이단을 물리쳐 온 왕의 아름다운 생각이 어긋날까 염려하는 상소를 올렸다.[31] 무학의 입적 이후 왕사와 국사를 임명하지 않음으로써 이 제도는 없어지게 되었다.

네 번째, 종파와 사원 그리고 승려 수를 축소하였다. 태종 6년(1406) 3월 11개 종파가 거명되었다. 그러나 태종 7년 12월의 자복사를 지정할

29 『태종실록』 3권, 태종 2년 6월 18일.
30 『태종실록』 4권, 태종 2년 8월 4일.
31 『태종실록』 10권, 태종 5년 9월 20일.

때는 7개 종파만 보이고 있어 그동안 불교종파가 병합된 것을 알수 있다.

합종의 예는 다음과 같았다. 조계종은 그대로 조계종이 되었고, 총지종과 남산종이 합쳐 총남종이 되었다. 천태소자종과 천태법사종이 합쳐 천태종이 되었다. 화엄종과 도문종이 합쳐 화엄종으로 되었다. 자은종은 그대로 자은종이 되었으며, 중도종과 신인종이 합쳐 중신종이 되었다. 그리고 시흥종은 그대로 남았다.[32]

마지막으로, 능사제도를 금지하였다. 세종 2년(1420) 원경왕후가 세상을 떠나자 세종은 그해 7월 왕릉 옆에 절을 세우려 하였다. 태종은 다음과 같은 이유를 들어 반대하였다. '절을 지어 능곡을 적막하지 않게 하려는 뜻은 좋으나, 지금 비록 청정한 승려를 모으더라도 나중에는 반드시 타락한 승도가 나의 가까이에 오는 것을 막을 수 없기 때문이다.'[33]

태종은 배불정책으로 일관한 군주였다. 그렇지만 국가와 왕실의 안녕을 위한 국행불사는 금지하지 못했다. 그의 통치기간 동안 다음과 같은 국행불사가 행해졌다.

첫 번째, 수륙재의 실시이다. 태종 원년(1401) 정월 진관사에서 수륙재를 설행하였다.[34] 이후에도 여러 차례 설행되었다. 그런 불사를 실시하는 이유는 '궁중의 부녀들이 자손의 수명연장을 원하여 사재를 써서 예참을 베풀고 재를 행하니 그것을 금할 수 없다'는 것이었다.[35]

---

32 『태종실록』11권, 태종 6년 3월 27일.
33 『세종실록』8권, 세종 2년 7월 11일.
34 『태종실록』1권, 태종 1년 1월 7일.

이것은 태조 이래 설해진 불사를 관행으로 삼았음을 알 수 있다.

두 번째, 기신忌晨 및 추복追福의 불사이다. 이것은 대부분 부왕(태조)이 병환중이거나 별세한 시기(태종 8년 5월)를 전후해서 베풀어진 기양 및 추복의 행사였다. 이후 왕실의 의례적인 기신재를 포함하여 모후를 위한 불사들이 행해졌다.[36]

세 번째, 사탑의 창건 및 중수이다. 태종 8년(1408) 부왕의 장례를 마친 후 7월 29일 건원릉의 재궁을 개경사라 하였다. 조계종에 속하게 하고 노비와 전지를 사여하였다.[37] 태종 11년(1411) 5월 태조가 세운 흥천사 사리탑을 중수하고 부왕과 모후를 위해 금자 법화경을 전독케 하였다.[38] 태종 18년(1418) 4월 요절한 성령대군의 명복을 빌기 위해 대자암을 세웠다.[39] 이와 같이 상당한 횟수의 여러 법석과 사찰창건 및 불탑의 중수는 신앙심이 아닌, 모두 효행과 추복불사로 행해졌다.

예외적인 것은 태종 16년(1416) 8월 원주 치악산 각림사의 중창이었다. 이곳은 태종이 사가에 살 때 독서하던 곳이었다. 원래 수 칸의 초옥이던 곳을 대가람으로 중창하고 재목과 양곡을 보내는 한편 자주 친행하여 전지와 노비를 하사하였다.[40]

각림사 중수에 대해서 승정원에 전지하기를, '각림사는 내가 어릴 때에 노닐던 곳으로 지금도 꿈속에 자주 왕래한다. 그래서 중수코자

---

35 『태종실록』 1권, 태종 1년 1월 17일.

36 『태종실록』 18권, 태종 9년 8월 1일.

37 『태종실록』 16권, 태종 8년 7월 29일.

38 『태종실록』 21권, 태종 11년 5월 18일.

39 『태종실록』 35권, 태종 18년 4월 4일.

40 『태종실록』 32권, 태종 16년 8월 23일.

Nanj6ec0eab-a

하는 것이지 불교를 좋아하기 때문인 것은 아니다. 승려의 성품에 탐심이 있으므로 간사승으로 하여금 나를 빙자해서 범람하는 일이 없도록 하라'고 하였다.[41]

네 번째, 대장경의 인경이다.[42] 이런 불사 역시 부왕의 신앙을 계승하거나 국가적인 차원에서 민심수습을 위한 행사였다.

다섯 번째, 기우와 구병의 불사이다. 기우에 대한 태종의 전지를 살펴보면, '옛날부터 홍수와 가뭄의 재앙은 모두 인군의 부덕이다. 지금 승려들과 무당을 모아 비를 빌게 하는 것은 마음이 편하지 않은 일이다. 그리고 비록 비가 내리더라도 이는 결코 승도의 힘은 아니다. 다만 비를 걱정하는 생각에 승무의 황망함을 알면서도 지금 좌도에 의지하여 하늘의 혜택을 바라는 것'이라고 하였다.[43]

구병법석의 경우 태종 8년 태상왕의 병환이 위독하자, 부왕을 위한 정근기도에 대해 신료들에게 물었다. 이때 지신사 황희가 부모를 위해 구병법석을 하는 것은 해가 없다고 하였다. 이에 태종은 덕수궁에 승려 1백 명을 모아 약사정근을 행하고 자신의 팔에 연비燃臂를 하였다.[44]

이와 같이 태종 때 실시된 국행불사는 불교신앙의 차원은 아니었다. 주로 부왕과 모후에 대한 효행을 동기로 하여 그들의 신앙에 따라 기신재와 추복법석을 베풀고 사찰을 창건하였다. 또한 수해와 가뭄

---

41 『태종실록』 34권, 태종 17년 7월 5일.
42 『태종실록』 25권, 태종 13년 3월 11일.
43 『태종실록』 26권, 태종 13년 7월 5일.
44 『태종실록』 15권, 태종 8년 1월 28일.

그리고 병환 등 불가항력적인 상황 앞에서 사회적인 관습으로 기우, 소재, 정근 등 불사를 행하였다. 따라서 이런 국행불사의 실행은 불교의 전통성에 대한 존중이나 보호와 같은 의미가 포함된 것으로 보기 어렵다.

4) 세종의 배불정책

세종은 태종 때 행해진 정책을 넘어 미진한 부분까지 완결 짓는 철저한 억압과 배척의 정책을 폈다.

첫 번째, 사원 노비를 혁거革去하여 관청의 노비로 삼았다. 세종 원년(1419) 11월 회암사와 진관사의 승려들이 여자 노비를 간범한 사건이 발생하였다. 의정부, 대간, 육조에서 일제히 사사노비는 물론 승려들에게 상전되는 법손노비까지 혁거하여 속공시킬 것을 강력하게 건의하였다. 세종은 사사노비의 혁거만을 받아들여 중외中外의 모든 사사노비는 물론 개경사, 연경사, 대자암 같은 능사의 노비까지도 혁거하였다.[45]

이러한 사원노비의 혁거조치는 사원의 노동력 상실로 이어져 사원전이 경작되지 못하고, 그로 인한 생활의 어려움이 가중되면서 승려들이 절을 버리고 사방으로 흩어지게 되었다.

두 번째, 7종의 종파를 선교 양종으로 통합하였다. 세종 6년(1424) 4월 조계종, 천태종, 총남종을 합쳐 선종으로 하고 화엄종, 자은종, 중신종, 시흥종을 합쳐 교종으로 하였다. 선종은 18개 사찰, 4,250결의

---

45 『세종실록』 6권, 세종 1년 11월 28일.

토지, 1,970명의 수행자 그리고 중심사찰을 흥천사로 하였다. 교종은 18개 사찰, 3,700결의 토지, 1,800명의 수행자 그리고 중심사찰을 흥덕사로 하였다.[46]

이런 조치는 불교 각 종파의 성격이나 기능 그리고 의의 등이 전혀 고려되지 않은 채 편의주의적 통합이었다. 이에 따라 사원이 대폭 정리되었고 막대한 사원의 토지가 강제로 속공되었다.

세 번째, 내불당을 철폐하였다. 태종이 모후 신의왕후의 혼전魂殿이던 인소전仁昭殿을 태조가 죽자 문소전文昭殿이라 고치고 혼전도감魂殿都監을 두었다.[47] 이후 왕실의 신행도량인 내불당으로 사용되다가 세종 15년(1433) 1월 30일 철폐되었다.[48]

내불당이 혁파되자 불상은 흥천사로 이안되었다. 세종은 이를 위한 법회를 베풀고자 하였으나 지신사 안숭선의 반대로 행하지 못했다.[49] 그 후 내불당은 소헌왕후가 서거하자 심경이 변한 세종 30년(1448) 7월 왕명에 의해 다시 궁 안으로 복원되었다.[50]

네 번째, 도첩제를 엄하게 하고 연소자의 출가를 금하였다. 조선조에서 도첩제를 강화한 것은 고려시대부터 빈번한 승단의 폐해를 방지하려는 목적이었다. 승려가 증가되는 것은 치국이념에 반대되는 일이었다. 출가자의 증가는 곧 양인의 감소이므로 국가 경제와 군사적인

---

46 『세종실록』 24권, 세종 6년 4월 5일.

47 『태종실록』 16권, 태종 8년 8월 26일.

48 『세종실록』 59권, 세종 15년 1월 30일.

49 『세종실록』 59권, 세종 15년 2월 16일.

50 『세종실록』 121권, 세종 30년 7월 21일.

면에서 생겨나는 어려움을 방지하기 위한 면도 있었다. 그렇게 하여 국가적 실리를 추구하는 한편 불교계 세력을 약화시키려는 의도였다.

개국 초부터 강력한 도첩제를 실시하자 절차를 밟지 않고 비공식적으로 승려가 되는 경우가 많아졌다. 도첩이 없는 승려들이 증가한다는 것은 법령의 위반과 국가 기강의 해이였다. 그리고 무도첩승들의 비행과 승정의 문란은 사회적인 문제가 되었다.[51] 세종은 승려들의 음행이나 송사에 대해 엄중한 처벌을 내렸다.[52] 그 후에도 승도들이 음주 등에 관련되면 환속시키며 강력한 도첩제를 유지하였다.[53]

5) 승니도성출입금지의 실시와 추이

승려들의 도성출입을 규제하는 금령이 최초로 시행된 해는 자세히 알 수 없다. 그러나 다음과 같은 기록에 의하면 세종 12년(1430) 9월 이전에 어떠한 계기가 있어 도성출입을 금지시킨 것으로 짐작된다.

예조에서 다음과 같이 상소하였다. '이제 한양 안에 출입하는 승도들은 모두 첩자를 상고하여 선교 양종의 승려는 각기 그 종의 색장色掌이 각 사의 임무를 맡은 승려를 그 관아에서 징험하되, 한증승과 명통사의 승려는 본조에 의뢰하여 모두 인신印信이 찍힌 첩자를 발급해 주고 성안에 머물러 숙박하지 않도록 한다. 다만 공무로 인해 출입하는 자는 금하지 말도록 하자고 해서 그대로 따랐다.'[54]

---

51 『세종실록』 10권, 세종 2년 11월 7일.
52 『세종실록』 13권, 세종 3년 8월 5일.
53 『세종실록』 23권, 세종 6년 2월 14일.
54 『세종실록』 49권, 세종 12년 9월 1일.

이 기록에 의하면 도성에 출입하려는 승도들은 각기 자신이 속한 종파, 각사의 일을 하는 승려들은 그곳에서, 그리고 특수한 경우에는 예조에서 발급하는 인신이 있어야 하였다. 특수한 경우란 소임승을 가리키는 것이다. 고려 말부터 특수한 일에 종사한다는 명분 때문에 일반 승도와는 달리 취급되었다. 조선조에서도 소임승은 자원이나 모집의 형식으로 부역하였으며, 공역이 끝나면 그 포상으로 승직과 도첩이 급여되었다. 그들도 도성을 출입할 때는 예조에서 발급하는 인신이 있어야 했으므로 결과적으로는 모든 승려들의 도성출입은 종파나 국가기관에서 발급하는 인신이 없으면 금지된 것이었다. 공무로 인한 출입이 아니라면 원천적으로 성안에 머물지 못하게 된 것이다.

승도들의 도성출입금지 이유는 무도첩승 단속과 관련이 있다.[55] 조선 초 급격하게 행해진 배불정책은 교세를 위축시키고 유교적 치국이념을 정립하려는 목적이었다. 불교의 교세를 원천적으로 봉쇄할 수 있는 방법은 도첩제를 강화하는 것이었다. 그러나 강화된 도첩제는 승려의 수를 줄이는 효과는 있었지만 반대로 국가의 허락을 얻지 않고 임의로 승려가 되는 무도첩승들이 많아지는 결과로 이어졌다. 그런 승려들이 많아지면서 계율에 어긋나는 행동도 증가할 수밖에 없었다. 범죄는 물론 조세나 군역을 피할 목적으로 불가에 들어온 승려들의 비행은 점점 사회적인 문제로 비화되었다. 이런 분위기가

---

55 『세종실록』 77권, 세종 19년 5월 18일.
경산의 승려들이 부모와 친척을 보기 위해서나 시장에 매매하는 일로 입성하는 자는 도첩을 상고하여 출입을 허락하게 하고, 먼 지방의 승려까지도 그 소재관의 문빙과 도첩을 상고하여 출입을 허락하게 하라.

점점 고조되자 세종은 승도들에 대한 도첩제의 강화와 함께 성내에 들어오지 못하도록 하는 법령을 제정한 것이다.

승니의 도성출입금지는 4대문 안에 비구와 비구니의 출입을 금지시킨 정책이었다. 이는 세종 이전 선왕들의 배불정책에서는 찾아볼 수 없다. 승려의 신분을 사회적으로 하락시켜 지배층과 서민들이 불교를 멀리하여 유교의 통치이념을 좀 더 확고히 하려던 의도였다. 이렇게 세종 때부터 실시된 법령은 이후 여러 군주들에 의해 불교계를 탄압하고 통제하는 수단으로 이용되었다.

6) 세종의 불교숭신

세종은 조선조에서 가장 많은 배불정책을 실행한 군주였다. 그런 분위기는 자연적으로 국가에서 행하는 불사의 수를 줄어들게 하였다. 민심수습 차원에서 몇 가지 국행불사가 설해졌을 뿐이다.

세종 14년(1432) 2월 효령대군이 한강에서 7일간 수륙재를 크게 설하자 왕이 직접 참여하여 분향하고 1천여 명을 반승飯僧하였다. 물고기들에게 쌀을 보시하고 날마다 번당幡幢이 강을 덮고 북과 종소리가 하늘을 뒤흔드는 가운데 양반과 부녀들이 구름같이 모여들었다.[56] 효령대군이 크게 위축된 불교교단과 함께 일반의 불심을 고양시키기 위해 불사를 크게 설한 것이며, 왕이 참여함으로써 자연적으로 국행불사의 성격을 띠게 되었다.

세종 16년(1434) 4월 흥천사를 중수하고 안거회, 경찬회 등의 불사를

---

56 『세종실록』 55권, 세종 14년 2월 14일.

주선하였다. 효령대군이 회암사를 중수코자 함에 쌀과 베를 내어 지원하였다. 유생들이 비난하자 '회암사는 오늘날 창건한 것이 아니고 다만 수리하려고 할 뿐이다. 그대들이 말하는 종친에 의탁하였다는 것은 내가 아는 바가 아니라'고 하면서 유생들의 비난을 물리쳤다.[57]

세종이 단순히 민심 차원으로 불교신앙을 설한 모습에서 적극적인 불교 숭신으로 바뀐 것은 왕비 소헌왕후의 사후였다. 숭불군주의 모습이 완연할 정도로 불교를 숭상하였다. 그런 신앙심의 변화에 따라 불사 설행의 성격은 눈에 띄게 달라졌다.

세종 28년(1446) 3월 소헌왕후가 죽자[58] 세종은 평소 왕비가 추진하였던 사경을 계속하는 한편, 둘째 아들 수양대군에게 석가세존의 일대기인『석보상절』을 짓도록 명하였다. 그리고 자신은 불보살의 가피력을 찬탄하는『월인천강지곡』을 지었다.

뿐만 아니라 스스로 폐지하였던 내불당을 재건하여 왕실신앙의 중심으로 삼았다. 세종 31년(1449) 6월 승도들의 기우법회로 약간의 비가 내리자 왕은 흥천사 기우승 140인에게 물건을 차등 있게 내렸다.[59] 그리고 승도가 기우제를 지내고 비가 오면 설재보공設齋報供할 것을 정례로 삼았다.[60] 나아가 기우법회에 파견된 조정의 감찰까지도 승도와 함께 불전에 배례하는 것을 정례로 삼게 하였다.[61] 세종 32년 정월

---

57 『세종실록』 64권, 세종 16년 4월 13일.
58 『세종실록』 111권, 세종 28년 3월 24일.
59 『세종실록』 124권, 세종 31년 6월 8일.
60 『세종실록』 124권, 세종 31년 6월 9일.
61 『세종실록』 124권, 세종 31년 6월 20일.

자신이 병환으로 눕게 되자 더욱 불사에 치중하였다.[62]

세종이 말년에 불교를 신앙하는 자세로 전환한 것은 주위 사람들의 신앙과도 관련이 깊었다. 친형인 효령대군의 숭불이 크게 영향을 미쳤다. 세종의 왕비 소헌왕후 심씨 또한 신심이 돈독하였다. 세종 슬하의 왕자와 공주들 심지어 그 배우자들까지도 거의가 불교를 숭상하였다. 그리고 후궁들도 세종이 승하한 다음 출가할 만큼 신앙이 깊었다.

이런 면으로 볼 때 세종은 치국을 위한 배불정책은 강화하면서도 내면으로는 확산되어 가는 왕실의 숭불현실을 인정하였던 것이다. 그리고 말년에는 개인적인 불행을 불교의 힘에 의해 극복하려는 군주였다.

7) 배불정책 속에서 활동한 고승

조선 초 배불정책은 새로운 인물의 등장을 어렵게 하였다. 자연히 고려시대부터 활동한 승려들이 등용되었다. 태조 3년(1394) 9월 국사로 임명된 조구祖丘,[63] 왕사 무학無學이 대표적이었다.

조구는 담양 출신으로 천태종에 속했다. 국사로 임명되었으나 오래지 않아 태조 4년(1395) 11월 입적하였다. 조정은 정무를 정지하고 그의 입적을 애도하였다.[64] 그 밖의 행장은 자세하게 전해지는 것이 없다.

---

62 『세종실록』 127권, 세종 32년 1월 23일.

63 『태조실록』 6권, 태조 3년 9월 8일.

64 『태조실록』 8권, 태조 4년 11월 14일.

무학은 고려 충숙왕 14년(1327) 삼기군[65] 박씨 집안에서 태어나 18세에 출가하였다. 법명은 자초自超이며 당호는 계월헌溪月軒이다. 중국에 건너가 지공과 나옹에게 법을 배웠다. 귀국 후 나옹의 제자가 되었다.

조선 초 왕사가 된 무학은 도읍을 정하는 일과 도성 건립에 많은 역할을 하였다.[66] 왕실에서 설행한 많은 불사의 법주로 참여하며 배불 정책 속에서 불교를 보호하기 위해 노력하였다. 태조는 무학의 부도를 회암사에 미리 만들어 둘 만큼 긴밀한 사이였다.[67] 태종 5년(1405) 9월 79세로 입적하였다.[68] 문하에 기화己和를 비롯하여 진산, 장휴, 조림 등 많은 제자가 있었다.[69]

기화는 우왕 2년(1376) 11월 충주의 유씨 집안에서 태어났다. 법호는 득통得通이며 당호는 함허당涵虛堂이다. 21세 때 성균관에 있던 친구의 죽음을 보고 방황하다 관악산 의상암義湘庵에서 각보에게 출가하였다. 태조 6년(1397) 회암사에서 무학을 만나 법요를 들었다. 여러 산을 다니며 공부하다 태종 4년(1404) 봄 회암사로 돌아와 수행에 정진하며 깨달음을 얻었다. 그 후 공덕산 대승사, 천마산 관음굴, 그리고 불희사 등 인연 있는 곳에서 대중들을 교화하였다.

세종은 재위 3년(1421) 그의 높은 도력을 듣고 개성 대자암大慈庵에

65 지금의 경남 합천군이다.
66 『태조실록』 2권, 태조 1년 10월 9일.
67 『태조실록』 12권, 태조 6년 7월 22일.
68 『태종실록』 10권, 태종 5년 9월 20일.
69 이능화, 『조선불교통사』 상, 신문관 1918, p.382.

머물게 하였다. 그곳에서 원경왕후의 천도재를 지내며 설한 법문으로 종친과 대소신료 그리고 선교 양종의 모두에게 감명을 주었다. 이후 여러 곳을 다니며 가르침을 펴다가 세종 13년(1431) 희양산 봉암사로 옮겼다. 이곳에서 후학을 제접하고 당우를 중수하며 지내다 세종 15년(1433) 3월 입적하였다. 남긴 저술은 『원각경소』 3권과 『금강경설의』 1권, 『현정론』 1권, 『반야참문』 2질, 『윤관』 1권 등이 있다. 그의 문하에 학미, 달명, 지생, 해수, 도연, 윤오, 원징 등이 있었다.[70]

2. 숭불과 억불의 교차

1) 숭불군주 세조의 불교중흥

조선조 배불의 소용돌이 속에서 불교를 중흥한 군주는 세조였다. 수양대군 시절 불교의 도는 유교의 도보다 나을 뿐만 아니라 차이가 하늘과 땅과 같다고 표현할 정도로 신앙심이 깊었다.[71] 재위 기간 동안 다음과 같은 흥불정책을 폈다.

첫 번째, 많은 불교 전적을 발간하였다. 『증도가』를 비롯하여[72] 『법화경』 등 많은 경전을 인행하였다.[73] 죽은 세자의 명복을 위해

---

70 야부, 「함허당득통화상행상」 『함허당득통화상어록』(『한국불교전서』 권7, pp.250 중~252 상).
    『유석질의론』 2권은 저자 미상으로 전해지나 내용 면으로 볼 때 기화의 저술일 것으로 추정되고 있다.
71 『세종실록』 122권, 세종 30년 12월 5일.
72 『세조실록』 6권, 세조 3년 1월 23일.
73 『세조실록』 11권, 세조 4년 2월 12일.

직접 『금강반야경』을 썼다.[74] 『능엄경』과 『법화경』 등을 대조 교정하여 간행하였다. 함허당 기화의 『금강경설의』를 교정하여 『오가해』에 넣어 한 책으로 만들었다. 그 외에도 『영가집』 등 불교에서 많이 읽는 전적 여러 본을 대조하고 교정하여 발간하였다.[75]

대장경을 인출하여 여러 사찰에 봉안하였다. 세조 3년(1457) 6월 여러 도에 명하여 대장경 50벌을 인경할 수 있는 종이 40만 6천 2백 권을 제조하여 바치게 하였다.[76] 이런 세조의 불교숭신에 최린이 '근년에 수재와 한재가 서로 잇달아 백성들이 의뢰해 살길이 없는데 하삼도로 하여금 그런 일을 시키는 것은 잘못된 일'이라 하며 반대하였다.[77] 그런 반대에도 불구하고 대장경 인출은 세조 4년 7월에 끝났다. 그 가운데 3벌을 흥천사에 두었다.[78] 세조 5년 2월 자신이 지은 『석보상절』과 세종이 직접 불덕을 찬양하여 지은 『월인천강지곡』을 합본하여 『월인석보』로 출간하였다.[79]

두 번째, 간경도감을 설치하고 많은 경전을 한글로 번역하였다. 세조 7년(1461) 6월 간경도감을 설치하였다.[80] 『법화경』을 비롯하여

---

74 『세조실록』 9권, 세조 3년 9월 2일.

75 「御製跋文」 『金剛經五家解(雲興寺板)』.

76 『세조실록』 8권, 세조 3년 6월 20일.
   많은 양이 소요되므로 중국 삼〔漢麻〕을 쓰고 닥나무 껍질〔楮皮〕과 섞어서 제조하여 바치게 하였다.

77 『세조실록』 9권, 세조 3년 10월 7일.

78 『세조실록』 13권, 세조 4년 7월 27일.

79 『세조실록』 15권, 세조 5년 2월 9일.

80 『세조실록』 24권, 세조 7년 6월 16일.

『능엄경』, 『금강경』, 『반야심경』, 『원각경』, 『영가집』 등을 훈민정음
으로 번역하였다.[81] 이때의 불전번역은 거의가 세조 자신이 직접 중심
이 되어 진행하였다. 그리고 훈민정음 창제 직후의 일이어서 오늘날
학계에 귀중한 자료가 되고 있다.

간경도감은 단순히 경전 번역만 하지 않았다. 세조 12년(1466) 3월
간경도감에 명하여 수륙재를 베풀게 한 것으로 보아 불교행사를 주관
하는 역할도 하였다.[82] 그리고 세조 13년 11월 일본 사신에게 『법화
경』을 하사할 때 간경도감에서 인쇄한 것으로 보아 그런 역할도 했음을
알 수 있다.[83]

세 번째, 사찰을 창건하고 중수하는 데 기여하였다. 세조 10년(1464)
5월 효령대군이 회암사의 동쪽 언덕에 석종을 세우고 법회를 열어
『원각경』을 강독하였다. 여러 가지 상서로운 모습이 나타나자 『원각
경』을 한글로 번역하였다. 그리고 흥복사 자리에 대원각사를 세울
것을 명하였다.[84] 6월에 공사를 시작하여 이듬해 4월에 완성하였다.[85]
세조 13년 4월 원각사탑이 조성되자 연등회를 베풀어 축하하였다.[86]
그 외에도 세조는 많은 사찰의 중건에 기여하여 불교신앙이 중흥하는
계기가 되었다.

네 번째, 불교예술을 진흥시켰다. 세조 때 불교음악인 영산회상곡이

81 『세조실록』 31권, 세조 9년 9월 2일.
82 『세조실록』 38권, 세조 12년 3월 21일.
83 『세조실록』 44권, 세조 13년 11월 13일.
84 『세조실록』 33권, 세조 10년 5월 2일.
85 『세조실록』 35권, 세조 11년 4월 7일.
86 『세조실록』 42권, 세조 13년 4월 8일.

제작되었다. 『악학궤범』에 실려 있는 이 곡은 우리 아악의 대작이며, 조선음악사에 있어서 큰 수확으로 평가되고 있다. 그리고 제작 연대가 같은 시기로 보이는 연화대무는 신라의 처용무에서 영향 받은 것을 불교 가무극으로 발전시켜 훌륭한 예술성을 지니게 하였다.[87]

이런 세조의 숭신은 불교의 사회적 인식을 높이는 데 도움이 되었다. 도승과 승과 실시에 대해 법으로 정하였고, 이를 『경국대전』에 기록하여 후대 어김이 없도록 하였다.[88] 지금까지 가혹하였던 승정을 완화시켜 승려의 권익을 보장하였다. 승려에게 범죄의 혐의가 있으면 반드시 먼저 국왕에게 건의하고, 허가가 있은 뒤에 심문하도록 하여 출가자의 인권을 보호하였다.[89]

이런 조치로 지금까지 박해를 당하던 승려들의 도성출입이 자유롭게 되고 출가도 제한을 받지 않게 되었다. 폐지되었던 불교행사와 새로운 불교문화가 창출되어 조선 초 불교가 발전할 수 있는 토대가 되었다.

2) 성종의 억불정책

성종은 어린 나이에 왕위에 올라 대왕대비 정희왕후와 어머니 인수대비의 수렴청정을 받았다. 두 대비는 개인적인 신앙심으로 즉위 초기 불교배척을 막아보려 하였지만 다음과 같은 배불정책은 어쩔 수 없이 진행되었다.

왕실신앙이 제한되었다. 조선 초기에 세워져 왕실신앙의 중심이었

87 이능화, 『조선불교통사』 상, pp.410~411.; 641~650.
88 『세조실록』 23권, 세조 7년 3월 9일.
89 『세조실록』 30권, 세조 9년 5월 23일.

던 내불당을 성종 원년(1470) 2월 궁 밖으로 옮기게 하였다.[90] 2년 6월에는 성안에 있던 염불소를 엄금하였다.[91]

이후에도 지속적으로 불교신행을 제한하는 정책들이 실시되었다. 성종 4년(1473) 7월 부녀자들이 절에 가는 것과 사대부의 여자들이 출가하는 것을 금지하였다.[92] 6년(1475) 5월 성안의 비구니가 거주하는 사찰이 철거되었다.[93] 이런 조치들은 세조의 흥불 정책에 힘입어 그동안 크게 신장된 여성들의 신앙 활동을 위축시키려는 정책이었다.

성종 초기 배불정책 가운데 눈에 띄는 것은 간경도감의 폐지였다. 간경도감은 세조가 세상을 떠나자 이내 혁파론이 대두될 정도로 유생과 관리들에게 있어 불교진흥의 상징이었다.[94]

대신과 유생들의 집요한 상소로 대왕대비 윤씨는 간경도감이 세조에 의해 설치된 것임을 상기시키고 아직 미완의 사업이 있으므로 일이 끝나면 파하겠다고 약속하였다.[95] 그러나 대신과 유생들은 계속되는 왕실의 불사로 대비의 말을 믿을 수 없고 그 경비의 소모를 내세워 결국 성종 2년 12월 혁파되었다.[96] 이런 조치는 유교적 통치이념의 재확인은 물론 이후 강력한 배불정책이 실시되는 서막이 되었다.

성종은 20세가 되면서 친히 국정을 다스렸다. 초기 배불정책을

---

90 『성종실록』 3권, 성종 1년 2월 11일.

91 『성종실록』 10권, 성종 2년 6월 8일.

92 『성종실록』 32권, 성종 4년 7월 21일.

93 『성종실록』 55권, 성종 6년 5월 26일.

94 『성종실록』 3권, 성종 1년 2월 14일.

95 『성종실록』 3권, 성종 1년 2월 14일.

96 『성종실록』 13권, 성종 2년 12월 5일.

172

저지하던 두 대비의 영향력도 사라졌다. 성종 8년(1477) 3월 승려 도천이 원자를 위한다는 명분으로 청량리 입구에 있는 경엄사 옛터에 중창을 계획하였다. 그 권선문에 월산대군을 비롯하여 한명회, 노사신, 서거정 등 많은 조정대신들이 서명하였다.[97] 이에 대해 유생들이 강하게 반발하자 성종은 새롭게 창건하는 것은 물론 옛터에 다시 사찰을 세우는 중창마저 금지하였다.[98]

전통적으로 행해오던 국행불사도 금지하였다. 성종 8년 12월 태조 이래 사찰에서 설행되어 온 왕의 탄생축수재를 금지시켰다.[99] 성종 9년 4월에는 연등행사가 비용이 낭비되며 남녀가 서로 어울려 잡스럽게 된다는 이유로 도성 내 사월초파일 연등을 금지시켰다.[100]

유교적 이념 위에 국가를 통치하려던 성종은 불교배척에 강한 의지가 있었다. 친히 국정을 다스린 이후 인수대비가 불교가 탄압 받는 것이 안타까워 불상을 조성하여 정업원에 안치하였다. 성균관 유생들이 정업원에 몰려가 불상을 태워버렸다. 분노한 인수대비가 유생들의 처벌을 청하였지만 허락하지 않을 정도였다.[101]

3) 『경국대전』 완성과 배불조항
세조 때 시작하여 성종 때 완성된, 조선의 기본 법전인 『경국대전』은

97 『성종실록』 78권, 성종 8년 3월 25일.
98 『성종실록』 78권, 성종 8년 3월 19일.
99 『성종실록』 87권, 성종 8년 12월 4일.
100 『성종실록』 91권, 성종 9년 4월 5일.
101 『성종실록』 228권, 성종 20년 5월 11일.

불교에 불리한 조항이 많다. 먼저 '도승 조'를 보면 승려가 된 사람은 3개월 안에 선종 혹은 교종에 신고하여 불교전적을 외우는 시험을 보았다. 그리고 예조를 통해 왕에게 보고하고 정포 20필의 정전을 내고 도첩을 발급받았다. 그러나 사노비들은 주인이 원하는 바에 따른다고 되었다. 자신의 노비가 출가하여 노동력이 상실되는 것을 좋아하는 주인은 거의 없었다. 결국 출가의 길을 원천적으로 막아놓은 조항이었다.

신고하지 않고 임의로 출가해서 3개월을 넘긴 자는 족친이나 인근 사람이 관에 신고하여 환속시키고 신분에 따라 해당되는 역을 부과하였다. 이를 알고도 신고하지 않는 자가 있으면 죄를 주었고, 도첩을 빌린 자나 빌려준 자도 논죄하였다.

승과에 대해서는 선교 양종은 매 3년마다 선시를 보는 것으로 하였다. 선종은 『전등』, 『염송』을, 교종은 『화엄경』, 『십지론』으로 시험을 보며 각각 30인을 뽑았다. 철저하게 인원을 제한하여 불교확대를 허용하지 않았다.

사찰 주지의 임면은 후보자를 천거하여 예조에 보고하면 이를 이조에 공문을 보내어 최종 결정하였다. 기간은 30개월이 되면 교체하였다. 만일 죄를 범한 바가 있으면 양종이 예조에 보고하여 사실을 밝혀내어 죄를 다스렸다. 범간한 자는 그를 추천한 승려도 아울러 죄를 주었다. 그리고 주지가 교체될 때에는 사무를 인수인계하여야 하며 파손되거나 잃어버린 물건이 있으면 징수하였다.

두 번째, 새롭게 사찰을 창건하는 일은 어려워졌다. 오직 옛 터에 중수하는 것만 허락하였다. 선교 양종에 신고하면 이를 예조에 보고하고 이어 왕에게도 알렸다.

세 번째, 출가하려면 예조에 출가자의 나이, 생년월일, 본관과 아버지의 관직과 이름을 적을 뿐만 아니라 외조부의 성함과 관직 그리고 본관 등을 예조첩에 적었다. 예조에서 이를 왕에게 올리면 곧이어 선종과 교종에서 출가의 허락을 올렸다. 이에 의거하여 승지가 윤허한다는 왕명을 받들어 이를 해당 관사에 보내고 정전 받는 것을 마치면 도첩을 발급하였다. 그런 절차에서 예조의 판서, 참판, 참의, 정랑, 그리고 좌랑의 서명을 받아야 했으므로 그 절차가 매우 복잡하였다.[102]

네 번째, '병전 복호 조'에는 무릇 사찰은 공부 이외에는 역을 면제한다고 하였다. 그렇지만 이 역시 면세였던 지난날에 비하면 무거워진 내용이었다.[103]

다섯 번째, '형전 수금 조'를 보면 대개 일반인처럼 승려들도 왕에게 보고하고 옥에 가두었다. 승려 가운데 죽을죄를 범한 자는 먼저 옥에 가둔 뒤에 아뢰었다. 사람을 취조할 때 옥에 가두지 않은 자는 공문서로서 추문하였으나 7품 이하의 관원과 승려는 직접 추문하여 차별하였다. 승려는 자기 일로 소송하는 것과, 독자인 승려가 부모의 일로 소송하는 것 외에는 심리하는 것을 들어주지 않았다.

여섯 번째, '형전 금제 조'에서 유생과 부녀로서 절에 올라가는 자는 모두 장 일백에 처하며, 승려로서 도성 안에서 말을 타는 자는 장 육십에 처하였다. 사노비와 전지를 사찰이나 남녀 무당에게 시주로 바친 자는 논죄 후에 그 노비와 전지를 국가에 속공시켰다. 그리고

---

102 『경국대전』 예전.
103 『경국대전』 병전.

승니가 도성 안 여염집에 유숙하는 것도 죄를 물었다. 다만 탁발을 하거나 부모 동생을 만나거나 재물을 운반하는 것에 한해 금하지 않았다.

'형전 공천 조'에서 만약 역을 피하여 승니가 된 자는 장 일백을 때려 가장 멀리 떨어진 천한 고을의 관노비로 영속시켰다. 그리고 그런 사정을 알고 있는 스승 승니는 율로써 논죄하고 환속시켜 부역을 시켰다.[104]

이와 같은 『경국대전』의 편찬과 시행으로 불교탄압이 법적으로 가능해졌고 개정되지 않는 한 지속적으로 행해질 수 있었다. 법령이 개편될 때에도 탄압의 조항들은 지속되었다. 그러나 그런 탄압이 성문화되었다고 해서 불교신앙의 생명력을 막을 수는 없었다. 위의 조항 가운데 유생과 부녀자로서 절에 올라가는 것을 막았던 법령은 조선조에서 빈번하게 내려졌지만 대중들의 신행은 계속되었다. 그리고 사찰을 새로 창건하지 못하게 하였지만 이 역시 완벽하게 지켜질 수 없었다. 그것은 민중들의 가슴속에 있는 신앙적 욕구를 법으로 규제할 수 없었기 때문이다.

4) 연산군의 불교탄압

연산군 즉위 초 불교에 대한 별다른 제재는 없었다. 그렇지만 시간이 지나며 다음과 같은 배불정책이 실행되었다.

첫 번째, 사원전의 몰수와 출가의 금지이다. 연산군 5년(1499) 12월

---

104 『경국대전』 형전.

모든 사찰에 소속되어 있는 토지를 빠짐없이 기록하여 보고하도록 하였다.[105] 신료들은 사찰의 토지를 몰수하여 학전에 이속시키자고 주장하였다. 연산군 9년(1503) 5월 사찰 토지가 비록 선대의 왕후를 위하여 설치한 것이라고 할지라도 또한 몰수하여야 한다고 명을 내렸다. 그 결과 태조 이래 왕실신앙과 국행불사를 위해 두었던 모든 사찰의 토지가 몰수되었다.[106] 이런 조치는 불교교단의 경제적 기반을 박탈한 것으로 심한 타격을 받을 수밖에 없었다.

교단에 많은 타격을 준 또 다른 정책은 출가의 금지였다. 연산군 즉위 초 비구니에 대해서 별도로 금지하는 법령이 없어 마음대로 삭발하는 일이 빈번하였다. 그러자 20세 이하의 비구니에 대해서 강제로 환속시켰다. 그리고 이를 고발하는 자가 있으면 상을 주었다.[107]

군사적인 이유로 비구승에 대한 환속도 실시되었다. 지방의 군사가 정해진 숫자에 차지 않고 날로 쇠잔해지자 허가 없이 도첩을 가진 자에 대해 8도 감사가 거두어들여 군보에 충당하였다.[108]

이런 조치들을 진행하다가 연산군 10년(1504) 정월 병중에 있는 인수대비를 위해 사찰의 토지를 몰수하지 말고 또 해마다 10명의 승려를 출가시킬 것을 허락하였다.[109] 그러나 이것은 정책의 변화가 아닌, 정현왕후가 부탁한 것을 왕이 마지못해 따랐던 일일 뿐이었다.

---

105 『연산군일기』 35권, 연산 5년 12월 10일.
106 『연산군일기』 49권, 연산 9년 5월 9일.
107 『연산군일기』 12권, 연산 2년 1월 11일.
108 『연산군일기』 47권, 연산 8년 11월 12일.
109 『연산군일기』 52권, 연산 10년 1월 6일.

그 해 4월 인수대비가 세상을 떠나자 이내 철회되었다.[110]

　연산군 12년(1506) 3월 모든 승려를 조사하여 환속할 자는 표내標內 밭을 경작하고 살면서 사냥할 때 부리도록 하였다. 표내에 있는 내수사의 노비로도 소속시켰다. 만약 도망하는 자가 있으면 그 죄를 지방 수령에게 물었다. 정업원의 비구니와 지방의 승려 역시 이런 조치를 받았다.[111]

　두 번째, 양종도회소를 혁파하고 승과를 실시하지 않았다. 즉위 초 연산군은 양종을 혁파하자는 주장을 일축할 정도로 철저한 배불군주는 아니었다.[112] 그러나 갑자사화 이후 태도가 바뀌었다. 연산군 10년(1504) 7월 궁궐 담장을 기준으로 백 척 안에는 집을 짓지 못하도록 하였다. 성균관이 창덕궁 담장 가까이 있어 국가의 체모를 손상시킨다는 이유를 들어 철거를 명하였다. 이를 위해 먼저 원각사를 철폐한 후 그곳에 공자의 신위를 옮긴 후 성균관을 철거하였다.[113]

　성균관을 철거한다면 흥덕사도 철거되어야 한다는 의견이 있어 연산군 10년 7월 불구佛具들을 원각사로 옮겼다.[114] 흥덕사에 있던 교종도회소 역시 원각사로 옮겨졌다. 12월 원각사에 있던 승려들을 모두 축출하고 이듬해 2월 기녀들을 교육하는 장락원을 두었다.[115] 11년 5월 선종도회소 흥천사마저 궁중의 말을 기르는 곳으로 바뀌면서

110 『연산군일기』 53권, 연산 10년 윤4월 8일
111 『연산군일기』 61권, 연산 12년 3월 23일.
112 『연산군일기』 14권, 연산 2년 4월 23일.
113 『연산군일기』 54권, 연산 10년 7월 10일.
114 『연산군일기』 54권, 연산 10년 7월 15일.
115 『연산군일기』 57권, 연산 11년 2월 21일.

양종도회소가 혁파되었다.[116] 이로써 불교교단의 외형적 존립 근거가
완전히 상실되었다.

이런 상황 속에 승과 역시 제대로 유지되기 어려웠다. 조선조에
지속되었던 승과는 배불정책 아래에서 그나마 유능한 인재를 선발하고
양종을 유지할 수 있는 제도였다. 더 나아가 승려의 사회적 지위를
인정하고 보장하는 국가제도의 의미를 가지고 있었다.

그러나 관리와 지방의 유생들은 이런 승과에 대한 불만을 가지고
있었다. 그들은 종파의 통합과 사원전의 국가 귀속 등 이단을 물리치는
모든 조치를 취하면서 왜 유독 관리 선발의 규범을 따른 승과제도는
혁파하지 못하느냐고 상소하였다.[117] 이런 주장이 고조되어 연산군
때 3년마다 실시되어야 하는 자子, 묘卯, 오午, 유酉년의 승과가 실시되
지 않았다.

5) 중종의 강력한 배불정책

연산군 12년(1506) 9월 반정으로 중종이 왕위에 올랐다. 많은 공신들이
책봉되면서 신료들의 권한이 커졌다. 이런 분위기는 국정의 전반적인
흐름을 유교적 이념으로 재무장하는 결과를 가져왔다. 그에 따라
배불정책도 강력해져 최악으로 전개되었다.

중종 때 가장 먼저 행해진 배불정책은 전통적으로 왕실에서 행하던
불교신앙의 혁파였다. 왕실은 불교를 배척하면서도 기신재는 관행처
럼 사찰에서 실시하였다. 중종이 즉위하자 이를 폐지하자는 주장이

---

116 『연산군일기』 58권, 연산 11년 5월 29일.
117 『연산군일기』 48권, 연산 9년 1월 7일.; 49권, 연산 9년 4월 28일.

제기되었다. 처음에는 거부하였으나 10여 년의 논의 끝에 결국 중종 11년(1516) 6월 폐지되어 왕실의 불교신앙 전통이 단절되었다.[118]

두 번째, 사원경제의 혁파였다. 이제까지 사찰의 토지와 노비를 몰수할 때 왕실과 긴밀한 관계에 있던 사찰은 제외되었다. 그러나 중종 때 양종의 노비와 전지를 몰수하여 내수사에 속하게 하였다.[119] 그 후에도 사찰의 전답을 몰수하여 그 지역 향교에 속하게 하였다.[120] 왕실과 관련이 있음을 상징하는 왕패가 있는 사찰 가운데 능침이 있는 곳을 제외한 모든 사찰의 노비들은 관청에 소속시켰다.[121]

세 번째, 승과가 폐지되었다. 조선조 승과는 미약하게 계승되다가 연산군 때에 미루어졌다. 그리고 중종 2년(1507) 정묘에 실행되어야 할 승과가 실시되지 않았다. 승과의 폐지는 인재의 등용 면에서도 타격이지만 조선조에서 승려가 속한 종파의 구별을 어렵게 하였다. 조선조 승과는 선교양종으로 응시하는 것을 근거로 승려들의 소속 종파를 구별하였다. 그러나 승과가 폐지됨으로서 선종과 교종의 구별이 불분명하게 된 것이다.[122] 선종도회소인 홍천사와 교종도회소인 홍덕사가 폐사되고 선교 양종이 청계사에서 명맥만을 유지하고 있던 차에 승과마저 폐지되어 종파의 구별이 없는 상황으로 전락한 것이다.

중종 11년(1516) 12월 『경국대전』의 '도승 조'가 삭제되었다.[123] '도승

---

118 『중종실록』 25권, 중종 11년 6월 2일.
119 『중종실록』 2권, 중종 2년 4월 7일.
120 『중종실록』 10권, 중종 5년 3월 17일.
121 『중종실록』 26권, 중종 11년 11월 9일.
122 『중종실록』 15권, 중종 7년 5월 9일.
123 『중종실록』 27권, 중종 11년 12월 16일.

조'는 세조 때 조선의 통치를 법제화하면서 국가적으로 출가를 인정하는 상징이었다. 이런 조항이 삭제되었다는 것은 법적으로 승려가 되는 길마저 없어진 것을 의미한다.

마지막으로 중종 때의 불교탄압은 조선조 실시되었던 배불정책의 완결이었다. 재정적 수탈을 넘어 총체적 탄압을 받았다. 전국 사찰의 중창을 엄금하였고 『동국여지승람』 소재 이외의 사찰은 모두 혁파되었다.[124] 도성 내에 존재하던 원각사의 재목을 공관을 수선하는 데 사용하였다.[125] 군역을 피해 출가한 승려들을 대대적으로 추쇄하여 군적에 보충하는 조치들이 이어졌다.[126] 그리고 흥천사 종은 남대문에 원각사 종은 동대문에 걸어두고 시간을 알리는 데 활용하였다. 그러나 이를 지키는 군사들이 어려움을 호소하자 철거 후 군자감과 훈련원에 방치하였다.[127]

6) 흥불과 배불 속에서 활동한 고승

조선조 잠시 흥불시대인 세조 때 활동했던 고승으로 신미信眉를 들 수 있다. 그는 세종 때부터 활약하여 높은 법력을 보였다. 세종 29년 (1447) 6월 수양대군과 안평대군이 높은 자리에 모시고 공양하였다.[128] 그런 모습에 신료들은 격렬하게 비판하였다.[129] 그럼에도 불구하고

124 『중종실록』 20권, 중종 9년 3월 3일.
125 『중종실록』 20권, 중종 9년 8월 6일.
126 『중종실록』 47권, 중종 18년 4월 23일.
127 『중종실록』 95권, 중종 36년 6월 1일.
128 『세종실록』 116권, 세종 29년 6월 6일.
129 『세종실록』 121권, 세종 30년 7월 26일.

세종은 32년(1450) 정월 병이 나자 침전으로 들여 법문을 들었을 정도로 말년의 불교신앙을 그에게 의존하였다.[130]

문종은 그에게 혜각존자慧覺尊者라는 시호를 주었다.[131] 그러나 신료들의 반대로 결국 혜각종사惠覺宗師로 바뀌어졌다.[132]

세조는 신미를 존경하여 많은 재물을 보시하였다.[133] 세조의 신앙을 위해 신미는 오대산 상원사 중창에 힘을 기울일 정도로 사이가 돈독하였다.[134] 그런 분위기에서 신미는 학조學祖에게 유점사 증축을 맡겼고, 학열學悅에게 낙산사를 중창하도록 하여 사원재건과 불교중흥에 기여하였다.[135]

세종과 세조 대에 걸쳐 활동한 고승으로 수미守眉를 들 수 있다. 13세에 월출산 도갑사에서 출가한 수미는 법주사에서 동갑인 신미를 만나 교류하였다. 둘의 법력이 높아 당시 문인들은 이감로문二甘露門이라 하였다. 세조를 도와 교종판사로 활동하다가 도갑사로 돌아가

---

[130] 『세종실록』 127권, 세종 32년 1월 26일.

[131] 『문종실록』 2권, 문종 즉위년 7월 6일.
　선교종도총섭밀전정법비지쌍운우국리세원융무애혜각존자禪敎宗都摠攝密傳正法悲智雙運祐國利世圓融無礙慧覺尊者이다.

[132] 『문종실록』 3권, 문종 즉위년 8월 7일.
　대조계선교종도총섭밀전정법승양조도체용일여비지쌍운도생리물원융무애혜각종사大曹溪禪敎宗都摠攝密傳正法承揚祖道體用一如悲智雙運度生利物圓融無礙惠覺宗師이다. 앞서 받았던 시호와 차이점은 祐國利世가 度生利物로, 그리고 尊者가 宗師로 격이 낮아진 것이다.

[133] 『세조실록』 34권, 세조 10년 12월 22일.

[134] 『세조실록』 35권, 세조 11년 2월 20일.

[135] 『세조실록』 45권, 세조 14년 1월 23일.

63세에 입적하였다.[136] 세조는 대군시절부터 수미의 수행과 법력을
알고 있었다. 그가 교종판사에서 물러나 도갑사를 중창하려 하자
전라도 관찰사에게 도와줄 것을 명할 정도였다.[137]

학조學祖는 세조 때 유점사 중창을 비롯하여 예종 때 봉선사 그리고
성종 때 해인사를 중창하는 등 왕실과 긴밀하게 연계되어 많은 불사를
하였다.[138] 성종은 그가 직지사에 머물 때 병이 나자 어의를 보냈을
정도였다. 그런 활동으로 인해 많은 사관으로부터 비판을 받았다.[139]
그리고 법회 주관을 이유로 탄핵을 받는 등 활동에 제한을 받았다.[140]

학열學悅 역시 신미, 수미, 학조와 함께 하였다.[141] 법력에 있어
신미와 버금갈 정도로 평가받았다.[142] 그는 금강산 유점사에 머물며
강원도 내 사찰 불사에 참여하며 교세를 확장하는 데 노력하였다.[143]
그곳에 있으면서 금강산을 찾는 사신을 비롯하여 신료들과 교류가
많았다.[144] 왕실의 비호를 받은 관계로 학열 역시 사관의 비판을 피할
수 없었다.[145]

---

136 성총, 「도갑사묘각화상비」『조선금석총람』권하, pp.856~857.
137 『세조실록』33권, 세조 10년 4월 13일.
138 『예종실록』7권, 예종 1년 9월 8일.;『성종실록』229권, 성종 20년 6월 29일.
139 『성종실록』161권, 성종 14년 12월 29일.
140 『연산군일기』14권, 연산 2년 4월 23일.
141 『예종실록』1권, 예종 즉위년 9월 21일.
142 『단종실록』1권, 단종 즉위년 6월 23일.
143 『세조실록』45권, 세조 14년 1월 23일.
144 『세조실록』46권, 세조 14년 4월 10일.
145 『성종실록』29권, 성종 4년 4월 19일.

이 무렵 승려였다가 환속한 김시습의 법명은 설잠雪岑이었다. 세종
17년(1435)에 태어나 21세 때 출가하여 양주 수락사와 경주 금오산
용장사 등에 머물렀다. 그가 남긴 저서『법화경별찬』,『화엄석제』,
『대화엄법계도주』,『십현담요해』, 그리고『조동오위요해』등으로
볼 때 선교에 능통했음을 알 수 있다. 성종 24년(1493) 홍산현 무량사에
서 59세로 생애를 마쳤다.[146]

3. 불교교단의 중흥과 의승군 활동

1) 문정왕후의 불교중흥

불심이 깊었던 문정왕후는 중종 12년(1517) 왕비가 된 것과 자신이
아들을 얻은 것 모두 불교의 가피로 여겼다. 중전으로서 중종의 배불정
책을 지켜보며 기회가 되면 불교를 중흥하겠다고 서원하였다.

　1545년 인종이 죽고 자신의 아들이 왕위에 올랐다. 문정왕후는
수렴청정을 하면서 불교중흥의 대임을 맡길 수 있는 고승을 물색하였
다. 명종 3년(1548) 12월 설악산 백담사에 있던 허응당 보우를 등용하여
봉은사 주지에 임명하였다. 신료들의 반대가 심했다.[147] 심지어 죽여야
한다는 상소까지 있었다.[148]

　명종 5년(1550) 12월 문정왕후와 보우는 선교 양종을 다시 일으켰
다.[149] 그런 불교정책에 신료와 유생들은 '도적 같은 승려를 숭신하고

---

146 「梅月堂先生傳」,『매월당집』.
147 『명종실록』 9권, 명종 4년 9월 20일.
148 『명종실록』 10권, 명종 5년 1월 5일.

184

판사로 삼아서 조정의 신료와 같은 벼슬을 주었으니 앞으로 국운이 어지럽게 될 것'이라고 상소하였다. 이런 주장에 왕후는 '오직 나라의 폐단을 구하고자 할 뿐이며, 양종을 다시 세우는 것은 임금과는 관계가 없고 모두가 자신의 행하는 일'이라고 주장하였다.[150]

명종 6년(1551) 6월 봉은사를 선종의 본사로 삼고 보우를 판선종사도 대선사 겸 봉은사 주지로 임명하였다. 또한 봉선사를 교종의 본사로 삼고 수진을 판교종사도대사 겸 봉선사 주지로 삼아 본격적으로 불교 중흥을 시도하였다.[151]

명종 7년(1552) 양종의 승과가 실시되었다. 각 도에서 예비자가 선발되었고 중앙에 모여 시험으로 우수자를 선발하였다. 첫해 선발된 인원은 선종에서 21명, 교종에서 12명이었다.[152]

양종과 승과제도의 부활은 인재의 등용과 교학 쇄신의 계기가 되었다. 승과를 통해 배출된 서산대사 휴정이 뒷날 선교양종판사를 역임하였다. 그의 제자 사명당 유정도 승과로 등용되어 국난타개의 공을 세웠다.

이와 같은 중흥책에 힘입어 교세가 확장되자 출가하려는 인재들이 늘어났다. 상대적으로 유생들의 반대는 거세졌다. 보우를 시기하여

---

149 『명종실록』 10권, 명종 5년 12월 15일.
  우의정 상진에게 내린 비망기에 보면 신료와 유생들의 반대를 무마하기 위해 선교 양종을 부활시키는 것은 함부로 승려가 되는 길을 막기 위해서 내린 조치라 하였다.
150 『명종실록』 10권, 명종 5년 12월 16일.
151 『명종실록』 11권, 명종 6년 6월 25일.
152 『명종실록』 13권, 명종 7년 4월 12일.

비판하는 유생들의 상소가 빗발쳤으며, 심지어 불교계에서도 그를 모함하는 일들이 일어났다.

그런 분위기가 계속되자 명종 10년(1555) 가을 보우는 양종 판사직을 휴정에게 맡기고 춘천 청평사로 들어갔다. 그러나 휴정이 명종 12년 겨울 그 직을 벗어놓고 산승의 생활로 들어가자 보우가 다시 봉은사 주지를 맡았다.

그 후 정릉靖陵을 이전하는 일에 책임을 맡자 극렬한 비판과 모략이 제기되었다. 그런 분위기에서 명종 20년(1565) 4월 회암사를 중건하고 낙성식을 겸하여 무차대회를 진행하는 도중 문정왕후의 건강이 악화되면서 중지할 수밖에 없었다.[153]

불교계를 걱정한 문정왕후는 한글로 유지를 내려 대신들에게 양종의 존립과 불교의 보호를 부탁하였다. 그러나 받아들여지지 않았을 뿐만 아니라 왕후가 서거하자 중흥책은 멈추게 되었다.[154]

문정왕후의 눈치를 보던 대신들은 양종과 함께 승과를 폐지하고 보우를 몰아내라는 상소를 올렸다. 그들의 상소가 계속되자 명종은 보우의 승직을 박탈하고 이어 양반들의 사찰 참배를 금지하였다.[155]

그 후에도 보우를 처단하라는 상소가 빈번하자 제주도로 유배시켰다. 명종 21년(1566) 보우는 제주목사 변협에게 장살되어 생을 마감하였다. 그 후 선교양종이 혁파되면서 불교계는 다시 위축될 수밖에 없었다.[156]

---

153 『명종실록』 31권, 명종 20년 4월 5일.

154 『명종실록』 31권, 명종 20년 4월 6일.

155 『명종실록』 31권, 명종 20년 5월 30일.

2) 임진왜란과 팔도도총섭 서산 휴정

서산 휴정은 평안도 안주에서 출생하였다. 9세에 어머니가 죽고 이듬해 아버지마저 타계하자 그의 재주를 아낀 안주목사 이사증이 서울로 올 때 데리고 왔다. 성균관에 입학해 3년여를 수학한 다음 과거에 응시하였으나 낙방하였다. 상심한 마음을 달래려 친구들과 지리산을 찾아 사찰들을 참배하고 불교교리를 탐구하던 중 마음에 닿는 바가 있어 출가를 결심하였다. 15세가 되던 해 지리산에서 숭인崇仁 장로를 만나 그의 소개로 부용 영관芙蓉靈觀 밑에서 3년을 보낸 뒤 중종 32년(1537) 18세에 축발祝髮하였다.

명종 7년(1552) 문정왕후와 보우의 노력으로 승과가 부활되자 등과하였다. 법계가 중덕, 대덕, 교종판사도대사가 되었다가 마지막으로 선종판사도대사가 되었다. 그는 보우가 여러 가지 모함 속에서 잠시 춘천 청평사로 들어갔을 때 선교 양종의 판사직을 수행할 만큼 선교에 두루 통하였다.

조선 중기 불교 사상계를 대표하는 선사답게『선가귀감禪家龜鑑』이나『선교결禪敎訣』, 그리고『심법요초心法要抄』등의 저술을 남겼다. 선교회통을 지향하면서도 수행에 있어서 계, 정, 혜 삼학의 중요성을 강조하였다. 삼학은 구분해서 수행하는 것이 아니라 함께 닦아야 하는 것이며 만법의 근원으로 생각하였다.

휴정은 승직을 맡는 것이 승려의 본분이 아님을 깨닫고 모든 직을 버리고 금강산에 들어가 수행하였다. 이후 지리산과 태백산, 오대산,

---

156『명종실록』32권, 명종 21년 4월 20일.

금강산을 거쳐 묘향산에 들어가 수행에 전념하였다.

선조 25년(1592) 임진왜란이 발발하자 선조는 승통僧統을 설치하고 묘향산에 있는 휴정休靜을 불러 의승군을 모집하도록 하였다. 휴정은 전국 사찰에 호소하여 수천여 명을 모았다. 제자 의엄義嚴을 총섭으로 삼아 의승군을 통솔하도록 하였다. 관동의 유정과 호남의 처영에게 참여하도록 격문을 보냈다.[157] 조정 역시 의승군 모집에 박차를 가하기 위해 묘향산에 있는 상주尙珠와 쌍인雙印을 선종과 교종의 판사로 임명하여 승군을 거느리게 하였다.[158]

휴정은 명나라 원병과 함께 평양성을 탈환하는 데 앞장섰다.[159] 선조가 다시 한양으로 환도하자 늙고 병들었음을 이유로 총섭의 일을 유정과 처영에게 부탁하고 묘향산으로 돌아갔다. 선조는 국일도대선사선교도총섭부종수교보제등계존자國一都大禪師禪敎都摠攝扶宗樹敎普濟登階尊者라는 법호를 내렸다. 선조 37년(1604) 85세로 묘향산 원적암에서 입적하였다.[160]

그의 휘하에는 많은 제자들이 운집하였고, 그들은 조선 중기 어렵던 불교계에 새로운 장을 열었다. 유정, 언기, 태능, 일선이 휴정 문하의 4대파를 이루었다.[161] 정조 때 그 공을 기리기 위해 표충사를 세웠고,[162] 묘향산 휴정의 사당을 수충사酬忠祠로 헌액獻額하고 제위전祭位田을

---

157 『선조수정실록』 26권, 선조 25년 7월 1일.

158 『선조실록』 40권, 선조 26년 7월 20일.

159 『동사열전』(『한국불교전서』 권10, p.1016 중).

160 『동사열전』(『한국불교전서』 권10, p.1016 중).

161 『동사열전』(『한국불교전서』 권10, p.1015 상~하).

162 『정조실록』 26권, 정조 12년 7월 5일.

하사하였다.[163]

3) 의승도대장 사명당 유정

사명당 유정은 중종 39년(1544) 10월 아버지 풍천 임씨 수성과 어머니 달성 서씨 사이에서 출생하였다. 7세 때 조부로부터 역사를 배우는 것을 시작으로 13세 때 황악산에서 여생을 보내고 있던 황여헌黃汝獻에게 『맹자』를 배우며 유학의 도를 이해하였다. 그러나 이에 만족하지 못하고 세연에 매여 있는 속학보다 불법을 공부하려는 마음을 내어 직지사 신묵信默 화상에게 출가하였다. 이곳에서 경전을 보기 시작한 유정은 교리 이해에 막힘이 없었다. 18세가 되던 명종 16년(1561) 부활된 승과에 응시하여 급제하였다.

32세에 선종 수사찰 봉은사 주지로 천거되었으나 이를 사양하고 묘향산으로 가서 휴정에게 불법을 배웠다. 지금까지 자신이 수행한 것은 유희에 지나지 않음을 깨닫고 3년 동안 수행정진 하여 마침내 정법을 얻었다.

휴정과 헤어진 사명은 보덕사에서 3년을 지내고 38세에 팔공산, 청량산, 태백산 등지에서 5년을 수행한 끝에 43세 봄 옥천산 상동암에서 무상의 법리를 깨달았다. 이후 오대산에서 주석하던 중 정여립 사건에 연루되어 강릉부에 구속되었으나 그곳 유생들이 억울함을 진정하여 풀려나오는 일도 겪었다.

47세 때 금강산에 들어가 수행하던 중 1592년 임진왜란이 일어나자

---

163 『정조실록』 39권, 정조 18년 3월 16일.

의승군으로 참여하였다. 사명당 유정은 전국 승려의 총궐기를 호소하는 도총섭 휴정의 격문을 접하고 의승군 800여 명을 모았다. 관동지역에 침입한 적을 무찌르고 순안 법흥사로 가서 휴정이 이끄는 의승군과 합세한 후 의승도대장이 되어 활약하였다. 명나라 군사와 합세하여 평양성 탈환에 큰 공을 세웠다.[164]

선조는 선교양종판사를 제수하여 의승군을 통솔하도록 하였고,[165] 당상관의 직을 제수하였다.[166] 선조가 한양으로 환도할 때 정예 의승군 700명을 뽑아 왕을 호위하는 임무를 맡았다. 적진에 들어가 회담하며 적의 동태를 파악하였으며,[167] 2차 담판을 마치고 돌아와 선조에게 그 전말과 적정을 알리는 토적보민사疏討賊保民事疏를 올렸다. 상소문에 백성을 보호하고 적을 토벌할 수 있는 방안에 대해 제시하였다.[168] 조정은 그 공로를 인정하여 첨지僉知를 제수하였다.[169]

선조 28년(1595) 사명은 선조에게 국가의 재난을 방지하기 위한 상소를 올렸다. 먼저, 한 사람의 중신을 두어 군대를 조련하는 강력한 권한을 위임하여 신속하고 효율적인 병력강화를 도모할 것, 둘째, 출신이나 배경에 관계없이 능력 있는 자를 널리 구하여 등용할 것, 셋째, 국가의 정령을 수시로 바꾸지 않아 신뢰가 생기도록 할 것,

164 「유명조선국자통홍제존자사명송운대사석장비명」,『사명당대사집』(『한국불교전서』 권10, pp.75 중~76 중).

165 『선조실록』 36권, 선조 26년 3월 27일.

166 『선조실록』 37권, 선조 26년 4월 12일.

167 『선조수정실록』 28권, 선조 27년 4월 1일.

168 『송운대사분충서난록』(『한국불교전서』 권8, pp.90 하~92 상).

169 『선조실록』 57권, 선조 27년 11월 1일.

넷째, 농사에 긴요한 소의 도살을 함부로 하지 않도록 할 것, 다섯째, 산성수비의 내실을 기하기 위해 둔전법을 시행하고 산성수비 책임자는 엄선하여 맡길 것, 마지막으로, 승려들에 대한 침해가 심하여 삶이 고달프므로 국가적인 배려를 해줄 것 등을 요구하였다.[170]

전투에서 혁혁한 전과를 올린 유정은 심리전과 후방의 방어에도 역할이 뛰어났다. 수차에 걸쳐 적진을 드나들며 정세를 탐지하고 화평회담을 성공시켰다. 후방에서 산성 쌓는 것과 군량 조달에도 많은 활약을 하였다.[171] 전란 후 산사로 물러가 있다가 선조 37년(1604) 8월 왕의 특명으로 일본에 건너가 8개월 동안 머물며 강화조약을 체결하였다. 그리고 다음해 4월 포로로 잡혀 있던 우리 동포 남녀 3천여 명을 데리고 귀국하였다.[172] 치악산과 가야산 등지에서 수행하다가 광해군 2년(1610) 8월 입적하였다.[173] 영조 때 밀양 표충사에 헌액하고 조세와 부역을 면제하였다.[174]

4) 임진왜란 때 활약한 의승군

선조 25년(1592) 4월 임진왜란이 일어나자 전국의 승려들이 일어나 국난을 타개하는 데 앞장섰다. 의승군 가운데 처음 승전보를 울린 것은 기허당騎虛堂 영규靈圭였다. 그는 임진왜란이 일어난 무렵 공주

---

170 『송운대사분충서난록』(『한국불교전서』 권8, pp.97 상~98 중).

171 『선조실록』 48권, 선조 27년 2월 27일.

172 『선조실록』 175권, 선조 37년 6월 22일.

173 『동사열전』(『한국불교전서』 권10, p.1017 하).

174 「송운영당결복승전」, 『송운대사분충서난록』(『한국불교전서』 권8, pp.104 하~105 상).

갑사의 청련암에서 수행하고 있었다. 목사 허욱許項의 청으로 승장을 맡자 따르는 무리가 3백 명이 넘었다.[175] 점점 늘어나 8백 명에 이르렀고 조헌의 군사와 힘을 합쳐 청주성에 주둔한 왜적을 물리쳤다.[176]

금산으로 옮겨 왜적과 싸웠으나 중과부적으로 영규를 비롯한 의승군 8백 명이 모두 전사하였다. 조헌을 비롯한 7백 명의 의병도 전사하였다. 이런 의승군과 의병의 활약으로 왜적도 성을 버리고 물러갔다.[177] 선조는 공을 인정하여 영규를 당상의 직에 제수하였다.[178] 추후 지중추부사知中樞府事에 추증되었다.[179]

처영處英은 자세한 전기가 전해지지 않아 행장을 알 수 없다. 선조가 휴정에게 도총섭을 제수하고 의승군을 모집할 때 호남에서 수천 명의 군사를 일으켰다.[180] 영남과 인접한 전략적 요충지인 남원산성南原山城 축성에 참여하였다. 중요함이 전주에 버금갔지만 지형이 험난하여 어려움이 많았다. 의승군에게 도첩을 주며 독려하였다.[181]

선조 26년(1593) 1월 권율을 도와 행주산성 싸움에 참여하였다. 유정이 도총섭을 맡아 활약할 때 좌도총섭을 맡아 전국의 사찰을 순회하며 의승군을 모집하고 군량을 조달하였다.[182] 그런 공로로 18세

---

175 『선조수정실록』 26권, 선조 25년 8월 1일.
176 『선조실록』 29권, 선조 25년 8월 26일.
177 『선조수정실록』 26권, 선조 25년 8월 1일.
178 『선조실록』 30권, 선조 25년 9월 12일.
179 『선조수정실록』 26권, 선조 25년 8월 1일.
180 『선조수정실록』 26권, 선조 25년 7월 1일.
181 『선조실록』 53권, 선조 27년 7월 19일.
182 『상계초본』 선조 27년 갑오 1월.

기에 휴정, 유정과 함께 밀양 표충사에 향사享祀되었다.

휴정을 대신하여 의승군을 지휘한 승장은 의엄義嚴이다. 그는 휴정이 일선에서 물러나자 도총섭에 임명되어 공을 세웠다.[183] 양식을 끊이지 않고 수송하여 의승군의 식량이 부족하지 않게 하였고, 소를 모아 올려 보내는 등 후방에서 지원한 공로가 많았다.[184] 여주 파사산성婆娑山城의 수축 책임을 맡았다. 이 일은 인원부족의 어려움 속에서 완성한 것이어서 그의 국난극복의 의지가 드러난 일이었다.[185] 전쟁이 끝난 후에는 종묘의 건립과 서적 간행 등 국가사업에 참여하여 업적을 남겼다. 선조는 그 공을 치하하며 당상의 직을 내렸으나 반대상소가 심했다.[186]

그 외에도 기암 법견奇嚴法堅은 부총섭에 임명되어 전라도 장성의 입암산성 내에 사찰을 지어 수호를 맡았다.[187]

의승군은 수군에도 있었다. 순천과 홍양에서 의승장 삼혜三惠와 의능義能은 해안에 있는 승려들을 모집하여 수군에 참여하였다. 의승장 수인守仁도 의능과 함께 의승군 300명을 이끌고 국난에 참여하였다.[188]

이와 같이 임진왜란 당시 의승군으로서 활약한 승려는 수천 명에 이르렀고 그들을 이끈 의승장도 수십 명에 이르렀다. 자세한 행적은

183 『선조수정실록』 26권, 선조 25년 7월 1일.
184 『선조실록』 53권, 선조 27년 7월 8일.
185 『선조실록』 61권, 선조 28년 3월 1일.; 74권, 선조 29년 4월 12일.
186 『선조실록』 121권, 선조 33년 1월 27일.
187 『선조실록』 48권, 선조 27년 2월 27일.
188 『상계초본』 선조 27년 1월.; 3월.

전해지지 않고 이름만 전해지는 의승장으로 경헌, 신열, 청회, 해안, 쌍익, 해은, 설미 등이 있다.

5) 임진왜란 이후의 불교정책

의승군의 활약에도 불구하고 임란 이후 불교배척은 전과 같이 진행되었다. 전공을 세우고 받은 직첩을 삭탈하고 사찰로 돌려보내는 일이 있었다.[189] 창의문 밖에서 열린 수륙재에 도성 사대부 부녀자들이 참석하자 대중을 미혹시키는 것으로 보고 담당 수문장의 처벌을 요청하였다. 그런 일들을 계기로 승려들의 도성출입금지는 더 강화되어 갔다.[190]

광해군은 전란 후 승려들을 궁궐 조성과 같은 국가 공역에 동원하였다.[191] 외방의 재목 벌채와 운반 그리고 석재 운반 등 어려운 일을 시켰다.[192] 다만 불교계의 반발을 의식해 덕망 있는 승려로 하여금 관리하도록 하였으며 사찰에 폐해가 미치지 않도록 할 뿐이었다.[193]

이런 분위기는 인조 때에도 지속되었다. 인조 2년(1624) 6월 충청도 승군僧軍 2백 명을 징발하여 두 달 동안 평양성을 축조하였다.[194] 유사시를 대비하여 남한산성을 축조할 때[195] 벽암 각성碧巖覺性을 팔도도총섭

---

189 『선조실록』 121권, 선조 33년 1월 27일.

190 『선조실록』 200권, 선조 39년 6월 1일.

191 『광해군일기[중초본]』 113권, 광해군 9년 3월 21일.

192 『광해군일기[중초본]』 126권, 광해군 10년 4월 23일.

193 『광해군일기[중초본]』 173권, 광해군 14년 1월 27일.

194 『인조실록』 6권, 인조 2년 6월 27일.

195 『인조실록』 7권, 인조 2년 11월 30일.

으로 임명하여 승군을 모집하였다.[196]

인조 5년(1627) 정묘호란이 일어나자 허백 명조虛白明照가 팔도의승도대장이 되어 4천여 승군을 일으켜 평안도 안주를 방어하는 데 참여하였다. 인조 9년(1636) 병자호란이 일어나자 곡식 수백여 섬을 모아 군량미를 조달하였다.[197] 벽암 각성도 삼남의 승군 3천여 명을 모아 항마군을 조직하는 등 국가수호에 전력을 다하였다.[198] 그리고 삼남도총섭에 임명되어 적상산성赤裳山城과 같이 산세가 높고 사람들이 살기 불편한 곳에 승려들을 이끌고 감독을 맡았다.[199]

이런 노력에도 불구하고 병란이 끝나자 다시 배척의 분위기가 이어졌다. 현종 1년(1660) 4월 명례궁 원당을 제외한 모든 원당을 혁파하는 등 강력한 배불조치를 단행하였다.[200] 12월 경외京外의 양민으로 머리를 깎고 승려가 된 자는 모두 환속시켰다. 명령을 따르지 않는 자가 있으면 관리나 환속 대상자를 막론하고 모두 죄를 묻게 하였다.[201] 도성 안에 있던 인수원仁壽院과 자수원慈壽院을 혁파하여 나이 젊은 자는 속인으로 돌아가게 하고 늙은 자는 성 밖으로 내쫓았다. 헐어버린 사찰의 재목으로 학궁學宮 및 무관武館을 수리하게 하였다.[202]

이런 배불정책에 백곡 처능白谷處能이 장문의 상소 「간폐석교소諫廢

196 『정조실록』 8권, 정조 3년 8월 3일.
197 「허백당시집서」, 『허백집』(『한국불교전서』 권8, p.380 상).
198 「사보은천교원조국일도대선사행장」, 『대각등계집』(『한국불교전서』 권8, p.330 하).
199 『인조실록』 39권, 인조 17년 10월 8일.
200 『현종실록』 2권, 현종 1년 4월 3일.
201 『현종실록』 3권, 현종 1년 12월 19일.
202 『현종실록』 1권, 현종대왕 행장.

釋敎疏」를 올려 성리학에 바탕을 둔 불교에 대한 오해와, 조선의 승려들이 선왕과 왕후의 명복을 기원하고 국가에 공헌한 점을 들며 탄압의 부당성을 항의하였다.[203]

그런 노력으로 승려의 환속이나 사원의 폐지를 잠시 막을 수 있었으나 배불정책의 방향을 바꿀 수는 없었다. 잠시 주춤하던 역승役僧은 숙종 때 다시 시작되었다. 숙종 37년(1711) 북한산성 축성에 승군이 동원되었다. 350명의 승군을 두어 평안도와 함경도를 제외한 6도의 승려들이 1년에 6차례 상번上番하는 의승방번제義僧防番制를 실시하였다.[204] 이 제도는 승려들에게 부담이 되었다. 한 명을 보내는데 거의 1백 금金이 들어 한 절에서 해마다 4, 5백 금의 비용을 책임져야 했기 때문이다.

영조 역시 불교에 대해 비우호적이었다. 25년(1749) 2월 승려들의 도성출입을 금지하였다.[205] 29년 9월 강서원講書院에서 보낸 서책 가운데『능엄경』이 있자 이것은 자신의 손자를 가르치는 도리가 아니라 하여 북한산 중흥사로 보냈다.[206] 각 도의 사찰 중에 궁방의 원당이라고 칭하는 사원을 혁파하였다.[207]

다만 30년 4월 군포軍布 규례와 같이 한 명마다 돈 16냥을 보내는 의승방번전義僧防番錢을 실시하여 승도의 폐해를 없애려고 하였다.[208]

---

203 「간폐석교소」,『백곡집』(『한국불교전서』권8, pp.335 중~343 상).

204 『숙종실록』55권, 숙종 40년 9월 25일.

205 『영조실록』69권, 영조 25년 2월 18일.

206 『영조실록』80권, 영조 29년 9월 3일.

207 『영조실록』111권, 영조 44년 8월 17일.

208 『영조실록』81권, 영조 30년 4월 29일.

196

그러나 실효를 거두지 못했고 이 정책은 뒤를 이은 정조 때에도 문제가
되었다.

불교에 대한 배척이 다소 완화된 것은 정조 때였다. 즉위년(1776)
6월 각 도에 있는 원당들이 사사로이 위판位版을 봉안하고 멋대로
향사享祀하는 일을 금지하였으나 일부에 지나지 않았다.[209]

정조는 승려들에게 부담이 되는 방번전을 해결하려 하였다. 산성을
지키는 의승들이 점점 훈련이 미진하고 노역을 돌보지 않아 점점
이탈하는 자가 많아졌다.[210] 그러자 남한산성과 북한산성 그리고 병조
에 해당하는 의승 252명의 방번전의 부담을 감액하는 조치를 하였다.[211]
그럼에도 불구하고 승려들이 줄어들어 어려움을 논의하는 일이 거듭되
었다.[212] 그 폐단이 쉽게 해결되지 못했던 것이다.[213]

정조는 13년(1789) 10월 죽은 아버지를 화성으로 옮기고[214] 다음해
용주사를 창건하였다. 이때 전국의 승려에게 기부를 받았고 각 궁방과
지방관들의 대규모 모금이 있었다. 스스로 봉불기복게奉佛祈福偈를
짓고 『부모은중경』을 간행하여 불교를 통한 효심을 실천하였다.

이런 정조의 정책으로 용주사는 전국 사찰을 관할하는 팔도 5규정소
의 하나로 지정될 만큼 사세가 커졌다. 주지 보경 사일寶鏡獅馹을
도승통에 임명하여 남한산성과 북한산성의 총섭을 겸임하게 하였다.

209 『정조실록』 1권, 정조 즉위년 6월 14일.
210 『정조실록』 8권, 정조 3년 8월 8일.
211 『정조실록』 12권, 정조 5년 12월 28일 .
212 『정조실록』 19권, 정조 9년 2월 1일.
213 『정조실록』 50권, 정조 22년 12월 17일.
214 『정조실록』 28권, 정조 13년 10월 16일.

그리고 용주사 승도들은 임금의 친위부대인 장용위壯勇衛 외영外營에 편입되었다.[215]

정조는 국가에 공을 세운 승려들에게 편액과 시호를 내렸다. 12년 (1788) 7월 임진왜란 때 임금을 위해 노력한 휴정의 충의를 기리기 위해 대둔산에 표충表忠의 편액을 내렸다.[216] 정조 16년(1792) 윤4월 조선을 개국하는 데 큰 공을 세운 무학이 머물렀던 토굴을 석왕釋王이라 사액하고 개종입교보조법안광제공덕익명흥운대법사開宗立敎普照法眼廣濟功德翊命興運大法師라 시호하였다.[217] 그리고 18년 3월 묘향산에 수충사酬忠祠 사액과 제위전을 내려 향사를 허용하였다.[218].

4. 조선 후기 선문 계승과 신앙활동

1) 임란 이후 선문 계승과 교학 연찬

서산 휴정의 문하와 쌍벽을 이루던 파가 사제인 부휴 선수浮休善修였다. 속성은 김씨로 남원 출신이었다. 어린 나이에 뜬구름 같은 인생이 부질없어 지리산으로 들어가 신명 장로에게 머리를 깎고, 부용 영관에게 심법을 얻어 일가를 이루었다.

광해군 때 모함으로 옥에 갇히는 일이 있었으나 당당함에 오히려 귀의를 받았다. 뛰어난 인품과 덕화를 지녀 항상 수백 명의 제자들이

215 『정조실록』 49권, 정조 22년 10월 19일.
216 『정조실록』 26권, 정조 12년 7월 5일.
217 『정조실록』 34권, 정조 16년 윤4월 24일.
218 『정조실록』 39권, 정조 18년 3월 16일.

운집하여 법을 구하였다. 유정과 함께 명성을 날려 당시 이난二難이라 불렀다.

광해군 6년(1614) 조계산 송광사에서 지리산 칠불암으로 옮긴 후 세연의 다함을 알아차렸다. 이듬해 가을 7월 수제자 벽암을 불러 부촉한 후 11월 초하루 입적하였다. 다비 후 사리를 수습하여 해인사, 송광사, 칠불암, 백장사 등 네 곳에 부도를 세웠다. 5년 후 광해군이 홍각등계라는 시호를 추증하였다.[219]

제자 벽암 각성은 여러 승직을 맡아 국난극복의 기여 못지않게 선법 계승에 노력하였다. 10세에 설묵雪默 장로를 따라 절에 들어가 15세에 축발한 후 보정寶晶에게 구족계를 받았다. 불법을 공부하던 중 속리산에 있는 부휴의 명성을 듣고 찾아가 제자가 되었다. 불법을 배우면서도 유교와 도교 그리고 제자백가 등 읽어 보지 않은 책이 없을 정도로 정진하였다. 인조 2년(1624) 팔방도총섭八方都摠攝이 되어 남한산성을 축조하였다. 병자호란 때는 의승군을 모집하여 승군 대장으로 국난극복에 앞장섰다. 세상이 안정되자 지리산으로 들어가 수행하며 보낸 후 쌍계사, 송광사 주지를 지내며 후학을 양성하였다. 평생 좌선하며 무자 화두를 가르친 선사는 현종 원년 (1660) 1월 입적하였다. 문도들이 사리를 수습하여 화엄사, 송광사, 해인사, 법주사 등 네 곳에 부도를 세웠다.[220]

벽암의 제자에 쟁쟁한 인물이 많아 조선 후기 선문 계승에 크게

219 「홍각등계비명」, 『대각등계집』(『한국불교전서』 권8, pp.332 상~하).

220 「사보은천교원조국일도대선사행장」, 『대각등계집』(한국불교전서 권8, pp.329 하~331 상).

기여하였다. 수제자는 취미 수초翠微守初이다. 그 법을 계승한 제자가
백암 성총栢菴性聰이다. 이들은 선과 교를 중흥시켰다. 백암의 손상좌
묵암 최눌默菴最訥은 고금의 전적은 물론 시서백가에도 정통하여 조선
후기 선교 발전에 크게 기여하였다. 모운 진언慕雲震言과 상좌 보광葆光
과 손상좌 회암晦菴은 하삼도에서 화엄을 크게 융성시켰다. 그리고
「간폐석교소」로 유명한 백곡 처능 역시 벽암의 제자이다.

　휴정 문하에서 가장 많은 학장을 배출한 파는 편양 언기이다. 장년이
되어 휴정에 귀의하여 심법을 전수받은 후 남쪽 지방을 돌아다니며
여러 선장들에게 배웠다. 문도로는 풍담의 계열이 가장 번창하였다.[221]

　풍담 의심楓潭義諶은 16세에 성순 대사에게 출가하였다. 원철에게
계를 받은 후 편양의 법을 이었다. 대승경전을 연구하며 후학을 양성하
였다. 법회를 할 때면 수백 명의 청중이 모일 정도로 법력이 높았다.[222]

　풍담의 제자로는 월저 도안月渚道安과 법제자 월담 설재月潭雪霽가
있다. 월담의 제자로는 환성 지안喚惺志安이 심법을 계승하였다. 환성
의 법을 이은 선사가 함월 해원과 호암 체정이다.

　임란 후 사원이 중창되고 어느 정도 안정을 이루자 교학 연찬도 활발하
였다. 대승경전을 읽고 연구하는 강경과 강회가 성행하였다. 설파 상언
은 19세에 출가한 뒤 연봉과 호암에게 법을 배웠다. 그는 『화엄경』
강회로 유명하였다. 『화엄경』을 25회나 강의하고 『화엄소초』를 상세히
해설하였으며 그림으로 표시한 『화엄은과華嚴隱科』를 저술하였다.
이런 연구는 조선 후기 화엄학이 성행하는 데 크게 기여하였다.[223]

---

221 「편양종사전」, 『동사열전』(『한국불교전서』 권10, p.1020 상).
222 「풍담종사전」, 『동사열전』(『한국불교전서』 권10, p.1020 중).

200

설파에게 수학한 인악 의첨은 『화엄경』과 『선문염송』 등 선교에 두루 능하였다. 그가 지은 『화엄사기』는 연담의 사기와 함께 조선 후기 중요한 주석서로 꼽히고 있다.[224]

연담 유일은 설파 상언과 함께 교학을 연찬하였다. 18세에 법천사에서 출가한 후 해인사 호암화상에게 여러 해 동안 비밀한 종지를 배웠다. 『화엄경』 강석의 강주로 활동한 30여 년 동안 무릇 15차례나 강론 법회를 열어 후학을 양성하였다. 그를 따르는 학인들이 100여 명에 이르렀다. 정조 23년(1799) 2월 장흥 보림사 삼성암에서 입적하였다. 부도는 그와 인연이 깊은 대둔사, 미황사, 법천사에 세워졌다.[225]

연담의 제자는 대은 낭오이다. 그는 연담의 제자 금담에게 출가하였지만 교학은 연담에게 배웠다. 개당하여 많은 후학을 지도하면서 선정을 닦는 것과 계율에 철저하였다.[226]

2) 조선 후기 선학논쟁과 결사운동

조선 후기 백파 긍선白坡亘璇과 초의 의순草衣意恂에서 시작된 선학논쟁은 선풍진작의 토대가 되었다. 선운사와 백양사를 중심으로 선종의 중흥조를 불리던 백파는 『선문수경禪文手鏡』을 지어 선을 조사선, 여래선, 의리선인 삼종선으로 구분하였다. 그 가운데 뛰어난 사람이 조사선을 알고, 그보다 못한 사람이 여래선을 알고, 마지막으로 열등한

---

223 「설파대사비명」 『조선불교통사』 상, 신문관 1918, pp.568~572.
224 「인악화상행상」 『인악집』(『한국불교전서』 권10, p.423 상).
225 「연담종사전」 『동사열전』(『한국불교전서』 권10, p.1030 중).
226 「대은선백전」 『동사열전』(『한국불교전서』 권10, p.1040 상).

사람이 의리선을 아는 것이라 하였다. 그 외에도 백파는 삼처전심의 분배 그리고 살활殺活의 분리 설명을 제시하였다.[227]

이런 주장과 달리 초의는『선문사변만어禪門四辯漫語』를 지어 삼종선 구분은 옳지 않다고 하였다. 그는 선문에서 조사선과 여래선을 구별하게 된 경위를 밝힌 이선래의二禪來儀, 격외선과 의리선의 개념을 밝힌 격외의리변, 그리고 살활변과 진공묘유변 등 사변을 주장하였다. 조사선과 여래선, 의리선은 교법을 듣고 닦는 중생의 근기에 따른 구분이 아니며, 인명으로 조사선과 여래선, 법명으로 격외선과 의리선으로 분별할 수 있지만 조사선이 격외선이며 여래선은 의리선이라 하여 백파와 다른 의견을 제시하였다.[228]

이런 백파와 초의의 선에 대한 논쟁은 뒤에 활발한 대론을 이끌어내며 조선 후기 선사상 발전에 일조하였다. 초의에 이어 우담 홍기가『선문증정록禪門證正錄』을 지어 삼구의 차등이 옳지 않음을 지적하였다.[229] 그러자 백파의 손제자인 설두 유형은『선원소류禪源溯流』를 지어 백파의 견해를 재천명하였다.[230] 이후 추사 김정희와 축원 진하 (1861~1925)가 선론을 지어 이를 비판하면서 조선 후기 선에 대한 논쟁을 이어갔다.

백파는 결사운동을 전개하여 조선 후기 선풍을 진작시키는 데 기여하였다. 그는 당시 수행자들이 계율에 대해 철저한 인식이 결여되어

---

227 긍선,『선문수경』(『한국불교전서』권10, pp.514 하~527 하).

228 「초의대종사탑비명」『조선불교통사』상, 신문관 1918, pp.593~595.

229 우담 홍기,『선문증정록』(『한국불교전서』권10, pp.1137 상~1145 중).

230 설두 유형,『선원소류』(『한국불교전서』권10, pp.653 중~677 중).

수행에 악영향을 미치고 있다고 판단하였다. 그런 인식 속에 결사를
통해 올바른 승풍을 진작시키려고 한 것이 수선결사修禪結社였다.

처음 교학연찬에 매진했던 그는 순조 15년(1815) 가을 홀연히 법의
진실한 뜻이 문자에 있는 것이 아님을 깨달았다. 교학을 내려놓고
정혜를 닦을 것을 다짐하며 8년간 정진하였으나 깨달음에 이르지
못했다. 수행의 부족함을 깨닫고 진리의 참구를 위해 선지식을 찾아
세상을 주유하였다. 순조 22년(1822) 오대산에서 선지식을 친견한
후 결사로써 자신의 깨달음을 찾고자 하였다.

그런 과정에서 저술된 『수선결사문』에서 '함께 닦는 인연으로 비록
삼재의 어려움 속에서도 담연하게 행을 닦을 수 있다'고 하였다. 그렇게
실천하는 자는 반드시 법희 선열의 즐거움을 받아 여산 혜원의 백련결
사와 조계의 정혜결사처럼 체험할 수 있다고 밝혔다. 따라서 지혜
참구는 선정이 그 목표가 아니라 선정을 통해 올바른 지혜를 얻는
것이 목적이며, 그런 수행을 통하면 마음에서 일어난 일체의 인과와
세계의 미진도 마음에 의해 달라질 수 있다고 하였다.[231]

3) 조선 후기 승가교육의 체계

불교교단의 침체는 불교교육에도 영향을 미쳤다. 승과가 폐지되고
선교의 구분이 무색해지면서 강원과 선원의 분업이 모호해졌다. 그
결과 참선과 간경 그리고 염불 세 가지가 한 곳에서 이루어지면서
강학의 과목 역시 혼합되어 사미과, 사집과, 사교과, 대교과의 체제가

---

231 백파 긍선, 『수선결사문』(『한국불교전서』 권10, pp.531 상~547 중).

되었다.[232]

이력 과정 가운데 제일 먼저 정립된 것은 사집과였다. 16세기 초엽 선교의 종취가 합쳐지면서 생겨났다. 간경의 기초를 습득하는 것을 목적으로 『선원제전집도서』, 『대혜서장』, 『법집별행록절요병입사기』, 『고봉선요』 등을 배웠다.

17세기 말엽 사교과와 대교과가 갖추어졌다. 사교과는 주로 경전을 습득하는 것을 목적으로 『수능엄경』, 『법화경』, 『금강반야경』, 『원각경』 등을 배웠다. 이 가운데 『법화경』의 문의가 평이해서 『대승기신론』으로 대신하는 경우도 있었다.

대교과는 『화엄경』, 『선문염송』, 『경덕전등록』을 배웠다. 이외에도 본인의 의사에 따라 앞서 거론되지 않은 과목을 배울 수 있었다. 대교과는 3년 6개월의 과정으로 이수할 수가 있었는데 이때는 『십지론』, 『선가귀감』 등이 추가되었다.

사미과는 이력 과목이 증가하면서 율신律身의 법과 사집과의 예비적 성격으로 설치되었다. 대략 1년 기간으로 십계를 받아 아침저녁으로 송주하면서 『반야심경』과 『초발심자경문』 등을 익혔다. 그 후 사미과도 3년 과정으로 늘어나면서 『사미율의』, 『치문경훈』, 『선림보훈』 등을 추가해서 배웠다.

강원 교육은 학과에 따라 방식이 다소 달랐다. 과정에 따라 두 부류로 나누는데, 사미과와 사집과를 합쳐 독서파라 하고, 사교과와 대교과 그리고 수의과를 합쳐 간경파라 불렀다.

---

232 이능화, 『한국불교통사』 하권, 신문관, 1918, p.989.

앞서 이력 과정에서 살펴본 것처럼 사미과와 사집과는 율신의 법을 세움과 간경의 준비교육이기 때문에 이를 합쳐 독서파라 불렀다. 여기서는 매일 상강례가 끝나면 수업을 진행하는데, 일정 부분을 수학한 다음에는 주야에 걸쳐 읽거나 복습해서 다음날 상강례가 끝나면 강사 앞에서 외운 다음 그날 수업을 진행하였다.

간경파는 간경을 주로 하여 그렇게 불렀다. 수업은 논강으로 진행되었다. 아침 공양을 마친 후 상강종이 울리면 학인 전원이 큰방에 모여 상강례를 마치고 반별로 둘러 앉아 논강을 시작하였다. 중강이 먼저 그날의 과목을 암송한 다음 본문을 해석하였다. 여기서 의견이 일치되지 않는 부분이 있으면 강주에게 질문하여 해결하였다.

이와 같은 과정 이외에도 월 2회 초하루와 보름에만 집행하게 되는 상강식이 있었다. 아침 공양이 끝난 다음 모든 학인이 한 장소에 모여 각 과정의 수업을 잠시 보류하고 강사에게 학인들이 배우는 경전에 대한 대의를 경청하였다. 이 시간에는 과목에 대한 내용만이 아니고 강원생활에 대한 훈시도 행해졌다.

강원의 조직은 크게 강학을 담당하는 스승과 가르침을 받는 학인으로 나누어졌다. 강사 가운데 강주는 강원의 학사에 관한 모든 사항을 총괄하였다. 그 밑에 강사와 중강이 있어 학인들을 지도하였다. 중강이 강사를 보좌하여 강사의 학설을 복강하기도 하고 사미과와 사집과 학인들의 교육을 담당하였다.

이들을 총괄하여 강사라 불렀다. 스승에게 전강을 받아 강회를 개최하고 학인을 제접하였다. 대교과를 거쳐 수의과에서 4년 이상 전수한 다음 승과에 합격하여 대선 이상의 법계를 얻어야 했다. 그리고

법납은 안거 5하 이상을 성만하여야 했다.[233]

4) 조선 후기 대중신앙의 양상

조선 후기는 종단과 종명 없이 선교를 겸수하며 지낸 시대였다. 그런 상황 속에서 일반 대중은 자신들의 생활과 내세적 신앙관이 조화될 수 있는 신행을 하였다. 이런 분위기에서 나타난 것이 만일염불회로, 건봉사가 대표적인 곳이었다.

조선 후기 건봉사 만일염불회는 순조 2년(1802)에 용허화상에 의해 설해졌다. 다음은 철종 2년(1851)에 벽오 유총에 의해 설해졌고, 제3회는 고종 18년(1881)에 만화 관준에 의해 설해졌다. 바로 이어 금암 의중에 의해 네 번째 만일염불회가 개설되었다.[234]

만일염불회는 먼저 염불당을 짓고 조직을 구성하여 소요되는 비용을 권선하였다. 날마다 아미타불을 만 번씩 염불하는 것이 주된 일정이었다. 그렇지만 중간에 『화엄경』을 강의하거나 백일기도, 가사불사 등 다양한 불교행사가 병행되었다.[235] 염불선이 강조되어 참선실을 건립하고 대중들이 수행하였다.[236]

만일염불회의 궁극적 목적은 극락왕생에 있었다. 만 일 동안 끊임없이 염불하면서 교학연찬과 참선수행을 함께 하는 신행은 승풍을 진작

---

233 이능화, 『한국불교통사』 하권, 신문관, 1918, pp.1149~1151.

234 「건봉사급건봉사말사사적」, 『건봉사본말사적』, 아세아문화사 1977, pp.1~13.

235 「신창만일회사적일기」, 『건봉사본말사적』, 아세아문화사 1977, p.29.

236 「대한국간성건봉사만일연회연기비」, 『건봉사본말사적』, 아세아문화사 1977, p.39.

시켜 승단의 기강을 확립할 수 있었다. 그리고 수행을 위한 전각의 건립은 가람수호에도 일조하였다. 출가와 재가가 구분되지 않고 사부대중이 동일한 신앙적 서원을 가지고 동참하는 신행은 결속력이 있었다. 그리고 그 힘은 교단이 어려울 때 불교의 대중화에 기여하면서 새로운 방향을 모색하는 활력소가 되었다.

조선 후기 또 다른 대중신앙의 사례는 진언집과 다라니경의 발간이었다. 이런 서적들은 조선 초기부터 발간되기 시작하여[237] 근대까지 이어졌다.[238] 국가가 간행한 관찬의 경우 유교적 치국이념 속에 국행불사를 실행한 것처럼 생활 속에서 일어나는 어려움을 불교신앙으로 극복하려는 종교적 목적을 엿볼 수 있다. 그러나 이런 국가 간행의 진언집은 드물고 대부분 사원을 중심으로 간행된 사찬이 많았다. 임진왜란 이후 활발했던 것은 진언신앙이 점점 일반화된 것을 의미한다.

진언집의 구성은 한문과 한글 그리고 범자로 병기되었다. 범어를 직접적으로 표기한 것은 진언이 가지는 본래 신앙적 의미를 극대화한 방법이었다. 한자 표기는 진언집이 한역본을 바탕으로 한 것이며, 그 옆에 국문으로 표기한 것은 독송신앙을 강조하고 그 음을 쉽게 따라 읽을 수 있도록 배려한 것이다. 신앙적 결과인 영험을 한글로 간행한 것도 일반인에게 쉽게 전달하려는 의도였다.[239]

---

237 『불설천수천안관세음보살광대원만무애대비심다라니경』, 원통암 성종 13년 (1482).

238 『관세음보살육자대명왕다라니신주경』, 서빈정사 1908년 5월 단오 개간.

239 『오대진언』, 성종 15년(1485).

이와 같은 진언집 발간은 다음과 같은 의의를 지닌다. 먼저 국가적 차원과 민중 차원의 종합적 신앙의식이 담겨져 있어 불교신앙을 효과적으로 조화시켰다. 또한 유교적 치국이념이 정립되었지만 지배층과 일반 기층민의 종교적 욕구를 해결하기 위한 신앙형태의 모습을 엿볼 수 있다. 그리고 진언집에 실려 있는 진언은 그 자체가 지니고 있는 한량없는 종교적 복덕에 대한 기복적 신앙관이 내재되어 있다고 믿었다. 그런 영향으로 불교의식에서 많은 진언들이 독송되는 신앙형태가 갖추어지게 되었다.

5) 불서의 편찬과 시대 인식

조선 후기 사찰과 인물에 대한 정리가 시도되어 사지寺誌와 고승의 연혁에 관련된 불서들이 편찬되었다. 사지는 17세기 중관 해안中觀海眼의 『금산사지』를 시작으로 『화엄사지』, 19세기 초 찬술된 『대둔사지』, 『만덕사지』 등을 들 수 있다.

특히 『대둔사지』는 광범위한 자료수집과 면밀한 고증이 돋보이는 사지이다. 당시 이곳에서 생활한 실학자들은 국가적으로 이단으로 여겼던 불교 역시 고유한 문화라고 인식하였다. 민중을 지도할 수 있는 이념적 가치를 발견하고 자료정리와 편찬에 도움을 주었다.

조선 후기 불교계의 역사의식도 높아져 전통을 정리하는 사서편찬으로 이어졌다. 사서편찬은 그 주체에 따라 관찬과 사찬으로 구분되었다. 왕실을 중심으로 편찬된 것은 『범우고梵宇攷』와 『가람고伽藍攷』였다. 이 책들은 영, 정조시대 전국의 지리와 고금의 문집과 읍지 등을 고증하여 각 도에 산재한 사찰의 연역과 존폐 등을 정리한 것이다.

사찬은 문파를 중심으로 편찬되었다. 휴정의 4문파가 각자의 법통을 정리하기 위해 사찬 간행이 활발하였다. 대표적인 것이 사암 채영獅巖 采永의 『서역중화해동불조원류西域中華海東佛祖源流』이다. 과거 7불 이후 심법을 전수한 인도, 중국의 조사 그리고 고려 말에서 저자에 이르는 해동의 조사를 정리한 것이다. 채영은 1762년부터 전국을 돌며 여러 문파에 전해지는 글을 수집하였다. 전주 송광사에서 여러 공의를 모아 전등 사실을 고증한 후 간행하였다. 그는 해동불조의 원류를 중국에 연결시키고, 조선 중기에 대두된 태고법통설에 입각하여 보우에서 휴정으로 이어지는 법맥을 중심으로 서술하였다. 4개 문파 가운데 자신이 속한 편양을 중점적으로 서술하였다.[240]

이 책의 영향을 받아 이후 각 문파별로 자신들의 법통을 집성하는 분위기가 이어졌다. 18세기 사명 유정의 후손들이 자신들의 법통 계승을 서술한 『사명당지파근원록四溟堂支派根源錄』과[241] 경상도 지역에 존재하는 사명파 계보인 『사명당승손세계도四溟堂僧孫世系圖』 등을 편찬하였다.

소요파 역시 휴정의 4파 가운데 소요 태능을 중심으로 정리한 『해동 선파정전도海東禪派正傳圖』를 간행하였다. 그리고 19세기 대둔사, 미 황사, 만덕사 등을 중심으로 형성된 소요의 후손들을 정리한 『대흥보감 大興寶鑑』이 1912년 간행되었다.

이와 같은 휴정 문도들의 인식에 영향을 받은 부휴의 후손들도 자신들의 법맥을 중심으로 선종사를 정리하였다. 18세기 후반 묵암

---

240 채영, 『서역중화해동불조원류』(『한국불교전서』 권10, pp.100 상~134 하).
241 혜심, 『사명당지파근원록』(『한국불교전서』 권10, pp.136 상~138 중).

최눌默庵最訥이 과거 7불과 인도의 조사, 중국의 조사, 조선 선종의
법맥을 도표로 그린『불조종파도사佛祖宗派圖史』를 간행하였다. 근대
송광사 주지를 역임한 금명 보정錦溟寶鼎은 인도, 중국, 그리고 한국의
모든 조사를 망라한『불조록찬송佛祖錄讚頌』을 간행하였다.[242]

　19세기 말 사서 편찬 역시 휴정의 4파 가운데 편양의 후손들에
의해 이루어졌다. 먼저 설두 유형雪竇有炯이 1864년 인도, 중국의 조사
와 한국의 불교역사를 서술한『산사략초山史略抄』를 간행하였다.[243]

　1894년 범해 각안梵海覺岸이『동사열전東師列傳』을 간행하였다. 이
책은 채영이 편찬한『서역중화해동불조원류』가 역대 승려의 법맥과
전기를 정리하면서 자신의 문파를 중심으로 서술한 까닭에 내용이
소략하고 부정확한 것을 바로 잡기 위한 목적이었다. 헌종 10년(1844)
부터 고종 31년(1894)에 걸쳐 전 6권으로 편찬된 이 책은 고구려에서
고종까지 1,500여 년의 한국불교 역사에 등장하는 198인의 승려와
함께 불교사상과 신앙, 그리고 불교전래를 서술하였다.

　그는 이 책을 저술하기 위해 일생 동안 전국을 3번이나 답사하면서
승려의 비문과 행장, 사찰의 기문記文과 문집 등을 광범위하게 수집하
였다. 그리고 각 문헌을 비교하고 고증을 통해 각 인물이 속한 불교계의
동향을 알 수 있게 하여『서역중화해동불조원류』의 한계를 극복할
수 있었다.[244]

242　보정,『불조록찬송』(『한국불교전서』권12, pp.316 하~355 하).
243　산사,『산사략초』(『한국불교전서』권10, pp.678 상~689 중).
244　각안『동사열전』(『한국불교전서』권10, pp.995 상~1075 중).

V. 개혁과 통제의 혼재 시대

1. 근대 사회와 불교계의 변화

1) 불교에 대한 인식의 변화

조선 후기에 이르면 그동안 지속되었던 배불정책이 완화되고 사회적으로 불교에 대한 인식의 변화가 나타나기 시작한다. 그와 함께 불교계 스스로 정체성을 찾는 노력과 사회적 역할에 대한 논의가 전개되었다. 서학西學이 전해지자 이에 대한 경계심으로 불교에 대한 친밀감이 높아지게 되었다.[1] 왕실의 불교인식이 달라지면서 사찰의 각종 요역이 혁파되었다.[2] 그리고 도성 인근 사찰을 원찰로 삼고 재원을 보시하는 등 새로운 국면이 전개되었다.[3]

---

1 高橋亨, 『이조불교』, 보문관 1929, pp.851~852.

2 『楡岾寺誌』, 아세아문화사 1977, pp.138~139.; 삼보학회, 『한국근세불교백년사』 제3권 '經濟本山', 민족사 1994, pp.72~74.; 『乾鳳寺誌』, 아세아문화사 1977, p.10.

집권층의 인식 변화와 함께 불교계 안에도 새롭게 변화하려는 움직임이 나타났다. 선을 이해하고, 자신들만의 결사를 통해 불법을 체득하려는 거사들의 활동이 일어난 것이다.

월창거사 김대현의 활동은 근대 거사불교를 알 수 있는 대표적인 예이다.[4] 1855년 대중들의 참선을 돕기 위해 지은 『선학입문禪學入門』은 불교인들의 신행지침서로 호평을 받았다.[5]

1872년 한성 부근의 사찰을 중심으로 신앙적 서원을 이루려 했던 묘련사妙蓮社 결사도 거사들의 신행활동이었다.[6] 종단의 활동이 미미한 상황에서 거사들 스스로 신앙관을 유지하고 아울러 중생구제를 도모했던 묘련사 결사는 당시 불교신앙을 유지시키는 힘이 될 수 있었다.

1876년 개항은 조선 사회에 많은 변화를 가져왔다. 집권층 가운데 개화사상을 받아들여 신분제를 종식시키고 근대국가로 전환하려는 개화파開化派가 등장하였다. 그들은 유대치劉大致의 불교사상에 영향

---

3 삼보학회, 『한국근세불교백년사』 제3권 '經濟本山', 민족사 1994, pp.10~11.

4 그의 탄생은 정확히 알 수 없지만 사망 년대가 1870년이고 『禪學入門』의 서문을 쓴 해가 1855년이며, 그가 불혹의 나이에 『楞嚴經』을 읽고 불문에 귀의했다는 사실로 미루어 볼 때 탄생은 적어도 1815년 이전으로 볼 수 있다.
김대현, 「선학입문서」『선학입문』, 신문관 1918, p.2.; 이능화, 『조선불교통사』 하편, 신문관 1918, pp.901~902.; 이영자, 「近代 거사불교사상」『한국근대종교사상사』, 원광대출판국 1984, p.224.

5 박정호, 「선학입문발」『선학입문』, 신문관 1918.; 김대현, 「선학입문서」『선학입문』, 신문관 1918, pp.1~2.

6 이능화, 앞의 책(하), pp.913~914.

을 받아 신분적 차별에서 벗어나지 못하는 권력층의 생각과 행동을
비판하였다. 그들은 불교를 신앙하고 그 이념에 입각한 사회변화를
추진하였다.[7]

개화파는 지배층이었지만 동지를 구성할 때 신분적인 차이를 두지
않았다.[8] 오랫동안 조선사회를 지배하고 있던 유교를 부정하는 한편,
양반 중심의 정치체제를 타파해야 한다는 혁명적인 생각을 하였다.[9]
신분제도의 철폐, 가난한 자를 위한 주택 마련, 노비제도 폐지 등과
같은 개혁정책을 주장하였다.[10]

그들은 1884년 12월 4일 자신들의 이념을 실현하기 위해 갑신정변甲
申政變을 일으켰다.[11] 그러나 불과 3일 만에 실패로 돌아가 대부분은
희생되었고, 일부는 해외로 망명하였다. 짧은 시간이었지만 그들은
자신들의 이념을 보여주는 정강 14조를 발표하였다. 그것은 개화파가
지녔던 정치개혁의 방향으로, 김옥균이 일본으로 망명해서 정변을
기록한 『갑신일록甲申日錄』을 통해 세상에 알려졌다.[12]

개화파는 정치적 목적이 강했기 때문에 정강도 정치와 경제 그리고
군사 개혁이 대부분이었다. 그렇지만 정강 2조에서 명시하고 있는
평등사상처럼 그들이 신앙하였던 불교에서 영향 받은 내용도 담겨져
있다. 인민평등권은 봉건사회가 지니고 있던 신분제의 한계성을 탈피

7 김윤식, 『續陰晴史』 하권, 국사편찬위원회 1955, p.577.

8 이광린, 「개화사상 연구」 『한국개화사연구』, 일조각 1970, p.16.

9 이광린, 「갑신정변에 대한 일고찰」 『개화당 연구』, 일조각 1991, pp.135~136.

10 이광린, 「갑신정변 정강에 대한 재검토」 『개화기연구』, 일조각 1994, pp.29~30.

11 이능화, 『조선불교통사』 하편, 신문관 1918, p.899.

12 김옥균, 『갑신일록』 12월 5일조, 건국대출판부 1977, pp.148~149.

214

하려는 시도였다. 사회적으로 상당히 파격적인 주장을 하였던 개화파
의 정변은 당시 사회질서와 사상에 대한 일대 도전이었다.[13]

그들이 제시한 평등사상에 대해 근대 시민의식의 발로라고 보는
견해도 있다. 개화파들이 서구의 문물을 수용한 과정을 볼 때 그렇게
생각할 수 있다. 그렇지만 그들이 불교를 믿고 그 이념을 바탕으로
사회를 변화시키고자 했다면 사상적 연원은 불교에서 비롯되었다고
보는 것이 적절하다.

2) 개항과 일본불교의 침투

1876년 조선과 수호조약을 맺은 일제는 침략 의도를 숨기기 위해
일본불교를 앞세웠다. 1877년 내무부 오오꾸보토시미츠(大久保利通)
와 외무경 테라시마무네노리(寺島宗則)는 본원사本願寺 관장 겐뇨(嚴
如)에게 서한을 보내 개교할 것을 의뢰하였다. 그들은 오래 전부터
조선과 특별한 관계에 있었기 때문이다.[14] 본원사는 오꾸무라엔신(奧
村圓心)과 히라노께이수이(平野惠粹)를 파견하였다.[15] 뒤이어 일본불
교의 여러 종파들이 일제의 지원을 받으며 조선에 진출하였다.

---

13 이광린, 「갑신정변에 대한 일고찰」『개화당 연구』, 일조각 1991, pp.170~171.
14 부산에 고덕사를 건설한 적이 있었으며, 도꾸가와(德川) 시대에는 조선의 사절이
　올 때마다 토쿄 아사꾸사(淺草) 별원을 숙소로 정하고 체류하였다. 1880년 8월
　金弘集이 수신사로 일본에 건너갔을 때에도 이곳에 머물면서 李東仁을 만났음을
　볼 때 본원사가 한국과 밀접한 관련이 있음을 알 수 있다.
　조선개교감독부, 『조선개교오십년지』(『한국근현대불교자료전집』 62권, 민족사
　1996), pp.312~313.
15 朝鮮開教監督部, 앞의 책, pp.188~189.

일본불교는 조선인과 조선승려를 포섭하기 위해 좌담을 하며 일본불교에 대한 좋은 인식을 심어주려고 하였다. 물질을 제공하여 환심을 갖게 하는 한편 친밀한 관계가 되는 방안들을 강구하였다. 이와 같은 방법이 지속되면서 경계심을 가지고 있던 조선승려들은 점차 일본불교에 대해 호기심을 가지게 되었다. 마침내 의심을 풀고 일본승려를 대하게 되었다.[16]

조선에 진출해서 활동하던 오꾸무라엔신(奥村圓心)은 조선개교에 필요한 구체적인 방안을 본산에 제출하였다. 첫째로 식산흥업을 장려하여 가능한 물질적 개발에 힘쓰는 방법을 모색할 것, 둘째로 승속을 불문하고 지방 저명인사에게 일본을 시찰하도록 할 것, 그리고 학교를 설립하여 청년을 계발할 것 등이었다.

그렇게 일본불교가 진출하는 과정에서 1895년 4월 일련종 사노젠라이(佐野前勵)에 의해 승려의 도성출입금지가 해금되는 일이 일어났다. 조선조 수백 년 동안 지속된 도성출입금지가 일본승려의 노력으로 일시에 철회되자 일본불교와 승려에 대한 경외감과 기대감이 커지면서 그들에 대해 긍정적 시각을 가지게 되었다. 이런 우호적인 분위기는 많은 일본불교 종파가 조선에 침투하는 계기가 되었다.

1895년 이전 조선에 별원이나 포교소를 개설한 종파는 진종 본원사, 대곡파 본원사, 일련종 정도였다.[17] 그러나 도성금지해제 이후 증가 추세가 달라졌다. 1895년 8월 진종 본원사의 나까야마유이젠(中山唯然)의 부산 개원을 시작으로 1897년에는 정토종의 미쓰미다모찌몬(三

---

16 朝鮮開教監督部, 앞의 책, p.202.
17 정광호, 『근대한일불교관계사연구』, 인하대출판부 1994, p.55.

隅田持門)이 부산에 개원하였다. 다음해 쇼노죠까이운(正野上海運)이 경성에 개교원을 설립하였다. 1903년 본원사 겐죠엔(嚴常円)이 전국을 돌아다니며 전도에 힘쓰는 한편 1905년에는 개교총감부開敎總監部의 일부를 용산에 이전하였다. 같은 해 진언종의 가네다게쥰도(金武順道)가 경성에 광운사를 설립하였다. 1907년 조동종 쯔루다끼운(鶴田機運)이 대전에 대전사를 건립하였다. 일본불교 종파 가운데 가장 늦게 경성에 포교소를 설치한 종파는 임제종이었다.

이들 각 종파는 표면상 조선에 사는 일본인에 대한 포교에 뜻을 두었다고 했지만 실제는 조선인 포교에 주력하였다. 그리고 조선승려와 교류를 밀접하게 하면서 일제의 침략을 도왔다.[18]

3) 개화승의 등장과 활동

1876년 개항 이후 개화의 흐름을 타고 불교계 내에서도 구시대 모순을 척결하고 새로운 문물을 도입하자고 주장하는 개화승開化僧이 등장하였다.[19] 대표적인 인물이 이동인李東仁과 무불無不이었다.[20] 두 사람 이외에도 이윤고와 차홍식을 비롯하여 많은 승려들이 일본에 건너가거나 국내에서 활동하였지만 자세한 행적은 전해지지 않는다.[21]

이동인은 개화파의 일원으로 활약하였다. 새로운 문물과 해외지식

18 한석희 著 김승태 譯, 『일제의 종교침략』, 기독교문사 1990, p.61.
19 奧村圓心, 『朝鮮國布敎日誌』, 明治 13년 4월조(『韓國近現代佛敎資料全集』 권62 민족사 1996), p.404.
20 이능화, 『조선불교통사』 하편, 신문관 1918, p.899.
21 이광린, 「개화승 이동인에 관한 새 사료」 『한국개화사의 제문제』, 일조각 1986, pp.2~3.

에 대한 궁금증이 강해 부산에 일본불교 별원이 설립되자 그들을 통해 세계정세를 알고자 하였다. 직접 일본에 건너가 일본사회를 살펴볼 정도로 적극적이었다.[22]

그의 개화관은 조선이 빈약하여 부강하지 못한 현실인식에서 시작하였다. 그런 한계적 상황에 직면한 조선 사회가 나아가야 할 길은 부국강병이었고, 그 방법으로 공업과 상업의 발달을 꼽았다.

공업의 발달을 위해서는 풍부한 광산과 개발되지 않은 땅을 활용하는 방안을 제시하였다. 그러나 우리에게 자본과 기술이 없기 때문에 일본과 힘을 합하여 개발한다면 조선도 군사적 장비를 갖출 수 있다고 생각하였다.

상업의 발달을 위해서는 육의전에서 배를 구입하고 일본인 상인을 고용해서 조선의 내륙과 개항장 사이를 왕래하는 방안을 제시하였다. 필요한 재정은 일본정부의 협조를 받아 상인들에게 빌려주는 것이었다. 그는 이런 방안을 추진하면 육의전의 상업이 발전할 것으로 생각하였다.[23]

이와 같은 그의 생각은 격변의 시기 조선 사회가 가야 할 방향에 대해 세심하게 분석하였다는 점에서 높이 평가할 만하다. 그리고 승려라는 신분이었지만 다방면으로 보여 주고 있는 진보적 성향은 불교계의 새로운 분위기를 일으키는 데 기여할 수 있었다.

무불은 백담사 출신으로 속명은 탁정식이다. 화계사에서 김옥균을

___

22 서재필, 「회고 갑신정변」 『갑신정변과 김옥균』, 국제문화협회 1947, p.82.
23 이광린, 「개화승 이동인에 관한 새 사료」 『한국개화사의 제문제』, 일조각 1986, pp.6~7.

만나 개화파의 일원이 되었다. 애국의 지기가 높아 일본에 건너가 국제정세를 파악하고 조선의 개화를 도모하였다.[24]

그는 세 차례에 걸쳐 일본에 건너가 새로운 문물을 체득하였다. 1차 도일은 박영효와 김옥균 등의 명을 받아 이동인이 하는 일을 돕는 역할이었다.[25] 두 번째는 이동인이 한미수호조약 체결의 알선을 위해 청나라 공사 하여장何如璋을 만나러 갈 때 동행하였다.[26] 이때 일본에 있던 해외 외교관을 통해 서양문물을 배우고 그들에게 조선어를 가르쳐 주면서 교류하였다.[27] 세 번째 도일은 신사유람단을 이끌고 일본에 갈 예정이던 이동인이 실종되자 그 일을 맡아 선발대 13명을 이끌고 일본으로 건너갔다.[28] 임무를 마치고 일본에 남아 동경외국어학교 교사로 취직하였다. 이곳에서 다각적인 방법으로 외국정세에 대한 정보를 얻었다.[29]

그는 조선의 현실은 아직 문명의 개화가 일어나지 않았기 때문에 전근대적 상태를 벗어나려면 서양의 문물이 전해져야 하고, 그 문물을 이해할 수 있는 언어의 습득이 우선이라고 생각하였다. 일본에 거주하는 외국사절들을 통해 언어를 배우면서 세계정세의 흐름을 분석할 수 있는 안목을 가지게 되었다.

국정에도 밝아 조선 사절이 왔을 때 많은 도움을 주었다. 그러나

---

24 이능화, 앞의 책, p.899.

25 奧村圓心, 앞의 책, 1880년 5월 11일조 p.406.

26 奧村圓心, 앞의 책, 1880년 11월 5일조 p.421.

27 이광린, 「탁정식 론」 『개화기연구』, 일조각 1994, p.71.

28 이광린, 앞의 논문, p.73.

29 이광린, 앞의 논문, pp.78~79.

급병으로 자신의 생각을 펼쳐보지 못했다. 일본의 유명인사는 그의 죽음을 애도하며 조선의 개화에 관심이 많은 인물로 평가하였다.[30]

2. 대한제국의 불교정책

1) 승려의 도성출입금지 해제

세종 초에 내려진 승려의 도성출입금지는 1895년 3월 29일[31] 일본불교 일련종 사노젠라이(佐野前勵)의 건의에 의해 해제되었다.[32] 그는 조선불교의 생기가 사라져 종지·종풍의 신조가 없음을 간파하였다. 이럴 때 은혜를 베푼다면 일련종을 중심으로 조선불교를 통일할 수 있을 것으로 판단하였다.[33] 조선승려의 지위를 향상시키는 방법을 고민한 그는 도성출입금지의 해금을 청원하였다.[34]

그러나 이 법령에 대해서는 이미 1894년 청일전쟁 이후 들어선 김홍집과 박영효 연립내각에서 해제할 생각을 가지고 있었다. 1894년 7월 개혁을 담당할 기관으로 군국기무처를 설치하고 사회적으로 불필요한 법령들을 정리하였다. 그 해 12월 즉시 폐지해야 악법으로 승려의 도성출입금지가 포함되어 있었다.[35] 이런 결정에는 당시 내각을 주도하

---

30 奧村圓心, 앞의 책, 1883년 10월조 p.440.

31 양력으로 4월 23일이다.

32 이능화, 앞의 책, p.927.

33 정광호, 『근대한일불교관계사연구』, 인하대출판부 1994, pp.56~57.

34 加藤文敎, 『韓國開敎論』(『한국근현대불교자료전집』 62권, 민족사 1996), p.496.

35 서울대학교 인문대학 독일학연구소 역, 『한국근대사에 對한 자료』, 신원문화사 1992, pp.207~209.

220

던 인물들의 불교신앙이 크게 작용하였다.[36] 그러나 각의에서 거부되어 통과되지 못했다.[37]

결과적으로 일본승려에 의해 출입금지가 해제되는 상황이 되면서 일본불교에 대한 인식과 활동이 달라졌다. 도성출입금지가 해제되자 5월 5일 북일영北一營에서 대법회를 개최하였다. 1만 4천여 명에 달하는 군중이 모여 대성황을 이루었다. 성대한 법회는 조선의 불교인들에게 새로운 감회를 주었다. 사노젠라이에 대해 극찬을 아끼지 않았다.[38]

그와 더불어 일본불교에 대한 경외감은 점점 커지게 되었다. 1896년 7월에 도성 안에서 다시 법회가 개최되어 수많은 사람이 모였다. 불교인들은 다시 불교계에 서광이 비출 것으로 기대하였다.[39] 해금령은 1898년 다시 금지령으로 바뀌었으나 예전처럼 실시될 수 없었다. 이미 도성을 출입하는 분위기에 익숙해져 당연한 일처럼 받아들여지고 있었기 때문이다.

분위기가 반전되면서 일본불교의 여러 종파가 앞을 다투어 조선에 진출하였다. 그들은 조선과 일본은 뗄 수 없는 숙명적 관계로서 조선이 어려움에 처해 있는 것을 좌시할 수 없으며, 그 어려운 처지를 해결할 수 있는 방법은 오직 자신의 교로 조선인들을 유도·계발하는 데 있다고 선전하였다.[40] 일제의 정치적 지배가 강화되면서 더욱 빠르게 침투하였

---

36 이능화, 『조선불교통사』(下), 신문관 1918, p.899.
37 高橋亨, 앞의 책, p.896.
38 高橋亨, 앞의 책, pp.900~901.
39 이능화, 앞의 책(하권), p.927.
40 조선개교감독부, 앞의 책, p.245.

고 그로 인하여 친일적 경향도 점점 농후해졌다.[41]

2) 대법산 원흥사의 창건과 역할

개항 이후 일본불교의 활동을 지켜본 대한제국은 이를 견제하기 위해 그동안 방관하였던 불교를 관리하기 시작하였다. 조선불교를 총괄하는 대법산을 두고 지방의 주요 사찰을 중법산으로 지정하여 관리를 시작하였다.[42] 대법산은 원흥사였다. 1899년 동대문 밖의 별장 영미정穎眉亭을 매입하여 소흥사를 창건한 다음 1902년 1월 25일 원흥사로 바꾸고 총섭을 두었다.[43]

대법산 원흥사는 총종무소 역할을 하였다. 승직 가운데 중요한 것은 도섭리都攝理와 내산섭리內山攝理였다. 그 외에도 좌우교정左右校正, 대선의大禪議, 상강의上講議 각각 1인, 그리고 이무理務 5인을 두었다. 13도에 수사찰을 두어 중법산으로 삼고 섭리攝理, 도교정道校正, 부교정副校正, 선의禪議, 강의講議 각각 1인씩을 두어 사무를 총괄하였다. 각 사찰에는 주지 1인씩을 두었다.[44]

---

41 유병덕, 「일제시대의 불교」『근대한국불교사론』, 민족사 1992, p.155.

42 廣安眞隨, 『淨土宗韓國開敎誌』(『한국근현대불교자료전집』62권, 민족사 1996), pp.63~65.

43 「황성신문」 1901. 12. 30, 1902. 1. 6(선우도량 한국불교근현대사연구회, 『신문으로 본 한국불교 근현대사』 상권 1999, pp.94~95).

44 이능화, 『조선불교통사』 상편, 신문관 1918, p.616.
   京畿道: 廣州 奉恩寺, 陽州 奉先寺, 水原 龍珠寺.
   忠淸道: 公州 麻谷寺, 報恩 法住寺.
   全羅道: 順天 松廣寺, 金提 金山寺.

각 사찰의 승직은 주지 외에 감원監院, 서기書記, 지빈知賓 각각 1인씩이었다. 이들은 중법산이 대법산에 품의하여 허가를 받은 다음 임면하였다. 사찰의 사무는 중법산의 지휘를 받아 시행하였다. 대법산과 중법산 그리고 각 사찰의 임원 임기는 1년이었다. 그러나 별다른 과오가 없거나 업무성적이 뛰어나면 1회의 연임이 가능하였다.[45]

대법산 제도는 그동안 지속된 배불정책 기조에서 본다면 승정의 대변화였다.[46] 불교에 대해 관심이 높아졌을 뿐 아니라 다시 사회적 역량을 발휘할 수 있는 계기가 되었기 때문이다.

기대와 달리 대법산 원흥사는 특별한 활동을 펼치지 못하였다. 대한제국 역시 국력의 약화로 강력한 행정력을 발휘할 수 없었다. 결국 2년이 지나 대법산 제도는 유명무실해지고 설치되었던 승직도 폐지되었다.[47]

그러나 후속적인 조치가 미흡하자 1906년 8월 2일 원흥사 섭리 월해越海는 제반문제를 어떻게 처리할 것인가에 대해 궁내부에 진정하였다. 경무사 박승조가 원흥사에 훈령을 발하여 음력 6월 15일까지 불상과 승도僧徒는 다른 사찰로 옮기도록 하였다. 그리고 각궁위패各宮

慶尙道: 陜川 海印寺, 梁山 通度寺, 大邱 桐華寺.
江原道: 江陵 月精寺, 高城 楡岾寺.
咸鏡道: 安邊 釋王寺, 咸興 歸州寺.
平安道: 寧邊 普賢寺.
黃海道: 海州 神光寺.
45 「국내사찰현행세칙」『한국근현대불교자료전집』권65, 민족사 1996, pp.420~423.
46 高橋亨, 앞의 책, pp.866~867.
47 이능화, 앞의 책(상), p.616.

位牌는 글자를 삭제한 후 불태우도록 지시하였다.

월해는 '승도가 해산하여 사찰이 비게 되면 사중의 여러 가지 물품과 관리서를 설치할 때 나누어 준 인장은 어떻게 처분한 것인지 적절한 조처를 바란다'고 재차 청원하였다. 그러나 궁내부는 이 청원을 받고 아무런 대책을 세워주지 않았다.[48]

대한제국은 정치, 경제적으로 혼란이 가중되는 시기에 불교계를 위한 방안을 마련할 수 있는 여력이 없었다. 밀려드는 일본불교의 영향에서 세심하게 배려할 수 있는 상황도 아니었다. 결국 대법산 제도는 소기의 성과를 남기지 못하고 폐쇄될 수밖에 없었다.

3) 사사관리서 설치와 현행세칙

사사관리서는 1902년 4월 11일 국가적인 차원에서 불교를 체계적으로 관리하기 위해 설립된 부서였다.[49] 사사관리서를 설치한 것은 일본불교의 침략에 상대적으로 미약한 처지에 있는 조선불교를 통합·정리해서 발전시킨다면 그것이 곧 일본의 침략에서 국가를 보위할 수 있는 길이라고 생각한 것이다. 조선조 지속된 배불의 경향에서 본다면 상당히 변화된 인식이었다.

그해 7월 사사관리서는 조선불교 관리를 위해 36개조의 '국내사찰현행세칙'을 제정하였다.[50] 이 세칙은 일본불교의 침투에 조선불교를

---

48 「대한매일신보」 1906. 08. 02.

49 高橋亨, 앞의 책, p.867.

50 권종석, 「국내사찰현행세칙연의」『한국근현대불교자료전집』 권65, 민족사 1996,
   p.411.

보호하고자 하는 차원에서 제정된 것이므로 당시 불교의 사회적인
위상과 역할을 살펴볼 수 있는 자료이다.

제일 먼저 밝히고 있는 것은 하나의 교리나 종파에 구애되지 않고
돈·점·비밀·부정·장·통·별·원의 8교의 수기문을 선양하여 견성성
불의 진리를 개시할 것을 말하고 있다.[51] 이는 조선불교를 통불교로
이해하고 있고, 선종 중심의 교단에서 천태종의 교판이 절충된 시각이
었다.[52]

2조와 3조에서는 불교의 사회적 역할에 대해 거론하였다. 일상의
윤리를 지녀 그 은혜가 사부대중에게 미치고 그들이 진리를 체득하여
종교적 감화를 얻을 수 있도록 하였다. 정치적인 이해관계는 일체
허락하지 않았다.

사사관리서가 설치되고 국내사찰현행세칙이 반포되면서 역사적으
로 주목할 만한 것은 국가에서 승려가 되는 길을 공식적으로 열어준
것이다. 출가자는 규비금 두 냥을 본사에 납부한 후 도첩을 받고
그 뒤에 삭발하도록 하였다. 이와 같은 조치에도 불구하고 만약 도첩과
명적名籍이 없는 상태에서 적발되었을 때는 중징계하여 환속시키도록
하였다.

국내사찰현행세칙에 의해 사원경제가 국가주도형으로 전환되었
다. 사사관리서의 이와 같은 조치는 불교의 귀중한 문화재와 재산을
보호하고자 하는 의도였다. 사원 내의 모든 존재물들을 자세히 기록하

51 「국내사찰현행세칙」, 『한국근현대불교자료전집』 권65, 민족사 1996, p.412.
52 이기영, 「조선왕조말기의 불교」 『민족문화연구』 제10호, 고대민족문화연구소
1976, p.64.

여 책자로 만든 후 1부는 사원에 보관하고 각 도의 본사에 1부 그리고 관리서에 1부를 두어 철저한 관리를 실행하였다. 사원 공용의 재원이 개인용으로 유용되는 일이 없도록 한 것이다.

사원의 제반잡역을 혁파하였다. 승려의 사회적 신분을 높이고 교단의 발전을 위해 보상과 징계의 규칙을 시행하였다. 그리고 학교를 설립하여 승려 가운데 총명하고 재주가 있는 자를 교수하여 교단의 발전을 도모하려는 정책들이 계획되었다.[53]

사사관리서는 한국불교 관리방향의 하나로 일본불교 신도회 활동을 견제하기 위해 신도회를 조직하였다. 명칭은 종교회宗敎會로 동대문 밖 안양암安養庵에 두었다. 그곳에서 거사 수십 명이 모여 신앙활동을 하면서 정기적인 법회를 개설하였다.[54] 이런 거사들의 모임에 교장 1인, 부교장 1인, 참사, 서기 각 2인의 임원을 두었다. 이들은 경성뿐 아니라 각 도 거사들의 불교활동도 관장하였다.[55]

이와 같은 사사관리서의 설치와 시행규칙으로 사찰과 승려들이 국가관리 안으로 들어와 보호를 받게 되었다. 그러나 대한제국의 쇠락으로 관리서를 유지하기 어려웠다. 결국 별다른 성과를 내지 못하고 1904년 1월 폐지되었다.[56]

---

53 「국내사찰현행세칙」 앞의 책, pp.412~429.

54 「황성신문」 1902. 07. 04.

55 「황성신문」 1902. 07. 07.

56 이기영, 앞의 논문, p.64.

3. 근대 불교계의 변화와 종단건립

1) 경허와 근대 선풍의 진작

근대불교를 중흥한 수행자는 경허鏡虛이다. 그는 배불정책으로 쇠락해진 조선불교에 선풍을 진작시키며 많은 선원을 복원하고 잃어버렸던 전통을 회복하였다. 이후 조선불교에서 일어난 선풍운동은 그의 사상을 계승하고 있다.

경허는 1846년 전주 자동리에서 출생하였다.[57] 9세에 광주 청계사에서 계허桂虛를 은사로 계를 받았다. 동학사 만화萬化화상을 만나 대승의 법기임을 인정받은 후 교학에 전념하여 강주가 되었다. 23세 때 동학사에서 개강하자 학인들이 몰려왔다.

스승 계허를 만나러 한양을 가던 중 전염병이 도는 마을에서 사교입선捨敎入禪의 계기를 맞았다. 동학사로 돌아와 문을 걸어 잠그고 화두를 참구하여 1879년 동짓달 보름 확철대오 하였다. 이듬해 연암산 천장암天藏庵으로 거처를 옮겼다. 20여 년간 호서에 머물면서 마음을 고요히 묵상하기도 하고 때로는 설법하면서 선풍을 크게 떨쳤다.

경허가 쇠락해진 불교를 일으키기 위해 주도한 것은 정혜결사였다. 1899년 가을 오랫동안 머물렀던 호서지방을 떠나 가야산 해인사로 옮겼다. 그 후 통도사, 범어사, 화엄사, 송광사로 다니며 선원을 복원하며 결사운동을 전개하였다.[58]

당시 조선불교는 오랫동안 배불의 상황 아래에서 진정한 불법을

---

57 『경허집』(『한국불교전서』 권11), p.587 하.
58 한암문도회 편, 『한암일발록』, 민족사 1995, p.290~296.

펴기가 어려웠다. 정법 보기를 흙같이 하고 혜명의 계승을 아이들 장난처럼 여기며 서로 반목하고 질투하여 정법안장正法眼藏의 말씀을 들을 수가 없었다.[59] 불법의 쇠잔함은 물론 깨침의 인가와 의발을 전할 사람이 없었다. 법맥마저 단절된 상태였다.[60]

이러한 현실을 타개하고 불교의 자리를 되찾으려는 개선책을 제시하였다. 교법이 바로 서고 올바로 이해할 수 있는 수행풍토의 조성이었다. 불교가 흥성하게 되면 선지식을 찾아 정법을 결택하는 수행자가 많아지고, 위로는 천자로부터 아래로는 왕공과 귀족, 그리고 초야에 묻혀 사는 사람들까지 무생을 증득할 수 있다고 생각한 것이다.[61]

이와 같은 상황에서 주도된 결사는 다음과 같은 의의를 지니고 있다. 먼저 조선불교 안에 존재했던 결사의 전통을 계승한 점이다. 오랜 시간 동안 단절된 상태에서 다시 결사를 주도하려는 경허에게 역사적 전통관계는 중요하였다. 그는 멀리는 여산 혜원廬山慧遠과 가깝게는 보조 지눌의 결사정신을 계승하였다.[62]

다음, 정혜를 닦는 가운데에서도 현실적 구원사상을 제시하였다. 결사운동에 도솔천 상생을 발원하는 미륵사상을 도입함으로써 근기가 미치지 못하는 중생들에게도 구원의 희망을 제시한 것이다.[63]

이와 같은 경허의 사상과 실천은 일제의 침략이라는 시대적 상황에

---

59 『경허집』(『한국불교전서』 권11), pp.608 하~609 상.
60 한암문도회, 앞의 책, pp.293~294.
61 『경허집』(『한국불교전서』 권11), p.608 하.
62 『경허집』(『한국불교전서』 권11), p.604 中.
63 『경허집』(『한국불교전서』 권11), p.606 上.

서 각종 통제와 함께 내적 모순을 극복하고 불조의 정맥을 계승하려는 선풍운동의 사상적 배경이 되었다. 일제강점기 선풍운동을 주도한 인물들과 경허와의 관계를 살펴보면 제자이거나 결사와 관련이 깊은 수행자였다. 이는 1942년 불교계에서 『경허집』 발간이 발기되고 전국의 선원이 동참하고 있는 것에서 확연히 드러나고 있다.

2) 만공과 한암의 결사정신 계승

만공은 1871년 3월 7일 전라북도 태인에서 태어났다. 13세 때 금산사에 갔다가 출가를 결심하였다. 다음해 10월 봉서사에서 경허를 만난 후 서산 천장사로 갔다. 12월 8일 태허를 은사로 경허를 계사로 출가하였다. 법명은 월면月面이었다. 1895년 7월 26일 새벽예불을 하며 '응관법계성應觀法界性 일체유심조一切唯心造'라는 구절을 외울 때 화엄찰해가 홀연히 열리면서 법계의 성품을 깨달았다.[64]

보경화상의 권유로 공주 마곡사에서 보임에 들어갔다. 다음해 7월 15일 경허를 만나 지금까지 공부한 것을 말하자 경허는 화중생연火中生蓮이라 하며 그의 견처를 높이 평가하였다. 그리고 견성오도를 체득할 수 있는 무자無字 화두를 참구하도록 권하였다.[65] 2년 뒤인 1898년 7월 만공은 서산 부석사에 주석하던 경허를 만나 법을 물어 현현한 묘리를 수학하였다. 그리고 그를 따라 범어사 계명암 선원으로 가서 하안거를 마쳤다.[66]

---

64 『만공어록』, 수덕사 1968, pp.272~275.
65 정성본, 「만공선사의 생애와 선사상 연구」 『한국불교학』 제22집, 한국불교학회 1997, pp.119~121.

1904년 7월 15일 경허는 함북 갑산으로 가는 길에 들러 그간의 공부에 대해 인가하고 전법게를 주었다. 만공이란 호를 주면서 불조의 혜명을 이어가도록 부촉하였다. 경허의 법통을 계승한 만공은 수덕사 와 정혜사 그리고 견성암에서 선풍을 진작시켰다.[67]

만공은 일제강점기 선불교의 중흥을 위해 많은 선원을 건설하고 후학을 양성하였다. 1931년 정혜사와 수덕사에 선원을 두고 대중 40여 명을 지도하였다.[68] 그 후 금강산 유점사 마하연 선원에서 3년을 보내며 조선불교의 수행풍토에 대해 긍정적으로 평가하고 이를 중심으 로 발전하기를 염원하였다.[69] 이런 생각은 경성 중앙선원의 주실籌室로 지낼 때,[70] 경기도 여러 선원과 마곡사의 주지로 지낼 때,[71] 그리고 정혜사에서 수행할 때 실천되었다.

그는 경허의 사상을 계승하는 데 노력하였다. 출가와 깨달음 그리고 보임에 이르기까지 많은 영향을 받았다. 경허에 의해 중흥된 근대 선풍을 계승하고 진작시켰다.[72] 그가 실천한 결사는 1928년에 기록한 「견성암방함록서見性庵芳啣錄序」와 1937년에 기록한 「덕숭산정혜사 능인선회방함서德崇山定慧寺能仁禪會芳啣序」를 볼 때 두 번 이상 있었음 을 짐작할 수 있다.

66 『만공법어』, 수덕사 능인선원 1982, pp.277~278.

67 『만공어록』, 수덕사 1968, pp.278~280.

68 「지방선원소식」 『선원』 제3호, p.74.

69 「송만공 선사와 일문일답」 『조선불교』 105호, 참조.

70 「선원소식」 『선원』 제4호, pp.42~43.

71 『불교시보』 제5호, '주지진산식' 참조.

72 『만공어록』, 수덕사 1968, pp.278~280.

한암은 1876년 강원도 화천에서 태어났다. 한학자였던 부친의 영향으로 일찍부터 서당에서 공부하였다. 1897년 22세가 되던 해 금강산 장안사에서 출가한 그는 신계사 보운강원에서 일대시교를 수학하였다. 강원에서 보조의 『수심결』을 읽던 중 깨달음을 얻었다. 그 후 청암사, 해인사, 통도사, 범어사 선원에서 참선정진하며 보임하였다.[73]

24세인 1899년 경허를 만나 1903년 하안거까지 함께 수행하였다. 그에게 있어 경허는 참선과 교학 모두를 일러준 스승이었다. 조선불교 전통과 수행의 회복에 많은 노력을 기울인 그는 실천의 정신을 멀리는 보조의 결사운동과 가까이는 경허의 결사운동에서 찾았다.

한암의 결사운동을 알 수 있는 것은 금강산 건봉사 결사이다. 그에 관한 계기와 청규에 대한 것을 전하고 있는 것이 「금강산건봉사만일원 신설선회선중방함록서」이다. 이 글은 한암이 1921년 동안거가 끝난 3일 후인 1922년 정월 18일에 썼다. 그의 결사정신이 구체적으로 보조의 사상을 계승하였다는 것을 보여주는 자료이다.[74]

결사의 계기는 한암이 내금강 장안사에 있던 1921년이었다. 건봉사의 주지 이대련李大蓮과 감무 이금암李錦庵 전 주지 이운파李雲坡와 산중의 모든 대중들이 마음을 모아 협의하여 만일원의 예전 염불회를 없애고 선회를 설치하였다. 여러 곳에서 참선하고 있던 대중들을 모으고 그들을 지도할 인물로 한암을 초빙하였다.[75]

---

73 김호성, 『방한암선사』, 민족사 1995, pp.18~20.

74 김호성, 「결사의 근대적 전개양상」『보조사상』 제8집, 보조사상연구원 1995, p.152.

75 「선중방함록 서문과 시문」『대중불교』 134호(1994. 01), p.48.

결사를 지도한 한암은 모든 중생들이 참되고 올바른 신심을 함께 일으키어 더할 데 없이 큰 길임을 깨달아서 다시는 사특한 그물에 걸리지 말고 속히 불과를 증득할 것을 강조하였다.[76] 그 내용은 보조와 경허의 결사정신과 일치하고 있다. 그들의 사상을 계승하여 조선불교의 선풍을 진작시키려 한 생각을 알 수 있다.[77]

한암의 결사운동 가운데 그 연대를 알 수 없고 행해진 사실만 알 수 있는 것이 불영사 결사이다. 결사에 대한 방함록 서문인 「불영사 수선사방함록서」를 보면 불영사의 조실로 주석하면서 수선사를 결성하여 참선수행을 주도한 것이다. 자세한 내용은 전해지지 않지만 결사 이름으로 볼 때 보조와 경허가 주도했던 결사를 계승한 것으로 짐작된다.[78]

3) 명진학교의 설립과 불교교육

1904년 사사관리서가 폐지되자 전국의 사찰을 관리하던 대법산 원흥사도 역할을 수행할 수 없게 되었다. 1906년 2월 홍월초洪月初와 이보담李寶潭은 이곳에 불교연구회佛敎硏究會를 세웠다. 불교연구회는 원흥사에 본부를 두고 지방 사찰에 지부를 두었다. 조선불교의 근대화를 위해 명진학교明進學校를 설립하고 전국 사찰에 불교와 신학문의 연마를 호소하였다.

총무 이보담은 1906년 2월 5일 내부內部에 청원서를 제출하였다.

---

76 「법거량 I」『대중불교』 135호(1994. 02), p.82.

77 보조, 「권수정혜결사문」『보조전서』, 불일출판사 1989, p.28.

78 김호성, 앞의 논문, p.152.

2월 19일 이를 허가한 내부는 학문을 연구하고 교육을 개발하여 자비와 수선에만 힘쓸 것을 당부하였다. 만약 교육을 빙자하여 폐단이 발생하면 그 일에 따라 상당한 조치를 할 것이라는 단서를 붙여 승인하였다.

허가를 받은 불교연구회는 각 도 수사찰에 그 취지와 학생을 모집하는 통문을 보냈다. '조선불교의 위상이 현저하게 낮아져 있는 것은 승려들이 세계의 학문에 도달하지 못했고 사물의 이치를 등한히 하였기 때문이다. 그러한 모순을 척결하고 앞으로 불교가 흥왕하기 위해 학교를 설립해서 불교의 묘리를 연습하고, 새로운 가르침을 배우고, 다른 나라의 언어를 배워야 한다'고 하였다. 이런 문제의식으로 13세에서 30세의 학생들을 뽑았으며 경비는 연구회에서 부담하였다.[79] 이런 목적에서 설립된 명진학교는 당시 의식 있는 승려들의 지지를 받았음은 물론 경제적인 후원도 뒤따랐다.[80]

명진학교는 4월 10일 개교하였다. 6월 14일 경무사 박승조가 원흥사에 와서 섭리 월해와 다른 승려들을 해산시키고 그 사우寺宇 전부를 명진학교에 위탁하여 학생교육에 사용하도록 하였다.

명진학교는 각 도 수사찰에서 학생 2명씩만 선발하였기 때문에 입학이 어려웠다. 학업과정도 신학문을 교수하여 포교인재를 양성하였기 때문에 불교 과목보다는 일반학과 과목의 비중이 컸다. 강의도 학기나 교과목에 따라 수시로 강사가 초빙되었다. 특강에는 사회 명사가 초빙되어 교육적 질이 우수하였다. 그런 까닭에 정선된 소수의 졸업생을 배출하였다. 명진학교를 졸업한 사람들은 조선불교의 모순

---

79 이능화, 『조선불교통사』 하권, 신문관 1918, pp.936~937.
80 「대한매일신보」 1906. 07. 05.

을 척결하려는 개혁의지를 지니게 되었고 불교 근대화에 일익을 담당하였다.[81]

그러나 격변의 시대였던 만큼 명진학교도 어려울 수밖에 없었다. 1907년 6월 25일 총회에서 이회광李晦光이 명진학교장으로 선출되었다.[82] 그는 1908년 3월 6일 원종圓宗의 대종정으로 뽑히면서 명진학교를 운영하게 되자 교명을 불교사범학교佛敎師範學校로 바꿨다.[83]

불교사범학교 교과과정은 명진학교보다 조금 높았다. 외국어와 측량·토목·산술·역사·지리 등 신학문이 더 배정되었다. 그리고 신설된 수의과隨意科의 교과과정은 주로 일어를 이수하는 데 중점을 두었다.[84]

직제는 명진학교에 비해 조금 축소되었다. 졸업 후 일정한 기간 동안 의무적으로 지정된 학교와 전문 강당에서 종사해야 하는 규정이 신설되었다. 이와 같은 규정을 어길 경우 재학 때에 받았던 사비금의 전부나 일부를 상환해야 하였다.[85]

1910년 8월 한일합방으로 교육에 관한 것도 일제의 통제를 받게 되었다. 9월 경성부에 의해 실태조사를 받았다. 1911년 8월 23일부터 조선교육령에 따라 조선인을 일본국민으로 육성하려는 그들의 의도에 의해 일어와 일본역사 그리고 일본지리 등이 교과과정에 편성되었다.

81 남도영, 「구한말의 명진학교」, 『역사학보』 제90집, pp.118~121.

82 이능화, 앞의 책, p.937.

83 이능화, 『조선불교통사』 상권, 신문관 1918 p.625.

84 칠십년사편찬위원회, 『동대칠십년사』, 동국대출판부 1985, pp.17~18.

85 칠십년사편찬위원회, 앞의 책, pp.280~285.

불교사범학교는 이런 정치적 원인과 함께 종단의 혼란으로 운영이 어렵게 되었다. 1908년 원종의 종정으로 추대된 이회광은 한일합방이 되자 원종과 조동종과의 연합을 체결하고자 하였다. 그 연합이 조선불교를 일본불교에 예속시키려는 불평등조약임이 알려지자 호남과 영남을 중심으로 임제종이 설립되어 불교계가 남북으로 분열되었다. 상황이 이렇게 되자 불교사범학교도 영향을 받아 선생은 선생대로, 학생은 학생대로 자기가 소속되어 있던 사찰로 돌아가는 사태에 이르렀다. 본의 아니게 학교는 휴교하게 되었다.[86]

총독부는 조선불교를 30본산으로 재편하면서 명칭을 선교양종으로 하고 다른 명칭은 쓰지 못하게 하였다. 홍월초는 1912년 8월 이회광과 여러 인사를 초대하였다. 일본 조동종과의 연합을 반대하던 이유를 설명하고 이제부터 불교의 장래를 위하여 적극적으로 화합·협력할 것을 약속하였다.[87] 휴교했던 불교사범학교가 다시 개교하였고, 1914년 4월 1일 학교명을 고등불교강숙高等佛敎講塾으로 바꾸었다.[88] 그 후 1915년 총독부의 전문학교 규칙 및 사립학교령에 따라 전문학교에 해당하는 중앙학림으로 변경되었다. 그리고 지방에는 보통학교 및 중학교 과정인 지방학림을 두었다. 이로써 보통학교-지방학림-중앙학림에 이르는 승가교육제도가 정립되었다.

---

86 칠십년사편찬위원회, 앞의 책, p.19.

87 『조선불교월보』 7호, 1912, p.64.

88 권상로, 『조선불교사개설』, 불교시보사 1939, p.62.

4) 승가교육의 근대적 변화

승가교육에 있어 사미과, 사집과, 사교과, 대교과의 4단계 이력 과정이
형성된 것은 조선 후기였다.[89] 이런 교육제도는 개항 이후 많은 변화를
겪게 되었다. 근대식 교육기관인 명진학교의 설립은 상대적으로 전통
적인 강원교육을 위축시켰다.

1920년대 후반 위축된 강원교육을 부흥하자는 주장이 나타났다.
명진학교는 일반학문이 중심이기 때문에 불교에 대한 연찬 시간이
부족할 수밖에 없었다.[90] 이를 보완하기 위해서 강원교육은 부흥되어야
하고, 강백과 같은 학자를 양성하는 전문 강원의 복구가 최선의 방책이
라고 주장되었다.[91]

그러나 강원교육으로 급변하는 현실을 감당할 수 없었다. 불교계
지식인들은 전통적인 강원교육과 함께 당시의 시대나 역사관을 습득할
수 있는 교육과목의 변경이 필요하다고 인식하였다. 그에 따라 강원에
서 행해지고 있는 교과목과 그것을 이해하는 학인의 능력 등 강원교육
에 대한 총체적인 검토가 있었다.[92] 이런 주장에 대해 반대하는 견해도
있었다.[93]

이런 과정 속에서 1927년 10월 29일 동대문 밖 개운사에서 학인대회
발기준비회가 개최되었다. 준비회는 전통과 자부심이 사라진 조선불

---

89 이능화, 『한국불교통사』 하권, 신문관 1918, pp.989~990.

90 석종원, 「교학연구를 진흥하라」 『불교』 제7호, pp.98~101.

91 박승주, 「專門講院復舊에 就하야」 『불교』 제32호, pp.31~32.

92 조종현, 「講院教育과 制度改新」 『불교』 제93호, 참조.

93 허영호, 「朝鮮佛教教育制度의 缺陷과 改善」 『불교』 제103호, 참조.

교의 난국을 타개하기 위해서 학인들이 반성, 자각, 분발, 그리고 정진이 필요하다고 하였다. 출가 당시 초심으로 돌아가 학인들 각자가 반성하고 부처가 남긴 진리를 책려策勵하여 산간에서 만족하지 말고 중지를 회향하는 승가의 근본정신을 발휘하자고 강조하였다.[94]

학인대회는 1928년 3월 14일에서 17일까지 각황사에서 개최되었다. 이 대회에서 학인들이 행해야 할 기본 방향, 수학 문제, 학인들의 일상생활, 학인대회의 조직 등 제반 노선과 방향 등이 검토되었다.

학인들은 그런 여세를 몰아 전국적인 학인연맹 결성을 계획하였다. 유점사 동국경원에서 6개월간 준비 작업을 거쳐 1928년 가을 학인연맹을 출범시켰다. 전국에 있는 강원이 16곳이었는데, 그 가운데 8개의 강원이 가입하였다.[95]

학인연맹은 1929년 3월 15일 개운사에서 제2차 학인대회를 개최하고 종회에 강원교육제도의 시대화를 위한 건의서를 제출하였다. 그 후에도 학인연맹은 1932년 3월 15일 제3차 학인대회를 개운사에서 개최하는 등 활발하게 움직였다.

이와 같은 논의를 시작으로 불교계는 조선불교중앙교무원의 평의원 총회, 조선불교선교양종승려대회, 그리고 종회 등에서 끊임없이 강원 교육의 새로운 변화를 모색하였다. 그러나 전환기의 교육의식과 역사 의식을 보여주던 강원제도의 부활은 실행되지 못했다. 그 같은 변화를 추구하기에는 조선불교의 교세가 약했던 것이다. 그렇지만 시대적 변화를 인식하고 학인들의 승가교육의 운영과 방향에 대해 논의한

---

94 「조선불교학인대회발기취지문」, 『불교』 42호, 참조.
95 「조선불교학인연맹성립」 『불교』 제55호, 휘보 참조.

점에서 의의가 있다고 하겠다.

5) 원종의 설립 과정과 활동

개항 이후 조선에 진출한 일본불교는 종파별로 활동을 전개하였다. 그런 모습을 지켜본 조선승려들도 종파의 필요성을 인식하게 되었다. 1908년 3월 6일 각 도의 사찰대표 52인이 원흥사에서 총회를 열고 원종종무원을 설립하였다. 이회광을 대종정으로 김현암을 총무로 추대하였다.[96] 선교를 겸행원수兼行圓修하자는 뜻을 종지로 삼았다.[97]

원종의 설립은 '사라진 종파를 복원함으로써 조선불교의 전통회복'이라는 의의가 있다.[98] 활동 역시 그런 방향을 전개되었다. 가장 먼저 노력한 것은 조선불교의 정체성을 세우는 것이었다. 많은 승려들이 후원한 기금으로 북부 전동에 기와집 한 채를 매입하였다. 1910년 10월 27일 조선불교를 대표할 수 있는 사찰 각황사覺皇寺를 창건하였다.[99]

이곳에서 불교의 사회적 인식을 높이기 위해 포교와 불교 강연 그리고 서적 발간 등 여러 가지 행사를 개최하였다.[100] 원종은 처음부터 포교에 적극적인 자세로 임했다. 창건 다음날부터 일반인에게 불교를 전포할 계획으로 포교문을 발행하였다.[101] 일반 신도를 위한 수계식을

---

96 이능화, 『조선불교통사』 하권, 신문관 1918, p.937.
97 김경집, 「근대 원종의 성립과 의의」 『한국불교학』 제29집, 한국불교학회 2001, p.233.
98 김경집, 앞의 논문, p.244.
99 「매일신보」 1914. 1. 30.
100 권상로, 『조선불교사 개설』, 불교시보사 1939, pp.63~64.

238

거행하는 등 다양한 활동을 전개하였다.[102] 그리고 중앙포교당과 각 사찰의 연락관계를 위해 『조선불교월보』를 발간하였다.[103]

대중을 위해 유명한 선승을 초청하여 불교 강연을 개최하였다.[104] 경성의 각 포교당이 연합하여 불교 대강연회를 정기적으로 개최하였 다. 강연회는 춘기와 추기로 나누어서 7일 동안 불교계의 유명 인사 7명을 초청하여 진행하였다.[105] 설법 이외에도 종교적인 문제에 대해 서구 연구자를 초청하여 강연을 개최하는 등 불교에 대한 대중적 인식을 높이기 위해 노력하였다.[106]

마지막으로 원종은 조선불교의 정체성을 찾기 위한 사업으로 각지의 승사僧史, 사적寺跡을 조사하여 서적으로 발간할 계획을 세웠다. 이를 위해 서해담徐海曇, 이회명李晦明, 김현암金玄庵 등 세 명을 편찬위원으 로 선정하였다.[107]

원종은 불교교육에도 남다른 열정을 가지고 있었다. 중앙불교기관 으로 전국의 사찰조직을 정비한 후 명진학교를 고등전문학교 정도의 수준으로 승격시켜 불교사범학교로 바꾸었다.[108]

---

101 「매일신보」, 1910. 10. 29.

102 「매일신보」, 1915. 6. 24.

103 「매일신보」, 1914. 1. 30.

104 「매일신보」, 1915. 3. 30.

105 「매일신보」, 1916. 9. 3.

106 「매일신보」, 1911. 11. 5.

107 「매일신보」, 1910. 11. 29.

108 칠십년사편찬위원회, 『동대칠십년사』, pp.17~18.

6) 임제종의 설립과 활동양상

원종은 조선불교를 대표하는 종단이었지만 대종정 이회광이 일본 조동종과 연합을 도모하면서 많은 파장을 불러 일으켰다. 일진회 회장 이용구의 조언대로 '조선불교의 장래를 위해 일본불교의 원조를 받을 필요가 있다'는 말을 듣고 일본 조동종 승려 다께다한시(武田範之)를 고문으로 추대하였다.[109]

1892년 부산에 건너온 다께다는 용산에 서룡선사瑞龍禪寺를 건립하여 조동종 조선포교관리자로 임명되었다.[110] 이용구와 함께 1907년 권불교재흥서勸佛敎再興書를 작성하였다.[111] 이것을 계기로 이회광과 함께 원종과 일본 조동종의 연합을 추진하게 되었다.[112]

1910년 10월 6일 이회광은 원종종무원을 대표하여 전국 72개 사찰의 위임장을 가지고 일본으로 건너갔다. 조동종 관장 이시까와 슈도(石川素童)를 만나 연합 체결을 제의하였다.[113] 이시까와는 일본 조동종에 비해 원종의 자격이 미흡하기 때문에 대등한 조건에서 연합할 수 없다고 거절하였다. 그렇지만 필요한 때 조선불교를 응원할 수 있다는 여운을 남겼다.

이회광은 연합이 아니면 그 어떠한 조건도 받아들일 수 없다고 주장하였다. 조동종 측은 1년간 유예기간을 두고 조동종의 부속으로

---

109 박경훈, 「근세불교의 연구」『근대한국불교사론』, 민족사 1992, p.32.

110 김승태 역,『일제의 종교침략』, 기독교문사 1990, pp.64~65.

111 高橋亨, 앞의 책, pp.936~939에 그 全文이 실려 있다.

112 江田俊雄,『조선불교사연구』, 동경 국서간행회 1977, p.431.

113 高橋亨, 앞의 책, pp.922~923.

있으면 연합을 체결하겠다고 제의하였다. 이회광은 연합의 위임을 받아왔지 부속의 위임은 받아오지 않았다며 거절하였다. 마침내 조동종과 연합을 체결하였지만 7개조의 내용으로 볼 때 대등한 입장은 아니었다.[114]

조약문 제2조 원종의 인가를 전적으로 조동종에 맡긴다는 내용은 자주적 입장이 아니고 스스로 부속되는 것을 인정하는 모습이었다. 조약문 제3조의 내용은, 원종은 일본의 조동종에서 고문을 초빙하지만 원종은 일본 조동종에 어떠한 인물도 파견할 수 없는 조건이었다. 처음부터 조선불교의 자격이 미흡해서 대등한 연합을 할 수 없다던 태도를 수용한 것이다.

불평등은 제5조에서 확연히 드러나고 있다. 원종은 조동종 신분의

---

114 이능화, 『조선불교통사』 하권, 신문관 1918, p.938.

一. 조선 전체의 圓宗寺院衆은 曹洞宗과 완전하고 영구히 연합동맹 하여 불교를 확장할 것.

一. 조선 圓宗宗務院은 曹洞宗宗務院에 顧問을 依屬할 것.

一. 曹洞宗宗務院은 조선 圓宗宗務院의 設立認可를 得함에 斡旋의 勞를 取할 것.

一. 조선 圓宗宗務院은 曹洞宗의 포교에 대하여 相當한 便利를 圖할 것.

一. 조선 圓宗宗務院은 曹洞宗宗務院에서 布教師 若干員을 招聘하여 각 首寺에 配置하여 일반포교 및 청년승려의 교육을 囑託하고 또는 曹洞宗宗務院이 필요로 인하여 布教師를 派遣하는 時에는 조선 圓宗宗務院은 曹洞宗宗務院이 지정하는 地의 首寺나 혹 寺院에 宿舍를 정하여 일반포교 및 청년승려 교육에 從事케 할 것.

一. 본 締盟은 雙方의 意가 不合하면 廢止變更 혹 改正을 爲할 것.

一. 본 締盟은 其管轄處의 承認을 得하는 日로부터 效力을 발생함.

일본승려를 포교사로 초빙하여 일반포교와 청년승려의 교육을 촉탁하며, 그들이 조선으로 건너올 때 기거할 수 있는 곳과 반드시 그 목적에 종사하도록 하는 것을 성문화하였다. 이에 반해 원종이 포교사를 파견하거나 교육하는 조건은 포함되지 않아 일본불교에 예속을 자청하는 모습이 되고 말았다.

결과적으로 연합은 체결되지 못했다. 막후에서 조종하였던 다께다가 한일합방 직후 신병으로 귀국한 후 사망하면서 연합 과정은 지지부진하였다.[115] 그보다 더 큰 이유는 1911년 6월 제령 7호로 반포된 일제의 사찰령寺刹令이었다. 이와 함께 9월 1일부터 시행된 전문 8조의 사찰령시행규칙寺刹令施行規則으로 조선불교가 30본산으로 재편되면서 여타의 종파는 인정되지 않았다.[116] 식민지 지배체제로 가려는 의도였기 때문에 원종은 인정되지 못했다. 그 결과 조동종과의 연합도 성립될 수 없었다.[117]

그러나 원종과 조동종이 맺은 조약 내용이 누설되면서 많은 파장을 불러 일으켰다. 박한영, 진진응, 오성월, 그리고 한용운 등은 조선불교를 일본 조동종에 팔아넘기는 매종역조의 행위로 규탄하였다. 전라, 경상남도의 사찰들이 단합하여 반대운동을 전개하였다.[118]

1911년 1월 15일 영남과 호남의 승려 3백여 명이 송광사에 모여 조선임제종종무원발기총회를 열고 세존에서 조선으로 전래된 정법이

115 서경수, 「일제의 불교정책」『근대한국불교사론』, 민족사 1992, pp.115~116.
116 김경집, 「근대 원종의 성립과 의의」『한국불교학』제29집, pp.236~244.
117 高橋亨, 앞의 책, p.928.
118 김영태, 『한국불교사개설』, 경서원 1986, pp.247~248.

임제종임을 천명하는 취지서를 발표하였다.[119] 태고 보우 이후 사자상 승되어 오던 승가의 법맥이 임제종이었기 때문이다.[120] 선암사 경운 선사를 관장으로 추대하였다. 연로하여 대외적 활동을 이끌 수 없었던 그를 대신하여 한용운이 관장 대리를 맡았다. 1911년 2월 6일 전남 여러 사찰의 대표 15인이 광주 증심사에서 특별총회를 열고 조선불교 를 쇄신하기 위해 임제종 설립을 결의하였다.[121]

임제종이 설립되며 조선불교 선종에 대한 인식이 커졌지만 활동은 녹록하지 않았다. 일제는 1911년 6월 사찰령과 9월 사찰령시행규칙을 제정하여 조선불교를 전면적으로 통제하였다. 임제종은 종무원을 범어사에 두고 통도사, 해인사, 송광사를 3본산으로 정한 후 사법과 승규를 제정하여 총독부에 신청할 생각이었다.[122] 그러나 해당 사찰들 이 30본산 체제가 되면서 무산되었다.

1912년 윤 5월 하동 쌍계사에서 제2회 총회를 열고 임제 종지를 널리 천양할 것을 결의하였다. 한용운, 김학산, 장기림, 김종래, 임만 성 등 다섯 명을 범어사로 보내 임제종 가입을 권유하였다. 이후 동래, 초량. 대구, 경성 등 네 곳에 포교당을 세워 교세를 넓혀 나갔다.[123]

---

119 「매일신보」, 1911. 04. 05. 3면.

120 김영태, 「근대불교의 종통 종맥」『한국근대종교사상사』, 원광대출판국 1984, p.193.

121 「매일신보」, 1911. 02. 02. 2면.
   15인은 金鶴傘, 金寶鼎, 金栗庵, 阿檜城, 趙信峯, 金清浩, 張基林, 朴漢永, 陳震應, 申鏡虛, 宋宗憲, 金鍾來, 金錫演, 宋鶴峰, 都振浩 등이다.

122 「매일신보」, 1911. 10. 03. 2면.

123 이능화, 앞의 책(하), pp.938~939.

그러나 경성부가 1912년 6월 21일 각 본산주지회의에서 원종과 임제종
을 철거하라고 명령하면서 민족적이고 항일적인 종단은 사라지게
되었다.[124]

　일제의 통제가 있었지만 본산 가운데 임제종 활동에 적극적으로
동참한 곳이 있었다. 범어사 주지 오성월은 본말사법을 신청할 때
총독부가 정한 선교양종을 쓰지 않고 임제종을 종지로 하였다.[125]
석왕사 역시 조선임제종총본산이란 명칭으로 본산 가입을 시도하였
다.[126] 이렇게 임제종 이름으로 활동하는 곳이 있자 총독부 내무부장관
은 1912년 6월 26일자로 경남도장관 앞으로 공문을 통첩하여 임제종
칭호를 쓰지 못하게 하고 오직 선교양종만을 쓰도록 하였다.[127]

　일제의 강압으로 더 이상 활동할 수 없게 되자 임제종의 주요 인물들
은 조선선종朝鮮禪宗이란 종명을 사용하였다. 임제종과 같이 조선불
교의 전통이 선종에 있다는 인식이었다. 경성과 호남에서 활발한
활동을 전개하였으나 1915년 일제의 포교규칙 제정 이후 위축될 수밖
에 없었다.

---

124 『조선불교월보』 제6호(1912. 07), p.78.

125 오성월은 범어사의 주지를 지내면서 경허를 범어사로 초청 선풍진작에 힘써
　　1899년 금강암을 필두로 이후 안양암(1900), 계명암(1902), 내원암(1905), 원효암
　　선원(1906) 내지는 안심암, 원응방, 대성암 등의 선회(1909)에 이르기까지 범어사
　　일원을 거의 선원으로 만들어 놓았던 인물이다.
　　「범어사선원연기록청규록」,『범어사지』, 서울: 아세아문화사 1987, pp.235~255.

126 「매일신보」 1912. 06. 05.

127 이능화, 앞의 책(하), pp.945~946.

7) 불교개혁론의 대두와 혁신 내용

일제의 통제로 조선불교는 서서히 식민지 종속체제에 순응하기 시작하였다. 그런 분위기가 지속되자 의식 있는 불교인들은 시대적 상황과 함께 내적 모순을 살펴보고 어떻게 변화할 것인지 고민하였다. 그 결과 조선불교의 새로운 방향을 제시하는 이론들이 발표되었다. 그 추이를 보면 1912년 권상로의 『조선불교개혁론朝鮮佛敎改革論』을 시작으로 1913년 한용운의 『조선불교유신론朝鮮佛敎維新論』 그리고 1922년 이영재의 「조선불교혁신론朝鮮佛敎革新論」으로 이어졌다.

『조선불교개혁론』은 5장에 걸쳐 자신의 개혁적 방향을 제시하였지만 미완으로 끝났다. 그러나 내용을 보면 물질적 개혁에 앞서 정신적 개혁이 선행되어야 한다는 것과, 물질적인 개혁에서 단체와 재단의 방안을 밝혔다. 끝으로 교육에 관한 방안을 제시하였다. 발표된 내용을 보면 불교인의 의식전환과 현 불교계의 당면과제인 승단제도와 사원경제의 변화 그리고 교육적 개혁이 논의되어 개혁의 대의는 어느 정도 짐작할 수 있다.

권상로는 조선불교가 종교로써 경쟁력을 상실한 것은 역사적으로 왕실의 비호를 받고 거기에 안주한 것을 원인으로 보았다. 그리고 현재 전통불교의 모습이 상실된 것은 승려들의 정신적 자각이 부재하고 불교를 이끌어가야 할 스승들의 어리석음을 원인으로 지적하였다. 이런 조선불교가 개혁되기 위해서는 무엇보다도 의식의 전환이 이루어져야 한다. 그 방법으로 불교의 교육과 사원 경제의 적절한 활용을 통해 시대에 맞는 종교적 위상을 정립하는 것이 필요하다고 주장하였다.[128]

　1913년 5월 단행본으로 발표된 한용운의 『조선불교유신론』은 자신이 처한 시대의 모순을 척결하고 새로운 사회에 대응하는 제도적 개선을 제시하였다. 개혁방안을 보면, 조선불교가 전통성을 유지하면서 시급히 개선해야 할 문제점으로 교단, 인재 교육, 그리고 사원경제를 지적하였다.

　'조선불교는 한 절에서 집단생활을 하므로 외형상으로 단결한 듯 보이지만 무슨 일을 하려고 하면 서로 시기하고 의심하고 배척해서 이루어지는 일이 없다. 이런 현실을 타개하고 미래지향적으로 발전하기 위해서는 모두가 단결하여 이 시대를 인식할 수 있는 단체의 구성이 필요하다. 그런 단체는 마음으로 뭉쳐진 단체가 효과적이다. 사람과 재물이 한 곳으로 집중되어 넘치고 모자람의 차와 대립이 없어지기 때문이다.'

　인재 교육의 방안에서는, 조선불교는 인재를 양성할 만큼 충분한 제도와 지도자를 보유하지 못한 것으로 분석하였다.

　'교화를 담당하고 가르치는 사람들은 학식이 미천하여 시세 변화를 인식하지 못하고 개혁의 의지도 없다. 그런 영향으로 영특하고 재주 있는 인재가 사장되어 조선불교의 장래가 밝지 못하다. 승려의 수준 역시 높지 못하기 때문에 이들이 사회적으로 역량을 발휘할 수 있도록 교육이 절실하다. 이런 교육적 현실을 타개하기 위해서는 학제의 완비와 넓은 시야를 지닐 수 있는 교육관이 필요하다.' 그리고 학제로는 보통학, 중등학, 대학 등으로 구분하면서 특히 인재를 교육할 수 있는

---

128 김경집, 「권상노의 개혁론 연구」『한국불교학』 제25집, 한국불교학회 1999, pp.418~425.

사범학을 강조하였다.

끝으로 전통불교의 지평을 확대할 수 있는 개혁방안으로 사원경제의
효율성을 강조하였다. 조선불교는 역사적으로 오랫동안 존재하였기
때문에 경제적 가치가 많다. 그것을 활용하는 방법으로 두 가지를
제안하였다. '개인적 이익이나 소유를 금하는 무소유를 원칙으로 하고
공공적인 활용에는 써야 한다. 다음, 수행자도 조선불교가 가지고
있는 산림을 활용하여 생산성을 얻어야 한다'고 주장하였다.[129]

이영재는 1922년 조선일보에「조선불교혁신론」을 연재하면서 암
울한 시대일수록 개혁이 필요한 시기임을 강조하였다.[130] 그는 개혁방
안으로 조선불교의 포교와 교육 그리고 사회, 경제적인 변화를 강조하
였다.

이런 문제점을 해결하기 위해 조선불교가 우선적으로 관심을 가져야
할 부분은 교육체계의 정비였다. 그것이 불교정책을 실행할 수 있는
근본이 되기 때문이었다. 그리고 배출된 인물들이 종단을 이끌어
간다면 일교만능─敎萬能의 체제가 될 수 있다고 보았다.

불교와 사회의 관계는, 경제적 혁신을 통한 사회발전에의 기여와
사회사업을 통한 중생구제였다. 경제적 혁신은 신도들의 보시금에
의존하는 사원경제의 한계성을 벗어나고, 주지 전횡으로 소모되는
사찰재원을 경제적으로 유용有用하여 자립경제로 전환할 것을 제시하
였다. 사회적으로 지역과 민중과의 밀접한 교섭을 통해 중생구제의

129 김경집,『한국근대불교사』, 경서원 1998, pp.307~311.
130 김경집,「이영재의 불교혁신사상 연구」,『한국불교학』제20집, 한국불교학회
    1995, pp.567~568.

이상을 실현하고, 사회사업의 역량 증대로 종교의 우위와 발전의 초석을 구축하며, 그리고 사회적 문제를 풀어갈 수 있는 계몽활동을 제시하였다.[131]

이런 내용을 종합해 볼 때, 1910년대에서 1920년대로 계승되고 있는 개혁론에 나타나고 있는 점은 종풍의 확립, 승단의 제도와 의식의 개혁, 교육과 포교의 변화 추구, 그리고 계몽적 활동 등 다양하였다. 그런 점에서 개혁론은 근대라는 시대적 변화 속에서 불교의 사회적 지위와 역할을 새롭게 제시한 이론이며, 시대적 사명의 자각임을 알 수 있다.[132]

4. 일제의 조선불교 통제와 저항

1) 통제법령의 제정과 30본산

일제는 1905년 을사늑약 이후 점점 식민지 지배체제를 구축하기 시작하였다. 그런 동향에 따라 지금까지 일본불교의 협력을 받았던 조선불교 통제도 독자적으로 실행할 생각을 하였다.

1906년 11월 17일 통감부는 6개조의 '종교의 선포에 관한 규칙'을 발령하고 12월 1일부터 시행하였다. 이 법령은 일본불교가 조선사찰을 병합할 때 통감부 인가를 얻어야 하는 내용이었다. 일본불교의

---

131 김경집, 「근대불교의 기점과 개혁적 전개」 『종교교육연구』 제7권, 한국종교교육학회 1998, pp.85~86.

132 양은용, 「權相老 佛敎改革思想의 硏究」 『韓國宗敎思想의 再照明』 상권, 원광대출판국 1993, p.437.

무분별한 행동이 앞으로 진행할 식민정책에 장애가 될 것을 우려한 조치였다.[133]

법령이 발표되자 일본불교의 각 종파는 조선사찰의 관리를 통감부에 신청하였다. 그 가운데 대곡파 본원사의 청원이 두드러졌다. 본파 본원사도 1907년 4월에서 1911년까지 말사로 관리하겠다는 사찰이 100여 개에 이르렀다.[134] 이들이 요청한 사찰 가운데 전통사찰로 사격을 이어오고 있는 대찰이 있는 것으로 볼 때 일본불교의 위세가 그만큼 컸음을 짐작할 수 있다.[135]

이와 같은 추세 속에 조선사찰이 자발적으로 일본불교 말사로 등록하여 정치적, 경제적인 보호를 받으려는 일도 있었다. 일본불교와 병합함으로써 자신의 신분상승과 함께 사찰보호라는 현실적 이익을 추구한 것이다. 일본에 건너가 일본불교에서 비구계를 받는 행위가 빈번하여 조선불교의 정체성이 크게 흔들렸다.

이 법령은 1915년 '포교규칙'이 제정되면서 자연스럽게 폐지되었다. 1910년 한일합방 이후 일본인과 한국인을 구별할 필요가 없어졌기 때문이다.

1911년 6월 일제는 제령 7호로 '사찰령'을 반포하였다.[136] 7월 8일 전문 8조로 된 사찰령시행규칙이 제정되고 그해 9월 1일부터 시행되었다.[137] 시행규칙 제2조에 의해 조선불교를 30본산으로 재편하였다.

---

133 「매일신보」, 1911. 01. 12.

134 靑柳南冥, 『조선종교사』, 조선연구회 1911, p.131.

135 서경수, 「일제의 불교정책」 『근대한국불교사론』, 민족사 1992, p.110.

136 『조선총독부관보』, 명치 제227호, p.22.

각 본산 주지는 총독의 승인을 얻어서 취임하며 본말사법 규정에
의해 각 말사를 관할하였다.[138] 1911년 11월부터 총독부는 각 본산의,
제1세 주지를 인가하였다. 그리고 1912년부터 각 본산은 모두 13장으
로 구성된 사법을 제정하고 총독의 인가를 얻었다.[139] 30본산이 제출한
사법은 일제에 의해 기본적인 체제가 이미 정해져 있었다. 사법 가운데
해인사가 1912년 7월 2일 인가되어 가장 빠르며, 선암사가 1919년
8월 28일로 가장 늦었다.

일제는 30본산 주지를 통솔하기 위해 그들의 위상을 높이는 정책을
썼다. 원단에 총독관저와 총독부 공식연회에 그들을 초대하였다.[140]
행정적인 본말 관계가 되면서 본산 주지의 권한이 커졌다. 그 권한을
고수하기 위해 일본불교에 동화되거나 일제에 협력하는 일들이 빈번하
였다.[141] 일제의 의도대로 조선불교의 승직과 법식은 변질되기 시작하
였다.[142]

1912년 5월 28일 30본산 가운데 11본산의 주지가 원흥사에 모여
향후 30본산 주지회의를 정례화하기로 하였다. 6월 17일에서 22일까
지 24본산이 참여한 본산주지회의가 개최되었다. 본산주지들은 원종
종무원의 명칭을 버리고 30본산주지회의원을 출범시켰다. 10개조의

137 『조선총독부관보』, 명치 제257호, p.59.
138 『조선총독부관보』, 명치 제227호, p.22.
139 이능화, 『조선불교통사』(하권), 신문관 1918, p.1135.; 이능화, 『조선불교통사』(상
　　권), 신문관 1918, pp.628~671.
140 「매일신보」 1913. 12. 27.
141 박경훈, 「근세불교의 연구」, 『근대한국불교사론』, 서울 민족사 1989, pp.55~57.
142 이능화, 『조선불교통사』 하권, 신문관 1918, pp.1142~1146.

각본산주지체약各本山住持締約을 작성하여 사찰령과 시행규칙을 준행할 것을 만장일치로 결의하여 일제의 통제에 순응하였다.[143]

30본산주지회의원은 1915년 30본산연합사무소 체제로 전환되었다. 1915년 1월 1일 개최된 본산주지회의는 당시 30본산의 주요 현안을 논의하면서 회의 마지막 날인 1월 10일 임기가 만료된 이회광을 대신해서 새로운 원장으로 강대련을 선출하였다.[144] 이 일은 일제의 의도가 개입된 것이다. 일제는 당시 30본산을 유지하던 방식보다 강력한 통제를 계획하였다. 그것이 30본산연합제규였다.

일제는 1915년 1월 개최된 30본산주지회의 이전부터 30본산을 강력하게 통제하려는 의도가 있었다. 1월 2일 총독의 하례가 끝난 후 4일 총독부 내무부장관, 지방국장 등이 회의에 참석하여 연합제규의 필요성을 역설하였다. 1월 5일 이완용이 30본산을 찾아와 불교진흥에 관한 취지를 역설하였다. 이런 분위기로 볼 때 일제는 이미 조선불교를 강력하게 통제하기로 결정하고 당시 고위층에 있는 조선인과 교감한 것을 알 수 있다. 1월 9일에는 지방국장, 과장, 주임 등이 찾아와 조선각본사연합제규의 취지를 설명하였다.[145]

총독부는 1914년부터 조선각본사연합제규대강을 작성하였다. 그리고 총독의 인가를 얻어 놓고 그 기회를 엿보다가 1915년 1월 정기회의

---

143 「잡보」, 『조선불교월보』 제6호(1912. 07), p.57.
144 「조선선교양종30대본산주지회의소 제4정기총회회의상황」, 『조선진흥회월보』 1호(1915. 03), pp.69~82.
　　그는 당시 29명이 참여한 선거에서 18표를 얻어 압도적으로 선출되었다.
145 「조선선교양종30대본산주지회의소 제4정기총회회의상황」, 『조선진흥회월보』 1호(1915. 03), p.72.

를 좋은 기회로 생각하고 총독부 관리자들이 회의에 참석하여 실행을 요구한 것이다.[146]

다까하시도오루(高橋亨)는 총독부 촉탁으로 있으면서 일본불교의 문제점을 '각종 종파가 존재하는 것'으로 파악하였다. 각종 종파의 난립은 자신들의 이익 때문에 분쟁을 일으켰다. 그런 사태를 피하려면 조선불교는 통일된 조직으로 통제하는 것이 좋다고 제안하였다.[147] 그의 제안을 총독부가 수용해서 30본산연합제규로 만들어지고 주지회의에서 논의된 것이다.[148]

이런 과정 속에서 생겨난 조선사찰각본사연합제규는 1915년 1월 16일 30본산 주지회의 원장인 강대련의 이름으로 제출되어 2월 25일 총독부의 인가를 얻었다.[149] 이후 30본산은 원흥사에서 각황사로 옮기고 명칭도 30본산연합사무소가 되었다.

총독부가 사찰령 다음으로 제정한 법령은 1915년 8월 16일부터 시행된 총독부령 제83호의 '포교규칙'이었다. 전문 19조의 이 법령은 조선에 있어 신도, 불교, 기독교 등 주요 종교에 대한 총독의 감독권을 강화하는 것이었다.

이 법에 의하면 조선에서 포교에 종사하며 또는 포교에 사용하는 설교소를 설립한 자는 본인 거주지와 포교소가 있는 소재지의 관할 행정기관을 경유하여 새로운 허가를 얻도록 하였다.[150]

---

146 조선총독부, 「조선사찰각본사연합제규인가신청서ノ건」『사찰잡건철』, 1915.
147 「매일신보」 1914. 11. 07.
148 高橋亨, 앞의 책, p.929.; p.941.
149 『조선총독부관보』 제770호, 1915. 03. 01.

포교규칙은 1920년 4월 7일 개정되었다. 개정된 내용을 보면 우선 수속의 간편함과 서류 제출의 간소함이 강조되었다. 그리고 본칙에 걸려 있는 벌금형을 삭제하였다. 그러나 새롭게 설교소 또는 강의소 등의 안녕 질서를 문란케 할 우려가 있다고 생각될 때는 그 설립자 또는 관리자에 대하여 사용에 대한 정지와 금지의 규정을 첨가하여 통제의 방향은 변함없었다.[151]

일제는 30본산제를 실시한 이후 식민지 정책을 위한 포석으로 일본 불교 시찰을 시행하였다. 시찰은 1917년 8월에 시작하여 1940년대까지 줄곧 이루어졌으며, 시찰단으로 참여한 사람들이 일본불교의 장엄함과 발달된 일본 사회를 보고 스스로 식민지 국민이 된 것을 인정하도록 하는 것이 목적이었다.

그런 일제의 의도에 따라 일본불교의 시찰은 교단 차원과 불교단체 그리고 지역사회 등 다방면에서 실행되었다. 일제는 자신의 목적이 이루어질 수 있도록 비용과 안내에 있어 많은 부담을 하였다. 그리고 이런 시찰을 통해 그들의 불교문화와 근대화된 선진문물을 보여줌으로써 일본의 국력을 과시하고 동시에 일본에 대한 호감을 얻으려고 하였다. 일제는 그런 시찰을 통해 느낀 소감을 당시 잡지에 게재하여 일본의 우수성을 선전하는 한편, 소속 사찰에 돌아가 소감에 대한 강연을 피력하여 일본을 선전하는 도구로 활용하였다.[152]

---

150 정광호, 『근대한일불교관계사연구』, 인하대출판부 1994, p.246.

151 『조선총독부관보』 제2294호, 1920. 04. 07.

152 김경집, 「일제하 불교시찰단 연구」『한국불교학』 44집, 한국불교학회 2006, 참조.

2) 조선불교의 3.1운동 참여

1919년 3.1운동은 일제의 강점에 맞서 온 국민이 독립을 주장한 비폭력 만세운동이었다. 불교계 역시 참여하여 많은 고초를 겪었다. 불교계의 3.1운동은 두 가지 방향으로 전개되었다. 하나는 한용운의 지도를 받은 중앙학림 학생들이 중심이 되어 중앙에서 전개되었다. 다른 하나는 지방에서 자생적으로 발생한 만세운동이었다.[153]

민족대표 33인에 참여한 불교계 인사는 한용운과 백용성이었다. 한용운은 일본에서 유학할 때 그곳에서 최린崔麟을 만나 밀접한 사이가 되었다. 이런 인연으로 3.1운동의 초기 단계부터 관여하였다.

한용운은 박한영, 진진응, 도진호, 그리고 오성월 등 민족정신이 투철한 인물들과 접촉하였다. 그러나 당시 불편한 교통과 통신 사정으로 독립선언서 인쇄 전까지 확답을 받지 못하고 결국 백용성 한 사람만 참여시킬 수 있었다.

최남선, 최린과 함께 선언서 작성의 기초위원으로 선정된 한용운은 독립선언서에 공약삼장을 추가하였다. 이렇게 작성된 독립선언서는 3.1운동 전날 천도교가 운영하던 보성사에서 3만 매가 인쇄되어 각 종교에 만 매씩 배부되었다.

1919년 2월 28일 밤 한용운은 계동 자신의 집으로 평소 유대관계가 깊었던 중앙학림 학생 신상완, 백성욱, 김법린, 김상헌, 오택언, 김대용, 김봉신과 중앙학교 학생 박민오를 불렀다. 그 자리에서 그간 독립운동을 준비해 온 사실을 밝히고 독립선언서 만 매를 경성과 지방에

---

153 김순석, 『일제시대 조선총독부의 불교정책과 불교계의 대응』, 경인문화사 2003, p.74.

배포할 것을 당부하였다.[154]

학생들은 조직적인 활동을 위해 신상완을 총수로 하고 백성욱을 참모로 하여 제반사항은 경성에서 총괄하도록 하였다. 일부 학생들만 중앙에 남고 나머지는 연고 있는 지역으로 내려가 만세시위를 주도할 것을 결의하였다.[155]

학생들은 독립선언서를 종로 북쪽 일대에 뿌리고 3월 1일 새벽 시내 포교당과 성 밖의 여러 사찰을 돌아다니며 3.1운동 참여를 독려하였다. 지방으로 내려간 학생들도 선언서를 등사하여 사찰을 중심으로 만세운동을 거행하였다.[156]

이런 움직임과 달리 불교계를 장악하고 있던 30본사 주지들은 3.1운동에 호의적이지 않았다. 30본산연합사무소 위원장 김용곡은 정치와 종교는 그 목적이 다르므로 불교도들은 이번 정치문제에 간섭하지 말며, 경거망동하는 무리들에게 도움을 주지 말라고 하였다.[157] 그러나 만세 시위는 전국의 주요 사찰을 중심으로 전개되었다. 그렇게 3.1운동에서 불교계의 역할은 대단히 컸으며, 불교계의 항일 의식을 고양시키는 계기가 되었다.

154 안계현, 「3.1운동과 불교계의 동향」 『근대한국불교사론』, 민족사 1988, pp.266~267.
155 김순석, 앞의 책, p.77.
156 안계현, 앞의 논문, pp.274~281.
157 김순석, 앞의 책, pp.93~94.

3) 임시정부 참여와 독립운동

3.1운동은 목표였던 독립을 성취하지 못했지만 그 이후 다양한 항일투쟁이 전개되는 계기가 되었다. 불교계도 독립운동을 지속하였다. 애국지사들은 지속적인 대일 항쟁을 전개하기 위해 정부 건립을 추진하였다. 그런 움직임은 국내의 한성과 해외의 노령과 상해에서 일어났다. 불교계에서 이종욱과 박한영이 한성 임시정부에 참여하였다.

그 후 단일 정부를 수립하자는 의견에 따라 상해 임시정부로 통합되었다. 불교계의 신상완, 백성욱, 김대용, 김법린 등은 상해로 밀항하여 임시정부에 참여하였다. 그 가운데 신상완과 백성욱은 임시정부의 국내 특파원 자격으로 불교계의 항일운동을 지도하기 위해 귀국하였다. 김상호, 김상헌, 박민오, 김봉신 등과 지하신문인 「혁신공보」를 간행하여 해외 소식을 국내에 알렸다.

3.1운동 직후 국내에서 비밀리에 조직된 항일단체는 조선민족대동단, 대한민국청년외교단, 그리고 대한독립애국단이었다. 조선민족대동단에 가입하여 항일항쟁을 벌인 불교계 인사는 정남용과 송세호였다. 이들은 대동신보 제작과 국내 유력인사의 상해망명 등을 추진하였다. 그리고 국내에서 제2회 독립만세운동을 펼치기도 하였다.

대한민국청년외교단은 1919년 6월 상해에서 조직되었다. 여기에 참여한 불교계 인사는 송세호와 이종욱이었다. 이들은 임시정부 소식을 국내에 알리는 한편 국내 동지의 규합과 자금모집에 참여하였다.

1919년 5월 조직된 대한독립애국단은 경성에 본부를 두고 각 도와 각 군에 도단과 군단을 두었다. 불교계 인사 가운데 신상완과 김상헌 그리고 이석윤이 임시정부의 주선으로 철원애국단에 참여하였다.

이들은 철원의 유지들과 협력하여 제2회 조선독립시위운동을 거행하였으며 독립자금을 마련하여 임시정부에 보냈다.

불교계는 군자금 모집에도 적극적으로 참여하였다. 조직적인 활동도 있었지만 개인적인 활동도 많았다. 이들은 자신들과 연고가 있는 사찰과 인물들을 통해 군자금을 모집하여 임시정부에 보냈다.

불교계 군자금 모집에 조직적으로 활동하여 크게 공헌한 이는 백초월이다. 그는 1919년 4월 경성 중앙학림 내에 한국민단본부를 설치하였다. 자신이 민단 부장이 되어 세상 사람들에게 알리는 한편 자금과 부원 모집에 적극적으로 활동하였다. 그들의 권유로 통도사 주지 김구하, 천은사 주지 하룡하, 화엄사 총무 이인월, 화엄사 승려 김영렬, 그리고 쌍계사 등이 군자금을 제공하였다. 모금된 군자금은 상해 임시정부 및 만주 독립군에 보내졌다.

3.1운동 직후 상해에 간 신상완 등 불교계 인사들도 여러 가지 어려움을 무릅쓰고 군자금 모금운동에 나섰다. 1차로 1919년 10월 김상호, 김상헌, 김석두 및 범어사 원로인 이담해, 오성월, 김경산, 오이산 등이 밀의를 한 끝에 거액의 군자금을 내놓자 김상호가 상해에 특파되어 헌납하였다. 1920년 2월 상해에서 돌아온 김상호와 김상헌은 숙의 끝에 전국적인 모금운동을 전개하기로 하였다. 그런데 신상완과 김상헌이 체포되어 5년의 옥고를 겪게 되면서 계획이 좌절되었다.

해인사의 김봉률, 박달준, 대흥사 박영희 등은 만주에 있던 신흥무관학교에 입교하여 군사훈련을 받았다. 졸업 후 국내로 들어와 군자금을 모금하다가 붙잡혀 옥고를 치렀다.

1919년 11월 15일 중국 상해에서 승려 12명의 이름으로 대한승려연

합회 독립선언서가 임시정부 기관지 「독립신문」에 게재되었다. 주요
내용은 일제가 대한민국의 정체성을 훼손하고 불교를 억압하는 잘못에
대해 7천의 대한승려는 피로써 싸울 것을 천명한 것이다.[158]

이와 같이 3.1운동 직후 불교계 인사들은 일제의 심한 감시에도
불구하고 대일항쟁에 참여하여 많은 공을 남겼다. 여기서 형성된
항일정신은 일제강점기 동안 이어진 불교계 항일운동의 힘이 될 수
있었다. 그리고 그런 힘에 의해 일제의 한국불교[159] 통제정책에 대한
비판과 폐지운동이 전개될 수 있었다.[160]

4) 불교청년회의 결성과 활동

3.1운동 이후 크게 신장된 민족의식은 혁신적인 단체 설립으로 이어졌
다. 이런 분위기는 불교계에도 일어나 전통을 되찾고 발전을 도모하자
는 의식이 모여져 1920년 6월 20일 조선불교청년회가 설립되었다.[161]

조선불교청년회는 당시 불교계가 처한 여러 가지 제도적 모순을
타파하려고 노력하였다. 1920년 12월 유신협의회를 개최하고 30본산

---

158 강석주·박경훈, 『불교근세백년』, 중앙신서 1984, p.184.
　　12명은 오만광吳卍光, 이법인李法印, 김취산金鷲山, 강풍담姜楓潭, 최경파崔鯨波,
　　박법림朴法林, 안호산安湖山, 오동일吳東一, 지경산池擎山, 정운봉鄭雲峯, 배상우裵
　　相祐, 김동호金東昊이다.
159 1919년 3.1독립운동 이후 중국 상해에 수립된 임시정부에서 국호를 대한민국으로
　　정하였다. 따라서 지금까지 조선불교라고 칭하던 것을 한국불교로 칭한다.
160 김경집, 「3.1운동 직후 불교계의 임시정부 참여와 항일운동」 『보조사상』 57집,
　　보조사상연구원 2020, pp.129~149.
161 「동아일보」 1920. 06. 22.

연합사무소 주지총회에 8개의 개혁안을 건의하였다.[162] 1921년 12월 불교유신운동을 적극적으로 전개하기 위하여 조선불교유신회를 별도로 두었다. 불교혁신운동을 본격적으로 추진하는 한편 1922년 1월 30본산 주지총회에 참석하여 불교계 통일기관으로 총무원 설치를 요구하였다.[163]

본산 주지와 총독부는 이런 요구를 수용할 수 없었다. 제안이 거부되자 자신들과 뜻을 같이 하는 10개 본산 주지들과 연합하여 총무원을 세우고 사무소를 각황사에 두었다.[164]

1922년 1월 11일과 12일 총무원을 지지하는 본산 주지와 총독부를 따르는 본산 주지가 모여 30본산 주지총회를 개최하였다. 회의에 참석한 총독부 학무국장은 총무원의 결의를 인정할 수 없고, 조선불교유신회 청년들이 회의를 방해하면 경찰권의 발동으로 제재를 가하겠다고 통보하였다.[165]

총독부의 조치를 따르던 본산 주지들은 강대련이 주지로 있는 수원 용주사에서 30본산주지총회를 개최하기로 합의하자 불교유신회원들이 그의 등에 북을 지우고 경성 시내를 돌아다니는 명고사건鳴鼓事件이 일어났다.[166]

조선불교청년회는 40여 곳에 이르는 지회를 설립하고 계몽활동을

---

162 「각종단체편년」, 『한국근세불교백년사』 제3권, 민족사 1994, pp.6~10.
163 「동아일보」 1922. 01. 05.
164 「동아일보」 1922. 01. 09.
165 「동아일보」 1922. 01. 13.
166 「동아일보」 1922. 03. 27.

전개하며 불교와 지역발전을 도모하였다.[167] 그러나 1924년경 불교유
신회가 소멸되면서 점차 침체기를 맞았다. 그후 1928년 3월 17일
다시 재기하면서 한국불교를 통일할 수 있는 기관 설립을 위한 조선불
교선교양종승려대회 개최를 준비하였다.

 승려대회는 1929년 1월 3일에서 5일까지 각황사에서 열렸다. 3일에
는 사회와 서기, 사찰, 그리고 원활한 대회진행을 위해 의안심의위원
7인을 선정하였다. 4일에는 12장 31조로 된 종헌을 통과시켰다.[168]
5일에는 종회법과 기타 안건, 그리고 설립된 각종 직원을 선거하기
위한 11명의 전형위원을 선발하였다. 그들은 조선불교선교양종의
상징인 교정 7인을 선출하였다. 이어 부서장 선출과 회계를 심사한
다음 하오 7시 폐회하였다.[169]

 그러나 총독부의 방해공작과 친일적인 본사 주지들의 비협조로
대회 도중에 많은 사람이 이탈하였다. 조선불교청년회 회원들은 1929
년 4월 이후 이를 극복할 새로운 조직을 계획하였다. 1930년 5월
만당卍黨을 결성하고 한용운을 당수로 추대하였다. 민족정신 현양,
불교의 대중화, 그리고 정교분립을 강령으로 제정하였다.[170] 참여한

---

167 김경집, 「일제하 조선불교청년회 지회결성과 활동」, 『불교학보』 제88집, 서울:
　　동국대 불교문화연구원, pp.207~218.
168 삼보학회 편, 『한국불교최근백년사』 제4-1책, pp.110~113.
169 「조선불교승려대회발기회회록」 『불교』 54호, pp.109~130.
　　이때 선출된 11명은 권상노, 김포광, 도진호, 백성욱, 오고산, 김상호, 김정해,
　　조학유, 김태흡, 김법린이다.
170 이용조, '한국불교항일투쟁회고록 -내가 아는 卍字黨 사건-' 「대한불교」 55호
　　(1964. 08. 30).

인물들이 청년운동을 통해 한국불교의 자주성을 지향하면서 자연스럽게 항일운동으로 이어졌다.[171]

만당은 당원이 80여 명에 달하자 불교청년총동맹으로 변경하였다.[172] 1931년 3월 22일 조선불교청년대회를 거쳐 23~24일 총동맹 창립대회를 개최하였다. 불타정신의 체험, 합리적인 종무행정의 확립, 대중불교의 실현을 강령으로 채택하였다.[173]

총동맹은 종헌지지, 사법개정, 불청운동 강화, 강원제도 개선, 불교 서적 간행, 그리고 유학생 파견 등 교계의 현안 문제를 논의하였다.[174] 종무행정이 합리적으로 확립되어야 대중불교, 불교의 민중화를 실현할 수 있다고 인식한 것이다.[175] 그런 활동을 위해 1933년 2월 경성 수송동 중앙교무원 내에 조선불교교정연구회를 창립하였다.[176]

5) 한국불교의 전통수호 운동

1915년 총독부가 제정한 포교규칙은 불교와 신도神道 그리고 개신교 외에 다른 종교를 허용하지 않았다. 그리고 허가된 종교의 시설 설립과 포교담당자를 신고하도록 하였다. 사찰령에 의해 30본산 체제가 되면서 임제종이 등록되지 못했던 것처럼 조선선종의 등록 역시 어려울

171 박걸순,『한용운의 생애와 독립투쟁』, 독립기념관 한국독립운동사연구소 1992, pp.108.
172 박동일, 「현금교황과 청년운동의 진전」『불교』79호, p.107.
173 박걸순, 앞의 책, 1992, pp.106~109.
174 「동아일보」1932. 03. 20.
175 조대순, 「종헌반포 기념일과 청년동맹」『불교』104호, p.15.
176 〈교계소식〉, '조선불교교정연구회발기회록'『불교』104호, p.69.

수밖에 없었다. 이런 문제를 해결하기 위해 조선선종 구성원들은 1921년 11월 선학원을 설립하여 전통불교를 지키려 하였다.

주도적 역할은 한 사람은 남전南泉, 도봉道峯, 만공滿空, 용성龍城, 석두石頭 등이었다. 한용운은 3.1운동으로 옥고를 치루고 있었지만 뜻을 함께하였다. 이들은 자신들의 재원을 희사하였고, 재력 있는 신도들의 참여가 있었다.[177] 30본산 체제였지만 오성월이 주지로 있던 범어사는 경성 포교당을 처분하여 건립자금으로 지원하였다.[178] 운영이 활성화되면서 선원이 있는 지방 사찰의 재정 헌납이 이어졌다. 승려들의 개별적인 재산출연도 증가하였다.[179]

선학원은 선풍진작을 위해 선우공제회禪友共濟會를 결성하였다.[180] 서무부, 재무부, 수도부 3부를 두고 적음, 석두, 만공 3인을 이사로 선출하였다. 회원들의 인가를 필요로 하는 사항은 전국 사찰에서 선출된 20명의 평의원 회의에서 결정하였다.[181] 이런 노력으로 가입한 수행자가 365명에 이르게 되었다.[182]

---

177 삼보학회, 「선방편년」 『한국근세불교백년사』 제2권, 민족사 1994, pp.7~8. 1921년 선학원은 경성 시내에서 보살계를 개최하여 南泉 2,000원과 道峯 1,500원, 石頭 2,000원을 찬조하였으며 塼洞에 사는 趙申潤 판서의 어머니 李光明眼이 6,000원, 勳洞에 사는 趙東冕 판서의 어머니 朴光明相이 4,000원을 희사하였다. 그리고 경성에 사는 신도 일동이 10,000원을 희사하였다.

178 정광호, 『근대한일불교관계사연구』, 인하대출판부 1994, pp.190~192.

179 「선우공제회 제3회 정기총회록」 『한국근현대불교자료전집』 65, 민족사 1996, 참조.

180 삼보학회, 「선방편년」 『한국근세불교백년사』 제2권, 민족사 1994, p.9.

181 삼보학회, 「선방편년」 『한국근세불교백년사』 2권, 민족사 1994, p.10.

182 정광호, 앞의 책, pp.193~197.

선우공제회는 각 사찰에 공문을 발송하여 선원을 운영할 것을 권고
하였다. 선려禪侶들을 회원으로 등록하고 회원증을 발부하였다.[183]
공제회의 재정적 운영에 관한 사항은 모두 평의원의 1/2 이상 의결로
집행하였다. 재정을 투명하고 공정하게 유지하려는 노력이었다.[184]

이런 노력에도 불구하고 선학원과 선우공제회는 경제적인 어려움에
처하게 되었다.[185] 1924년 4월 직지사로 사무소를 이전하고 소수의
사무원만 두었다.[186] 1926년 5월 범어사는 선학원을 인수하여 포교당으
로 활용하였다.[187]

선학원이 다시 재건된 것은 1931년 1월이었다. 재건에는 일제의
지배에서 자꾸만 변질되는 한국불교 정체성을 정립하려는 의지가
크게 작용하였다. 1934년부터 준비하여 그 해 12월 5일 재단법인
조선불교선리참구원朝鮮佛教禪理參究院으로 인가받았다.[188]

---

183 「선학원 일지」, 『한국근현대불교자료전집』 65, 민족사 1996, 참조.
184 「선우공제회 창립총회」, 『한국근현대불교자료전집』 65, 민족사 1996, 참조.
185 「선우공제회 제2회 정기총회록」, 『한국근현대불교자료전집』 65, 민족사 1996, 참조.
186 「선우공제회 제3회 정기총회록」, 『한국근현대불교자료전집』 65, 민족사 1996, 참조.
187 선우도량 한국불교근현대사연구회, 『22인의 증언을 통해 본 근현대 불교사』, 선우도량출판부 2002, p.25.
변경하게 된 이면에는 비용 절감도 포함되어 있었다. 선학원은 남전, 도봉, 석두 개인 명의로 되어 그들 앞으로 세금이 나왔기 때문에 부담이 될 수밖에 없었다. 그러나 사찰의 포교당으로 전환하면 세금이 없으므로 일단 범어사 포교소로 전환했다가 재단법인이 된 이후 다시 가져온 것이다.
188 「우리 각 기관의 활동상황」, 『선원』 제4호, p.30.

승려와 신도의 희사가 많아져 선학원의 재정상태가 좋아졌다.[189]
31본산도 찬조금을 보낼 의향이 있음을 밝혔다. 토지와 현금을 가진
승려와 신도들은 자신들의 사후 수좌의 공부를 위한 제위답으로 해달
라는 요청이 잇따랐다.[190]

재건된 선학원은 1935년 3월 23일 수행자의 단합을 위해 선학원
대방에서 전선수좌대회를 개최하였다.[191] 이 대회에서 중앙선원 설치
건의안을 교무원에 제출하였다. 선리참구원의 확장과 선종종규의
제정, 기타 각종 규약을 제정하였다. 그리고 만공, 혜월, 한암을 종정으
로 선출하였다.[192]

선학원은 중앙교무원을 상대로 수좌들의 수행을 위한 총림 건설을
위해 지리산, 가야산, 오대산, 금강산, 묘향산 등 5대 산을 요구하였
다. 1941년 3월 4일부터 10일간 한국불교의 전통수호를 위한 고승수
양법회를 개최하였다.[193] 만공을 비롯하여 34명의 청정비구들이 집결
하여 선학과 계율, 『범망경』과 『유교경』, 그리고 조계 종지에 대해
설법하였다.[194]

고승수양법회를 끝낸 선학원은 여세를 몰아 불교계에 지계와 수행에
대한 의식을 높이기 위해 범행단梵行團을 조직하였다. 습정균혜習定均

189 「재단법인 조선불교중앙선리참구원 설립당시 기부 재산자 일람표」 『선원』 제4호,
    pp.44~45.
190 「우리 각 기관의 활동상황」 『선원』 제4호, p.31.
191 「매일신보」 1935. 03. 12.
192 『불교시보』 제1호, '재단법인선리참구원인가' 참조.
193 정광호, 앞의 책, pp.201~205.
194 만공, 「서울선학원고승수양대회시설법」 『만공어록』, 수덕사 1968, p.77.

慧의 비구로 조직하여 선학과 계율의 종지를 실천하는 데 앞장섰다.[195]

5. 식민지 체제 속의 한국불교

1) 일제하 교단체제의 변화

일제의 통제에 거부감을 가졌던 통도사, 범어사, 해인사, 석왕사, 백양사, 위봉사, 봉선사, 송광사, 기림사, 건봉사 등 10본산은 1922년 1월 7일 조선불교도총회를 개최하였다. 통일기관으로 조선불교총무원을 두기로 결의하고 사무소를 각황사에 두었다.[196]

　다음날 열린 회의에서 총무원 산하에 이무부理務部와 사무부事務部를 두고 재정은 전국 900여 사찰의 재원을 3등분하여 1/3은 사찰운영, 1/3은 그 지역 포교와 교육사업, 나머지 1/3은 서울에서 모든 사찰을 대표할 수 있는 불교 사업에 사용할 것을 결의하였다. 이를 집행하기 위한 임시 원장 1인, 부장 2인, 부원 4인을 두기로 하였다. 오성월 외 14인을 선정하여 종헌을 제정한 후 다시 불교총회를 열어 규칙을 통과시켰다.[197] 그러나 총무원 설립에 반대한 16본산은 강대련이 주지를 맡고 있는 용주사에서 30본산 주지회의를 개최하며 이들과 대립하였다.[198]

　30본산의 갈등을 지켜본 총독부 학무국은 1922년 5월 24일 종래

---

195 『불교시보』 제69호(1941. 4. 15.) '범행단조직' 참조.
196 「동아일보」 1922. 01. 09.
197 「동아일보」 1922. 01. 11.
198 「동아일보」 1922. 03. 27.

30본산 연합제도를 폐지하는 동시에 10본산이 설립한 총무원도 폐지하고 새로운 통일기관 설립을 제안하였다.[199] 그 결과 26일 개최된 회의에서 30본산연합제규가 폐지되었고,[200] 27일 불교중앙기관 설립에 대해 논의하여 조선불교중앙교무원으로 결정하였다.[201]

총무원 측은 이런 중앙기관을 설립하는 데 일반 불교도가 참여하는 불교총회가 되어야 한다고 주장하였지만 받아들여지지 않았다. 불신임안을 제출하고 회의에서 물러나왔다.[202]

중앙기관의 설치는 총독부의 의도대로 되었다. 그들의 통제를 받는 본산 주지들이 모여 교무원 산하에 서무, 교육, 포교, 재무, 사교 등 5부를 두기로 하였다. 임원은 임기 2년으로 30본산 주지 중에서 전임이사 5명을 두기로 하는 등 교무원 규칙을 통과시켰다. 그리고 재단법인 설립을 위한 60만 원 출자를 결정하면서 준비를 위한 이사 5명과 감사 3명을 선출하였다.[203]

총독부의 개입으로 중앙기관이 설립되자 총무원을 지지했던 10개의 본산은 일반 승려의 여론을 무시한 것과[204] 일제의 비호를 받는 교무원의 처사에 찬성할 수 없다고 주장하였다.[205] 그러나 1922년 10월 15일 통도사, 석왕사, 범어사를 제외한 27본산은 재단법인 조선불교중앙교

199 「동아일보」 1922. 05. 25.
200 「동아일보」 1922. 05. 27.
201 「동아일보」 1922. 05. 28.
202 「동아일보」 1922. 05. 29.
203 「동아일보」 1922. 05. 30.; 「동아일보」 1922. 05. 31.
204 「동아일보」 1922. 05. 31.
205 「동아일보」 1922. 07. 22.

무원 설립을 신청하여 28일 인가받았다. 설립목적은 조선불교의 발전을 도모하기 위해서 종교 및 교육 사업을 시행하고, 조선 사찰 각 본말사의 연합을 도모하기 위함이었다.

이렇게 설립된 교무원과 총무원의 대립은 각황사 사용문제에 있어 서로의 연고권을 주장하다 폭력사태까지 발생하였고[206] 법적 소송으로까지 이어졌다.[207] 그러나 총독부의 압력과 보성고보의 운영난으로 어려움을 겪던 총무원은 결국 1924년 4월 3일 교무원과 통합하여 30본산은 재단법인 중앙교무원이 되었다.[208]

2) 일제의 침략전쟁과 불교정책

1931년 6월 제6대 총독으로 부임한 우가키 가즈시게(宇垣一成)는 심전心田개발운동을 시행하였다. 한국의 종교 가운데 불교를 중흥시켜 사상 선도와 정치적 교화를 꾀해 천황에게 순종하는 황국신민으로 육성하기 위한 정책이었다.

이 무렵 일제의 침략전쟁도 본격화되었다. 1931년 9월 만주사변을 일으켜 만주국을 건설하였다. 1932년 1월 상해사변을 일으키며 점점 강력한 제국주의를 추구하였다.

그런 분위기가 지속되자 1935년 7월 28일 재경 주지들이 재단법인 조선불교중앙교무원에 모여 심전개발사업의 성공을 위한 촉진운동발기회를 열었다. 총독부는 한국불교의 유력한 승려들을 동원하여 각종

---

206 「동아일보」 1923. 02. 26.
207 「동아일보」 1923. 03. 01.
208 「동아일보」 1924. 04. 03.

강연회, 강습회, 촉진회를 개최하였다. 그리고 위원회 등을 조직하여 한국 민중의 참여를 유도하였다. 중앙교무원은 불교계 신문과 전문가를 동원시켜 심전개발운동에 앞장섰다.[209] 당시 일본에서 유학한 유학생들과 중앙불교전문학교 학생 등 고등교육을 받은 불교계 인사들이 참여하였다.

1937년 7월 중일전쟁을 일으킨 일제는 불교를 포함한 모든 종교를 국가 통제 하에 두었다. 그리고 8월부터 총력전을 구축하기 위해 국민정신총동원운동을 시작하였다.[210] 총독부 학무국은 포교규칙을 개정하여 비상시국의 국민정신총동원운동에 종교가 중요한 역할을 할 수 있도록 종교행정을 개편하였다.

기독교에 대한 통제도 강화하였다. 한국불교는 사찰령에 의하여 인사와 재정에 관한 모든 것이 인가제로 되어 있어 엄중한 감독을 받고 있었다. 일본불교와 신도 역시 포교규칙에 의하여 당국의 엄중한 통제를 받았다. 그런 상황과 달리 기독교는 강대국과의 관계 때문에 강제적으로 통제할 수 없었다. 신사참배 문제를 비롯하여 일제에 반대하는 활동이 많았다. 그러나 전시체제가 되면서 강력한 통제정책으로 전환된 것이다.

개정 전의 포교규칙은 현재 포교자의 신임 혹은 임명과 포교당 혹은 설교소 등을 새로 설치하는 것은 종교단체의 자유였다. 그런 상항을 총독부에 제출하면 되었다. 그러나 강력한 통제가 실시되면서 포교자 임명에 반드시 총독의 인가를 받도록 하였다. 선교사나 목사의

---

209 김순석, 앞의 책, pp.157~171.
210 최유리, 『일제 말기 식민지 지배정책연구』, 국학자료원 1997, p.78.

선택을 엄중하게 한 조치였다. 기독교 교당 설치도 인가제로 하여 교파 또는 당파적 관계로 조그만 지방에 교회가 2, 3개씩 난립되는 경우가 없도록 하였다. 이 법령은 총독의 결재를 받아 공포한 후 1938년 4월 1일부터 실시하였다.[211]

불교에 대해서도 예전보다 강력한 통제정책을 실시하였다. 총본사 제보다 효율적인 통제법의 일환으로 일본에서 통과된 종교단체법에 주목하였다. 1937년 7월 중국과의 전쟁에 돌입하자 일본내각은 9월 거국일치擧國一致, 진충보국盡忠報國, 견인지구堅引持久 등 삼대 목표 를 제시하면서 1938년 4월 국가총동원법을 공포하였다. 그 결과 일제 는 국가의 전력을 최고로 발휘하기 위해 인적, 물적 자원을 통제할 수 있게 되었다. 일본불교 역시 여기에 포함시켰다.

일제가 자국의 불교를 통제하려는 의도는 이전부터 있었다. 1899년 명치정부가 외국과 조약이 개정되는 것을 계기로 종교 법안을 제출하 였다. 이것은 불교 측의 반대로 부결되었다. 그 후 1927년 1월 제2차 종교 법안이 의회에 제출되었으나 불교와 기독교 측의 반대로 심의되 지 못했다. 1929년 법안의 명칭을 종교단체법으로 바꿔 교화단체로서 국민정신의 진흥에 공헌하기 위한 명분을 가지고 귀족원에 제출되었으 나 역시 심의되지 못했다.[212]

이런 법안이 1934년 다시 제출되었다. 문무대신은 '종교가 국민정신 의 진작과 국민사상의 계도에 중대한 관계가 있으므로 현재와 같은 비상시국에 인심의 감화와 사회풍교에 막대한 영향을 주는 종교가

---

211 「매일신보」 1938. 03. 15.

212 柏原祐泉, 『日本佛敎史 近代』, 吉川弘文館 1990, pp.241~242.

건전하게 발달하는 것이 중요하다'고 강조하였다.[213]

　1935년 1월 문무대신 마츠다 겐지(松田源治)에 의해 종교단체법 초안이 작성되었지만 제출되지 못하고 끝났다. 이런 과정을 거쳐 불교를 통제하는 종교단체법이 귀족원과 중의원을 통과한 것이 1939년 1월과 3월이었다. 국가가 종교단체를 보호 감독하고 비상시 일본의 국민교화에 동원할 수 있다는 내용이었다. 이 법안은 1940년 1월에 실시되었으며, 일제는 불교교단을 장악하기 위해 종파합동정책을 실시하였다.[214]

　총독부는 일본에서 종교단체법이 통과된 것을 계기로 한국에서도 일반 종교를 보호 감독하는 법안으로 종교단체법 실시를 고민하였다.[215] 종교단체법은 전문 37개조로 구성되었다.[216] 제정 목적은, 첫째, 아국我國의 모든 종교는 정신 수도하는 특수한 단체여야 함을 더욱 명백히 하였다. 둘째, 종래 존재하던 법규를 일원화하여 총후종교銃後宗敎로써 그 사명을 다하도록 하는 데 있었다.[217]

　일제가 이런 종교단체법을 제정한 것은 동아시아 신질서의 건설에 있어 전선에 나간 사람이나 총후銃後에 있는 사람이나 모두 생사에 대한 태도를 좌우하는 종교의 감화력을 철저히 발휘하려는 데 있었다. 종교가 사회에 반하거나 그 의무를 다하지 않을 때 제한하거나 금지할

213　吉田久一, 『近現代佛敎の歷史』, 筑摩書房 1998, p.216.

214　柏原祐泉, 앞의 책, pp.242~243.

215　「매일신보」 1939. 03. 28.

216　『경북불교』 제21호(1939. 04), p.3.

217　「매일신보」 1939. 02. 25.

270

수 있으며, 경우에 따라서 해당 종교단체의 설립인가를 취소할 수 있게 하였다. 일제는 그런 종교단체법의 실시로 일제에 해독을 끼치는 유사종교의 단속에 많은 효과가 있을 것으로 생각하였다.[218]

일제는 사찰령과 포교규칙으로 한국불교와 다른 종교단체를 통제하고 있었지만 이는 제국주의의 이념에 일치하지도 않고 간략한 편법인 까닭에 적지 않은 지장이 있다고 생각하였다. 종교단체를 취급하는 종교행정에 있어 불교 측과 기독교 측에 대하여 현격한 차별이 있었고, 불교에 있어서도 내지인과 한국인의 취급 방법도 달랐던 까닭에 항상 마찰이 있었다. 이런 상황에서 종교단체법이 제정되자 총독부도 상당히 주목하면서 한국에서의 적용을 생각한 것이다.

총독부는 이 종교단체법이 논의되자 조선불교총본사 건설을 잠시 미루었다. 1940년 2월 이 법안으로 기성종교와 신흥유사종교의 외형적 통제로 끝나지 않고 종교의 교리와 교규敎規에 대한 내용까지 통제할 생각이었다. 그리고 시국에 맞는 종교 활동의 통합에 주력한 것으로 보아 이 법안의 한국적용에 상당히 고민하였음을 알 수 있다.[219]

그런 과정에서 일제는 일본과 달리 한국에는 불교, 기독교, 그리고 유사종교 등 복잡한 문제가 있음을 인식하였다. 따라서 종교단체법을 시행하는 것을 신중히 연구해야 할 문제로 파악하고 실시를 보류하였다.[220]

일제는 한국에 종교단체법을 실시하지 않는 것으로 결정하였다.

218 「매일신보」 1939. 02. 25.
219 「동아일보」 1940. 2. 10.
220 「매일신보」 1942. 04. 03.

그러나 한국과 일본의 종교 간에 긴밀한 연락을 위해 내외지종교연락
회의內外地宗教連絡會議를 신설하였다. 1942년 일본 동경에서 개최된
제1회 종교연락회에서 각 종교의 황국화가 철저하게 실행되기를 강조
하였다.[221]

종교단체법을 실시하지 않는 것으로 결정되자 일제는 다시 한국불
교를 통제할 수 있는 총본사를 건설하고 전시체제에 맞는 친일과
물자 동원을 강요하였다.[222] 총본사 역시 일제의 의도를 따를 수밖에
없었다.[223]

일제는 전쟁이 지속되자 통상적으로 지켜온 법령을 파격적으로
운영하였다. 1944년 11월 미국과의 전쟁이 급박한 상황으로 전개되자
사찰령 시행규칙을 개정하여 본산 주지의 선출을 선거제에서 임면
또는 호선 방식으로 변경하였다.[224] 주지의 임기도 전쟁이란 이유로
3년에서 5년으로 연장시켰다.[225] 이런 일제의 결정은 한국불교의 지속
적인 친일과 전쟁의 후원을 종용하기 위한 조치였다.[226]

3) 총본사 건설의 의의와 한계

1930년대 한국불교는 총본사 건설을 추진하였다. 1936년부터 경남과

221 「매일신보」 1942. 04. 03.
222 「신체제하에 조선불교를 재흥하라」 『불교』(신) 제28집(1940. 12) pp.2~3.
223 김경집, 「일제하 사법에 관한 연구」 『한국불교학』 제49집, 한국불교학회 2007,
    pp.289~290.
224 『조선총독부관보』 5328호, 1944. 01. 07.
225 『조선총독부관보』 호외, 1944. 07. 21.
226 김경집, 앞의 논문, pp.290~291.

경북을 중심으로 연합체가 형성되더니 1937년에는 전남까지 확산되었다. 그런 분위기는 1937년 2월 열린 본산주지회의에서 통일기관 설치 안으로 이어졌다. 23일 건축설계를 위한 이사회와 예산 확보를 위한 구체적이 방법이 논의되었다. 25일 총본사 건설 계획이 구체적으로 담긴 교무원안이 본사주지회의에서 협의되었고, 사업 추진을 위한 기초위원 14명을 선정하였다.

총독부는 1937년 2월 26일과 27일에 개최된 31본산 주지회의에서 총본산과 관련한 법규를 제시할 것과 총본산의 권위를 한국불교 스스로 유지할 것을 지시하였다. 이런 지시를 받은 본산 주지들은 총본사 설립에 박차를 가하였다.[227]

1937년 3월 5일 제1회 총본사건설위원회를 개최되어 명칭을 조선불교선교양종총본사 각황사로 하였다. 재단법인 교무원은 해체하여 총본사에 귀속시키며, 각황사는 매각하여 기지 확장에 사용하기로 결의하였다. 그 밖에 총본사건설위원, 상임위원, 고문 등을 선출하였다.[228]

총본사 건립은 1937년 7월 27일 기공식을 시작으로 1938년 10월 25일 준공되어 봉불식이 거행되었다.[229] 10월 26일 열린 본산주지회의에서 총본사의 사명과 사격을 다루면서 북한산 태고사를 이전하는 것으로 결정하였다.[230] 1939년 5월 22일 총독부에 신청하여 1940년 5월 인가를 받았다.[231]

---

227 「매일신보」, 1937. 02. 27.
228 김경집, 「일제하 사법에 관한 연구」 『한국불교학』 제49집, p.287.
229 「매일신보」, 1938. 10. 23.
230 1940년 4월 북한산에 있는 태고사를 이운하여 사명으로 정하였다.

이와 같은 총본사의 허가와 이전이 순조롭게만 진행된 것은 아니었다. 1937년 7월 중일전쟁 이후 일제는 불교를 포함한 모든 종교를 국가 통제 하에 두었다. 그리고 8월부터 총력전을 구축하기 위해 국민정신총동원운동을 시작하였다.[232] 1939년 총독부는 총본사보다 일본에서 통과된 종교단체법에 주목하였다.[233] 그러나 한국에 여러 종교가 존재하여 복잡한 문제가 일어날 수 있음을 인식하고 시행을 보류하였다.[234]

종교단체법 실시가 무산되면서 총본사 건설이 마무리되었다. 1940년 11월 31본사 주지들이 모여서 종래 조선불교선교양종으로 칭하던 명칭을 조선불교조계종으로 개정하였다. 1941년 4월 23일 총독부는 개정된 사찰령 시행규칙을 인가하였다.[235]

1941년 5월 1일 조선불교조계종총본사태고사 사법이 시행되었고, 6월 5일에 조선불교조계종 제1회 중앙종회를 개최하여 종정으로 한암을 선출하였다.[236] 9월 29일 종무총장으로 지암을 선출하였고, 10월에는 종무원 승적법 등 종회법을 심의하고 제정 반포하였다. 그리고 1942년 6월에는 조계종 종회법과 상벌법, 승규법, 시행세칙 등이 인가되면서 마침내 조선불교조계종 총본사가 출범하게 되었다.

이와 같이 역사적인 의의가 담긴 총본사였지만 명암은 그리 밝지

---

231 「매일신보」 1940. 07. 03.

232 최유리, 『일제 말기 식민지 지배정책연구』, 국학자료원 1997, p.78.

233 「매일신보」 1939. 03. 28.

234 「매일신보」 1942. 04. 03.

235 『조선총독부관보』 제4273호, 1941. 04. 23.

236 「매일신보」 1941. 06. 06.

못했다. 총본사 태고사는 사찰주지 인사권과 사찰재산 처분권 등 실질적인 권한이 없어 본, 말사를 지휘할 수 없었다. 명목상의 총본사가 출범했지만 사찰령에 의한 사법 체제 내에 존재했기 때문에 총독부의 직접 관리는 변함없었다.[237]

오히려 31본산제보다 통제가 수월하게 되면서 전시체제에 맞는 친일과 동원을 강요할 수 있게 되었다. 1941년 12월 8일 태평양 전쟁이 시작되자 총본사는 일제에 협력하여 불교도에게 전쟁에 대한 당위성의 선전, 승리를 위한 법회 그리고 물질적 협조 등을 강요하였다. 1942년 2월 한국의 불교도가 일본의 대동아전쟁 선전포고에 맞추어 모든 협력을 촉구하는 전시 실천 요목으로 저축 실행, 필승기도 법회, 민중사상 선도, 근로보국, 시국 시설의 급속한 실현 등 다섯 가지가 발표되었다.[238]

총본사는 일제의 승리를 기원하는 법회를 개최하였다. 1941년 12월 15일부터 한국의 1,500여 사찰에 대동아전쟁의 연전연승을 위한 기도 법회를 열고 일본군의 무운장구를 빌도록 통첩하였다.[239]

승리를 위한 법회는 전쟁 동안 계속되었다. 전쟁 막바지인 1944년 11월 태고사 대웅전에서 일본군의 무운장구 기원 및 적국항복 대기도 법회가 개최되었다. 12월에는 대동아전쟁 전몰장병 위령 법요가 개최되었다.[240]

---

237 최금봉, 「31본산주지회동견문기」, 『불교』(신) 제3집(1937. 05), pp.24~29.
238 「조선불교조계종 종보」, 『불교』(신) 33집, pp.2~3.
239 『불교시보』 제78호, p.10.
240 「조선불교조계종 종보」, 『불교』(신) 67집, pp.13~14.

총본사의 경제적 후원도 상당하였다. 1942년 1월 31일 용산에 있는 일본군사령부에 거금 5만 3천 원을 비행기 대금으로 헌납하였다.[241] 국방헌금 526원도 함께 헌납하였다.[242] 총본사는 대금을 모금하여 1944년 7월 20일 바다 기념일을 기해 해군에 두 번째 비행기를 헌납하였다.[243] 그 후에도 총본사는 여러 대의 비행기를 헌납하였다. 1943년 12월 8일 각 사찰에서 기탁한 일본군 위문금 471원 95전을 매일신보사를 통해 일제 군부에 헌납하였다.[244] 그리고 1944년에는 각 본사별로 근로보국대를 편성하였다.[245]

이런 경제적 후원 외에도 총본사는 일제의 불교정책에 적극적으로 협력하였다. 1944년 10월 일제에 의해 건국된 만주국 문교부와 합의하여 조선불교감독부를 설치하였다.[246] 그리고 1945년 타종교와 함께 군사 원호사업을 결의하여 조선전시종교보국회라는 친일단체를 결성하였다.

---

241 이 대금으로 그 해 11월 14일 여의도 비행장에서 '조선불교호'가 일제에 기증되었다.

242 「조선불교조계종 종보」, 『불교』(신) 34집, p.8.

243 「조선불교조계종 종보」, 『불교』(신) 64집, p.3.

244 「조선불교조계종 종보」, 『불교』(신) 57집, p.11.

245 「조선불교조계종 종보」, 『불교』(신) 60집, pp.5~7.

246 「매일신보」 1944. 10. 9.

VI. 대중화와 사회화의 시대

1. 광복 후 종단정립과 승풍진작

1) 중앙총무원의 설립과 활동

1945년 8.15 광복이 되자 한국불교계는 총본사를 해체하고 대중의 뜻이 모아진 민주적인 종단 설립을 계획하였다. 일제하에서 독립운동을 했던 혁신인물들은 교정혁신을 위해 총본사 간부들의 퇴진을 요구하였다. 1945년 8월 17일 이종욱을 비롯한 모든 간부들이 사직하자 종권을 인수한 혁신인물들은 21일 태고사에 모여 조선불교혁신준비위원회를 구성하였다.

위원장으로 선임된 김법린은 1945년 9월 22일~23일 태고사에서 교단 혁신을 위한 전국승려대회를 개최하였다. 북한 지역 승려는 참여하지 못하고 남한 대표 60여 명이 다음과 같은 사항을 결의하였다.

일제의 잔재를 없애기 위해 조선불교조계종 명칭을 조선불교로 바꿨다. 조선불교조계종총본사태고사법과 31본말사법을 폐지하고 행정구역인 13개도에 따라 교구를 두고 교무원을 신설하였다. 중앙에 총무원, 심의기관, 감찰기관을 설치하였다.

종헌을 교헌으로 고치고 집행부 임원을 선출하였다. 교정 박한영, 중앙총무원장 김법린, 총무부장 최범술, 교무부장 유엽, 그리고 사회부장 박윤진 등이 선임되었다. 그밖에도 혜화전문학교 문제, 전국 불교재산 통합, 모범총림 창설, 광복사업 협조, 교헌기초 등에 관한 사항을 토의하였다.[1]

1946년 3월 15일 총무원은 태고사에서 제1회 교무회의를 개최하고 종무행정에 대해 토의하였다. 그러나 지난 승려대회 안건을 반복하는 수준이었고 실행에 있어서도 미진하였다. 새롭게 논의된 안건에서 재산 통합은 각 사찰의 유지비에 5할, 각 도 교구유지 및 사업기금에 3할, 중앙 사업비에 2할을 배당한다고 결정하였다.[2]

1946년 4월 15일 사찰경제대책위원회를 개최하여 중앙에는 재단법인 불교중앙총무원 및 재단법인 조계학원을 결성하고 지방에도 교구별 교구재단을 결성한다는 원칙을 세웠다. 그리고 이전 교무회의에서 결정한 5, 3, 2제의 구체적인 실행방법을 정하였다.[3] 그러나 교도제 문제는 불교계 대부분이 대처승인 관계로 결론을 내기가 어려워 연기될 수밖에 없었다.[4]

1 김광식, 「8.15해방과 불교계의 동향」, 『한국 근대불교의 현실인식』, 민족사 1998, pp.250~253.

2 이종익, 「광복이후 불교운동」, 『불교사상』 21호(1985. 08), p.67.

3 '사원경제대책위원회 개최', 〈교계소식〉, 『신생』 제3집(1946. 07), p.15.

1946년 10월 19일 태고사에서 교도제 실시를 위한 준비위원회를 개최하였지만 해결되지 못했다. 집행부는 불교 외곽단체를 조직하여 이 문제를 해결하려 하였다. 그러나 혁신단체들은 대처승들을 교도로 보고 교단에서 배제하려고 하였다. 그 외의 사안들은 사회적으로 필요한 당면과제라 그대로 추진되었다.[5]

총무원은 불교포교의 활성화를 위해 1945년 12월 17일 해동역경원을 창립하였다. 오전 10시 개최된 창립총회에서 8장 21조의 조칙을 제정하였다. 서무부, 기획부, 번역부, 출판부, 판매부, 재무부 등 모두 6개 부서를 두었다. 원장은 김적음이 맡았다.[6] 그러나 기대보다 결과는 미비하였다.[7]

모든 면에서 총무원의 활동은 진척이 없었다. 1946년 11월 25일에서 29일까지 태고사에서 개최된 제2회 중앙교무회의는 제1회 교무회의에서 논의된 5, 3, 2제 및 8교구제 실시의 확인과 동국대학 지원, 불경 번역사업, 해인사 모범총림 건설 등이 반복되었다.[8]

총무원의 안일한 현실인식에 한국불교의 자주적 발전을 기대한

---

4 이종익, 「광복이후 불교운동」 『불교사상』 21호(1985. 08), p.67.

5 김광식, 앞의 논문, pp.258~260.

6 「해동역경원의 창립총회」 『신생』 제2집(1946. 04), pp.49~52.
  역경원의 임원을 보면 원장 1인, 부원장 1인, 부장 6인, 서기 약간 명, 그리고 감사로 3인을 두었다. 원장과 부원장이 고문을 추대할 수 있었다. 임기는 원장과 부원장이 5년이며 부장과 서기의 임기는 원장의 임의에 맡겼다. 감사와 고문은 3년이었다.

7 '해동역경원' 『녹원』 제1집(1947. 09), p.81.

8 「동아일보」 1946. 12. 07.

많은 불교인들은 이를 비판하는 한편 보다 활발한 혁신운동이 일어나기를 갈망하였다. 선학원은 1946년 9월 이후 조직을 정비하고 각지에 퍼져 있던 선승들의 의견을 수렴하여 종단에 건의하는 등 활발한 활동을 전개하였다. 11월 28일 선리참구원에 불교청년당, 혁명불교도연맹, 불교여성총동맹, 조선불교혁신회, 선우부인회, 재남이북승려회, 선리참구원 등 7개 단체 대표 25명이 모여 불교혁신총연맹결성을 위한 준비회의를 열었다. 그리고 12월 3일 불교혁신총연맹 결성대회를 개최하여 선언과 강령 등을 통과시키고 중앙집행위원 25명을 선출하였다.

불교혁신총연맹은 서울에 본부를 두고 강령에 찬성하는 단체를 가입시켰으며, 지방으로 확대하여 지방연맹을 두었다. 최고의결기관인 대표대회는 대표의원과 의원으로 구성되었다. 매년 11월 대표대회를 소집하여 위원의 선임, 규약의 개정, 교학 및 교정, 예산 및 결산, 교화 및 사업 등 중요사항을 다루었다.

총연맹은 자문기구로 약간의 고문과 운영 집행기관으로 위원회를 두었다. 위원회는 총무부, 재무부, 교무부, 조직부, 선전부, 그리고 조사부를 두었다. 각 부에 위원장 1인과 부위원장 약간 명 그리고 위원을 두었고 임기는 2년이었다.

지방연맹은 18세 이상의 불교도로 총연맹의 강령을 찬성하는 자가 10인 이상 거주하는 지방에 둘 수 있었다. 이들은 성명서를 발표하고 당면과제 10개조를 선포하였다. 그러나 총무원 집행부가 이를 수용하지 않자 대립할 수밖에 없었다.[9]

이런 상황에서 1947년 4월 교무부장 유엽이 50만 원을 횡령하는 사건이 일어났다. 총연맹은 이를 규탄하면서 5월 8일에서 13일까지 전국불교도대회 개최를 결의하였다. 5월 6일 총연맹 주요 인사들이 경찰에 연행되는 과정에서도 5월 8일과 9일 태고사에서 전국불교도 대표 5백여 명이 참석한 가운데 전국불교도대회가 개최되었다. 여기서 모든 중앙교단 간부의 사직과 교헌의 수정 그리고 교도제[10] 등 교단 재건에 필요한 정책이 제출되었다. 그러나 5월 10일~12일 개최된 총무원의 임시 중앙교무회의는 이를 수용하지 않았다.[11] 다만 교구제 실시, 재산통합 등 부분적으로 혁신세력의 요구를 들어주었다.[12]

총연맹 측은 총무원을 수구승배守舊僧輩로 규정하고 5월 14일 태고 사에서 다시 전국불교도대회를 개최하며 새로운 교단 확립을 위한 준비에 돌입하였다. 5백여 명의 대중이 모인 가운데 총연맹 측은 총무원을 부정하고 선학원에 조선불교총본원을 설립하기로 결의하였 다. 새로운 교단의 교정에 장석상, 총무원장에 송만암, 종회의장에 구하를 선출하였다.[13] 이어 불교혁신총연맹을 해체하고 전국불교도총

9 김광식, 「불교혁신총연맹의 결성과 이념」『한국 근대불교의 현실인식』, 민족사 1998, pp.291~299.

10 불교혁신총연맹이 제시한 교도제는 수도교도修道教徒와 대중교도大衆教徒로 나누 고, 수도교도가 전체교단을 영도하면서 종회·종무·감찰기관 등 3부 기관의 대표 가 되고 대중교도는 종회의 양원 중 하원을 구성하는 방식이었다. 이것은 출가승과 재가승의 종단 내 지위와 역할 및 상호관계를 규정한 것으로 매우 급진적인 성격을 띠고 있었다.

11 김광식, 「전국불교도총연맹의 결성과 불교계 동향」『한국 근대불교의 현실인식』, 민족사 1998, p.314.

12 김만수, 「일제와 미군정기 종교정책이 불교 종립학교에 미친 영향」 동국대 대학원 교육학과 박사학위 청구논문 2007, p.132.

연맹으로 전환하였다.

이에 대해 총무원은 승단의 화합을 깨뜨려 불교를 파멸시키는 행위라고 비난하였다. 좌·우익의 이념대결이 일어나자 총연맹 소속 선학원 이사장 경봉을 좌익으로 몰아 고발하였다. 미군정은 좌익으로 매도된 연맹 측의 사찰과 재산을 몰수하였다.[14] 입지가 좁아진 총연맹 측 간부들은 1948년 평양에서 개최된 남북통일협상회의에 참석하는 김구, 김규식과 함께 불교대표로 동행하였다. 그리고 그곳에 남음으로써 세력이 크게 약화되었다.[15]

총무원 측도 혼란이 계속되었다. 유엽이 박원찬 총무원장을 협박하여 사퇴를 종용하는 일이 벌어졌다.[16] 이런 상황에서 총무원 측과 총연맹 측 모두를 이끌 수 있는 구하가 총무원장에 취임하였다. 그는 1949년 10월 교도제 실시 준비위원회를 구성하여 혁신세력을 등용하였고 그들이 주장한 교도제 추진을 연구하도록 하였다. 그러나 1950년 6월 한국전쟁이 발발하면서 더 이상 진행이 어려워지자 총무원도 경남교무원으로 옮길 수밖에 없었다.

2) 미군정의 편향된 종교정책

8.15 광복 후 미군정 체제가 시작되면서 한국 사회에 개신교가 확장될

---

13 동국대 석림회, 『한국현대불교사』, 시공사 1997, p.20.

14 정병조, 「한국사회의 변동과 불교」『사회변동과 한국의 종교』, 한국정신문화연구원 1987, p.79~80.

15 강돈구, 「미군정의 종교정책」『종교학연구』12호, p.24.

16 「동아일보」 1949. 10. 03.

수 있는 정책들이 실행되었다. 미군정은 일본 신도神道의 영향을 없애기 위해 종교 활동을 통제하던 법령들을 폐지하였다. 신궁神宮을 불태워 버렸고, 신사神社 관련 서류 및 재산을 압류하였다.[17] 그리고 일제가 남긴 적산敵産을 처분할 수 있는 법령을 제정하여 소유권을 장악하였다.[18]

미군정은 확보된 적산을 개신교를 확장하는 재원으로 활용하였다. 신도 계통의 적산은 한국 사회에 해당 종교가 없는 관계로 대부분 개신교 단체에 불하되었다. 한국불교에 불하되어야 할 일본불교의 적산도 개신교에 불하되는 경우도 많았다.[19]

이와 같은 재정 지원은 광복 후 한국 사회에 교회가 팽창하는 물적 토대가 되었을 뿐만 아니라 사회복지 사업과 교육 사업의 재원으로 활용되었다. 그런 사회적 성장은 한국 사회에서 개신교가 우위를 점하게 되는 결정적 계기가 되었다.

총무원장 김법린은 군정청 하지 중장을 만나 일본불교 재산을 한국불교로 귀속하는 문제를 협상하였다. 그러나 불교에 관심이 없는 미군정은 종교 관련 적산 처리 과정에서 한국불교를 소외시켰다.[20]

미군정은 인적 관리에 있어서도 개신교 중심이었다. 고위급 인사에 미국 선교사 자제들을 임명하였다. 그들은 한국어를 능숙하게 구사할

---

17 한국법제연구회 편, 『미군정법령총람』(국문판), 한국법제연구회 1971, p.125.
18 위의 책, p.149.
19 김만수, 「일제와 미군정기 종교정책이 불교 종립학교에 미친 영향」 동국대 대학원 교육학과 박사학위 청구논문 2007, p.120.
20 김만수, 위의 논문, p.128.

수 있어 미군정의 대외역할은 물론 한국인을 천거하는 데 영향력을 발휘하였다.

대민교육을 위해 한국에서 활동하였던 선교사들을 다시 불러 활용하였다. 1946년 말 7명의 장로교 선교사들이 재입국하였다. 이들 중 5명이 미군정에서 근무하였다. 1947년 7월 장로교 선교사 11명이 미국 정부의 고용인 자격으로 일하였다. 그리고 한국에서 태어난 선교사 2세들 역시 미군정의 인적 자원이었다.[21]

미군정에 필요한 인력 선발의 기준은 미국 유학을 한 사람 가운데 개신교를 신앙하는 사람이었다. 미군정에 참여한 한국인 국장 9명은 모두 유학 경험이 있으며 그 가운데 6명은 개신교 신자였다. 그 외에도 부장과 처장에 임명되었던 한국인 관리들도 대부분 미국 유학을 했던 사람들이었다.[22] 전체 19명의 관리 중 개신교인은 11명에 이르렀고 도지사 및 지방 고위공직자도 개신교 신자가 많았다.[23] 그밖에 지방장관과 부서장 등 하급 공무원에 이르기까지 수많은 개신교인이 채용되었다. 이런 개신교 편향성은 입법부와 교육부의 인적 구성에도 적용되었다.[24]

개신교는 형목제도의 실시, 크리스마스의 공휴일, 서울방송에서

21 강인철, 「미군정기의 국가와 교회」 『해방 후 정치세력과 지배구조』, 문학과 지성 1995, pp.222~223.
22 방선주, 「미군정기의 정보자료: 유형 및 의미」 『한국현대사와 미군정』, 한림대학교 아시아문화연구소 1991, p.9.
23 강인철, 『한국기독교회와 국가·시민사회, 1945~1960』, 한국기독교역사연구소 1996, p.176.
24 김만수, 앞의 논문, p.111.

기독교 교리 방송 등 특혜를 받았다. 이런 우대정책은 광복 후 우리 사회에 개신교 교세가 확장되는 토대와 종교 활동에서 우위를 선점할 수 있는 계기가 되었다.[25]

미군정은 한국불교에 대한 이해가 부족하였다. 일제가 제정한 사찰령을 존속시켜 한국불교의 자주적 모색을 저해시켰다. 한국불교의 혁신단체를 탄압하자 불교혁신총연맹의 선전부 장길형이 1947년 2월 28일 사찰령의 즉시 철폐를 바라는 담화를 발표하였다.[26] 그러나 1947년 5월 이후 한국 사회에서 좌·우익의 이념대결이 일어나자 미군정은 불교혁신연맹을 좌익 집단으로 매도했을 뿐 아니라 간부들을 연행하였다. 그리고 사찰령을 근거로 연맹 측의 사찰과 재산을 몰수하였다.[27]

1947년 8월 8일 종교 자유를 가로막는 사찰령 등 일제의 악법을 폐지하되 사찰의 재산을 보호할 수 있는 제도적인 장치를 마련하는 것을 포함하는 사찰재산임시보호법寺刹財産臨時保護法이 입법의원을 통과하였다.[28] 그러나 미군정은 막대한 일본불교의 적산이 한국불교계로 넘어갈 것을 우려하여 1947년 10월 29일 이 법의 인준을 보류할 정도로 적대적이었다.[29]

25 김만수, 앞의 논문, p.140.

26 「경향신문」 1947. 03. 02.

27 정병조, 「한국사회의 변동과 불교」 『사회변동과 한국의 종교』, 한국정신문화연구원 1987, p.79~80.

28 「조선일보」 1947. 08. 09.

29 「경향신문」 1947. 11. 28.

3) 모범총림의 설립과 도제양성

광복이 되자 불교계에서도 일제강점기 식민정책과 일본불교의 영향으로 변질된 한국불교를 회복시키려는 움직임이 있었다. 효봉은 1946년 7월 15일 송광사 삼일선원에서 3년을 기한으로 정혜결사를 시작하였다. 약미발명대사 서불하산若未發明大事 誓不下山이라는 서원과 함께 동구불출, 오후불식, 장좌불와, 그리고 묵언의 청규를 제정하고 용맹정진하였다.[30]

그의 정혜결사는 얼마 되지 않아 교단 차원의 개혁방안과 합해져 해인사에서 실행되었다. 총무원은 1946년 8월 모범총림을 시설하여 선, 교, 의식으로 청풍납자와 도제양성을 도모하였다.[31] 중앙종회도 이런 교육과 수행 정립을 위한 총림 설치를 결의하였다. 1946년 10월 합천 해인사에 재단법인 가야총림이 세워지고, 11월 6일 교정 박한영은 가야총림 조실화상으로 효봉을 위촉하였다.[32]

총무원은 일제의 잔재를 청산하는 일을 제일 큰 과제로 여겼다. 1947년 1월 총무원장 신년사에서도 '아직도 일제의 잔재가 여러 곳에 남아 있어 앞으로는 이 같은 일을 철저히 청산할 것'을 강조하였다.[33] 이런 현실이었기에 한국불교계는 수행풍토를 회복하고 앞으로의 교단을 이끌어갈 인재양성이 시급할 수밖에 없었다.

효봉은 송광사 삼일선원에서 해인사 퇴설당으로 옮겼다.[34] 그의

30 정광호 편, 『한국불교최근백년사편년』, 인하대출판부 1999, p.257.

31 김법린, 「교정진로에 대한 관견」 『新生』 7월호(1946년 8월 1일) p.7.

32 현호, 「효봉대종사 행장과 연보」 『효봉법어집』, 불일출판사 1996, p.332.

33 김법린 「교정방침의 일단을 피력함」 『불교』 신년호(1947년 1월), p.5.

수행력을 익히 알고 있던 수행자들이 그곳에 모여들었다.[35] 모두 부처님의 정법을 선양하고 선풍을 고취하며 여법하게 수행정진하기 위해 계, 정, 혜 삼학을 근수하는 효봉의 가르침을 따랐다.[36]

총림은 한국불교 수선법에 의지하여 직지인심直指人心 견성성불見性成佛의 법기 완성을 기대하였다. 수선 방법은 모두 효봉에게 일임하였다.[37] 총림은 특별선원과 보통선원으로 나누어 정진하면서 강원까지 부설하여 도제를 교육하였다. 상월霜月 율사에게 율장을 배운 뒤 1947년 음 3월 29일 개단을 열어 43명이 구족계를 품수하였다.[38]

대중들은 50일간의 습의산림習儀山林을 봉행하였다. 대휘大徽가 중국불교 승풍, 석호石虎가 일본승단의 위의, 그리고 순호淳浩가 한국 재래의 것을 참고하여 삼국의 승풍에 맞추어 조화습정調和習定하였다. 비단의 가사장삼을 폐하고 보조 장삼 100벌과 괴색의 포면布綿으로 가사불사를 해서 대중의 위의를 통일하였다.[39]

총무원은 총림을 재단법인으로 하여 교단 수행기관으로 삼았다.[40]

---

34 효봉, 「조계산 송광사를 떠나면서」『효봉법어집』, 불일출판사 1996, p.161.
　　내가 송광사에 온지 이제 십 년 되었는데
　　國老의 품안에서 편히 자고 먹었네
　　무엇 때문에 이 조계산을 떠나는가
　　인천의 큰 복밭을 갈고자 해서라네.
35 정광호 편, 『한국불교최근백년사편년』, 인하대출판부 1999, pp.257~258.
36 현호, 「효봉대종사 행장과 연보」『효봉법어집』, 불일출판사 1996, p.333.
37 「가야총림규약」『불교』4월호(1947. 04), p.61
38 현호, 「효봉대종사 행장과 연보」『효봉법어집』, 불일출판사 1996, p.333.
39 정광호 편, 『한국불교최근백년사편년』, 인하대출판부 1999, pp.257~258.
40 김법린 「교정방침의 일단을 피력함」『불교』신년호(1947. 01), p.6.

해인사는 사유 토지를 분할하여 총림을 재단법인으로 만들었다. 사무국장 1인, 주지 1인, 법주 1인, 강사 1인, 범패사梵唄師 1인, 그리고 약간의 사무원을 두었다.

이곳에 들어올 수 있는 자격도 제시하였다. 20세 이상의 승려로서 신심이 견고하여 어떠한 어려움도 감내할 근기를 가지고 있는 자, 사교과 수료 이상의 학력을 갖춘 자였다. 각 선원이 추천하면 총무원장이 50명을 선정하여 3년간 수행하도록 하였다.

총림은 한국불교의 교지인 원효성사의 동체대비의 대승행원과 보조국사의 정혜결사의 성적등지惺寂等持를 체관하기 위하여 수선실을 두었다. 다음 강학실을 두어 이행상응理行相應과 선교상즉禪敎相卽에 입각하여 수학의 핵심이 되도록 직절교학直絶敎學을 전수하도록 하였다. 그리고 범패회를 두어 진감국사 이후 옛날부터 전해지는 한국불교 범음 전통을 배웠다.[41] 이렇게 시작한 가야총림이었지만 1950년 6.25가 발발하자 문을 닫을 수밖에 없었다.

4) 봉암사 결사와 의의

교단 차원의 모범총림과 별도로, 성철에 의해 선종 본래의 종풍을 살리고 옛 총림의 법도를 이 땅에 되살리려는 봉암사 결사가 추진되었다.

1936년 25세 봄 동산을 은사로 출가한 성철은 그 해 운봉화상에게 비구계를 받았다. 그 후 범어사 금어선원에서 하안거를 시작으로

---

41 「가야총림규약」『불교』 4월호(1947년 4월), pp.60~61

범어사 원효암, 통도사 백련암, 범어사 내원암 등 제방의 선원에서
수행하였다. 28세인 1939년에는 경북 은해사 운부암에서 하안거,
1940년에는 금강산 마하연에서 수행하였다. 같은 해 대구 동화사
금당선원에서 마침내 어둠을 타파하고 깨달음을 얻었다. 깨달음을
이룬 후에도 보임의 과정은 치열하였다. 이런 성철의 구도는 봉암사
결사에서 꽃을 피웠다.

성철 역시 처음에는 모범총림을 찾았다. 그러나 자신의 뜻과 맞지
않음을 인식하고 통도사 내원암을 거쳐 1946년 봉암사로 갔다. 1947년
가을 뜻을 같이하는 도반들과 어떤 어려움이 있더라도 부처님의 가르
침대로 수행할 것을 약속하였다.[42] 모범총림에서 수행하던 청담이
동참하면서 본격적인 결사가 시작되었다.[43]

봉암사 결사는 처음 성철을 비롯하여 자운, 운봉, 보문 등 4인이
시작하였다. 그 후 보안, 법응이 참여하여 10여 명으로 늘었다. 1948년
청담을 비롯하여 향곡, 월산, 혜암, 법전, 성수 등이 참여하여 20여
명에 이르렀다. 대중이 많을 때는 30여 명이 수행하였다.[44]

성철은 봉암사에서 결사를 이끌면서 대중이 생활하면서 지켜야
하는 공주규약共住規約을 제정하였다. 부처님 법대로 살려는 엄격한
실천궁행이었다. 당시 승가의 분위기에서 본다면 획기적인 사건이었
지만 이런 시도 역시 6.25전쟁 때문에 중단되었다.[45]

---

42 불교전기문화연구소, 『푸른 산의 부처』, 불교영상 1993, p.33.

43 김광식, 「봉암사결사의 재조명」『봉암사결사와 현대 한국불교』, 조계종출판사
   2008, pp.23~25.

44 『고경』 제2호, p.19.

짧은 기간 실천된 봉암사 결사였지만 신앙적인 면에서 여러 가지 변화를 가져왔다. 사찰 안에 있는 칠성단, 산신각 등과 법당 안의 칠성탱화, 산신탱화, 신장탱화 등을 정리하였다.[46] 이런 개혁 방향은 오래 전부터 불교의 변화를 주장한 개혁론에서 나타난 사항으로 1920년대까지 지속되었다.[47]

신앙생활에서 아무런 비판 없이 사용하던 것을 버리고 전통적인 방법을 추구하였다. 사찰에서 쓰는 용품을 재정비하여 가사, 장삼, 바리때를 새롭게 만들었다. 당시 많이 쓰였던 나무발우는 부처님 법에 맞지 않으므로 질그릇으로 바꾸었다. 그러나 질그릇은 깨지기 쉽고 쇠는 무거워 실용적이지 못해 다시 목발우로 환원되었다. 당시 수행자가 입었던 가사 장삼은 일본불교의 영향으로 대부분 비단제품으로 호사스러웠다. 가사는 붉은색에서 괴색으로, 장삼은 송광사에 보존되어 있던 보조국사의 장삼을 모본으로 하여 바꾸었다.

결사는 지금까지의 승가생활을 크게 변화시켰다. 그것은 의식주 모두를 직접 해결하는 생활로 바꾸었다. 스스로 일하지 않으면 먹지 말아야 한다는 청규를 지켜나갔다. 이런 올곧은 수행으로 수행자에 대한 인식이 높아졌다.[48]

봉암사 결사는 전통적인 선풍의 정립이며, 부처님 법대로 수행하는 종풍의 정립이 목적이었다. 힘든 자주자치의 생활 때문에 동참자가

45 원택, 『우리 시대의 부처 성철 큰스님』, 장경각 1995, pp.15~16.
46 불교전기문화연구소, 앞의 책 pp.34~35.
47 김경집, 『한국불교 개혁론 연구』, 진각종해인행 2001, p.162.
48 불교전기문화연구소, 앞의 책 pp.34~37.

중도에서 포기하는 경우도 있었다. 그렇지만 그런 정신으로 수행하였
기 때문에 결사에 참여한 인물들은 급격한 사회변화 속에서 종단을
지키고 불조의 정법을 이어 한국불교 전통을 회복할 수 있었다. 그리고
여기서 배출된 인물들은 훗날 종단 발전에 많은 공헌을 하였다.

2. 정화운동과 통합종단의 출범

1) 정화운동의 시작과 추이

광복 후 교단의 승풍진작 운동은 1950년 6.25전쟁이 일어나면서 지속
할 수 없었다. 전쟁이 다소 소강상태에 이른 1952년 봄 대의大義가
교정 만암에게 수좌들의 수행공간을 요구하면서 한국불교 정화운동의
서막이 시작되었다.

만암은 이 제안을 검토하고 그 해 가을 통도사에서 개최된 교무회의
에서 수용하기로 결의하였다. 1953년 4월 불국사에서 개최된 법규위원
회에서 18개 사찰을 수좌 전용으로 제공하기로 하였다. 그러나 지정된
사찰 가운데 삼보사찰이 빠져 있어 수좌들의 불만이 컸다. 해당 사찰의
주지들은 기득권이 상실되는 것에 불만이 있어 종무방침을 수용하는
데 미온적이었다.

이런 상황이 지속되자 1953년 10월 선학원 조실 금오는 비구승들이
마음 놓고 수행할 수 있는 사찰을 요구하였다.[49] 사찰이 명실상부한
수도장이 되어 수행가풍이 진작되어야 승단의 법통과 기풍이 바로

---

49 금오선수행연구원 편, 『금오스님과 불교정화운동』1, 금오선수행연구원 2008,
p.86.

세워질 수 있었기 때문이다.[50]

1954년 5월 20일 이승만 대통령은 1차 유시를 통해 친일파 승려들은 사찰 토지를 반환하고 사찰에서 물러가라고 발표하였다. 갑작스런 유시에 당황한 대처종단은 1954년 6월 20일 긴급종회를 개최하였다. 삼보사찰에 대한 양도를 거부하고 동화사, 직지사 등 여건이 좋지 않은 48개 사찰의 할애를 결정하였다.

비구승들은 이런 제안에 만족하지 못하고 한국불교를 바로 세우기 위해 본격적인 불교정화운동을 추진하였다. 6월 24일 불교정화추진발기회를 개최하고 위원장 금오, 부위원장 적음을 선출하였다. 25일 재경 비구승들이 모여 정화운동추진준비위원회를 구성하고 위원장으로 금오를 선출하였다. 금오는 '현재의 난관을 헤쳐 나가기 위해 수행자의 뜻을 모을 필요가 있다'고 생각하고 비구승대표자대회 개최를 계획하였다.

1954년 8월 24~25일 개최된 제1차 전국비구승대표자대회에서 첫째 날 종헌제정위원과 대책위원이 선출되어 교단정화, 도제양성 그리고 총림창설 등 교단의 중요한 일을 논의하였다. 둘째 날 전형위원 7인을 호선하여 제헌위원을 선출하고 종헌제정을 일임하자는 의견이 만장일치로 통과되었다. 이어 정화운동을 본격적으로 추진할 추진위원 15명을 선출하였다.[51] 이렇게 정화운동의 중요한 방향이 정해

---

50 금오, 『꽃이 지니 바람이 부네』, 금오선수행연구원 2008, p.343.

51 금오선수행연구원 편, 『금오스님과 불교정화운동』 1, 금오선수행연구원 2008, pp.108~110.
　　정화대책위원 15명은 효봉, 동산, 금오, 금봉, 인곡, 적음, 자운, 보경, 향곡,

지자 언론도 비구승을 지지하는 기사를 실어 사회적으로 관심을 높여 갔다.[52]

1954년 9월 28~29일 개최된 제2차 전국비구승·니 대회에 종헌제정 위원 9인과 대중 146명이 참석하면서 사회적으로 불교정화운동이 성공할 수 있는 중요한 계기가 되었다. 이 대회에서 새로운 조계종 종회를 설치하고 50명의 종회의원을 선출하였으며 준비한 종헌을 통과시켰다. 각부 임원의 선출과 새로운 조계종 헌장에 의한 교단 정리 및 도제육성 등 불교정화운동에 대한 구체적인 방안들이 수립되었다.[53] 대회를 취재한 「연합신문」은 '대처승을 제적하라'는 강경한 제목으로 비구승·니의 주장을 실어 점차 불교정화운동의 당위성을 사회적으로 알리는 데 일조하였다.[54]

대처승들도 방안을 모색하였다. 1954년 9월 29일 태고사에서 중앙교무회의를 개최하여 종권을 양도하는 문제를 논의하였다. 10월에는 비구승과 만나 승려의 자격에 대해 논의하였으나 결론을 내지 못했다. 종정 만암은 '정화를 해야 한다는 원칙은 찬성하지만 지금과 같이 승단이 분열될 수 있는 방향은 반대한다'는 성명을 발표하면서 정화운동은 점점 혼전으로 치달았다.

11월 3일 비구승들은 제2회 종회를 개최하여 임원진을 교체하였다.[55] 4일 대통령의 2차 유시가 발표되어 비구 측에 힘을 실어주었다.

일조, 성철, 홍경, 보문, 석호, 청담이었다.

52 「자유신문」 1954. 09. 17.

53 「평화신문」 1954. 09. 30.

54 「연합신문」 1954. 09. 29.

5일 비구승 80여 명이 태고사 현판을 조계사로 바꾸고 불교조계종 중앙총무원 간판을 달았다. 대처 측이 다시 태고사로 바꾸는 일이 반복되었다. 11월 20~24일 대처 측은 임시 중앙종회를 개최하며 비구 측 움직임에 대응하였다. 그들은 종권을 비구승에게 양도한다고 했지만 그 대상이 정화운동을 주도하는 비구승들이 아니라 대처승들과 함께 수행해 온 비구승들이었다.

이런 대처승들의 행동에 비구승들은 1954년 12월 10~13일 제3차 전국비구승·니 대회를 개최하였다. 대회 후 금오, 동산, 청담 등 7명이 경무대로 들어가 대통령을 면담하고 지지를 얻어냄으로서 불교정화운동의 새로운 국면을 열었다.[56]

2) 정부의 중재와 비구승의 활동

정화운동이 사회문제로 커지자 1954년 12월 22일 정부는 비구승과 대처승 모두를 인정하는 타협안을 제시하였다. 그러나 12월 25일 비구승들은 대처승을 인정하지 않고 자신들의 주장을 담은 정화추진대책안을 제출하였다.

1955년 1월 정부는 문교부와 내무부가 공동으로 작성한 불교정화수습대책위원회를 제안하였다. 1월 29일 비구승 40명은 문교부 장관을 만나 대통령 유시에 입각한 불교정화 방안이 나오기까지 단식농성을 하였다.[57] 이런 노력으로 1월 31일 비구승·니 자격에 대한 심사가

---

55 제2회 종회에서 종정이 만암에서 동산으로 교체되었다.

56 금오선수행연구원 편, 『금오스님과 불교정화운동』 1, 금오선수행연구원 2008, pp.192~196.

시도되었다.[58] 내무부와 문교부의 최종안은 첫째, 사바라이 죄를 짓지 않은 자, 둘째, 수도를 본위로 함, 셋째, 3년 이상 수도하고 20세 이상인 자, 넷째, 비불구자, 다섯째, 삭발, 염의지계자로 하였다.[59]

1955년 2월 4일 문교부 장관실에서 비구승과 대처승 각 대표 5인으로 구성된 불교정화수습대책위가 열려 주지승 자격을 삭발, 염의, 독신, 수도, 비불구非不具, 부주육초不酒肉草, 단체생활(3인 이상), 25세 이상 등 8대 원칙에 합의하였다.[60]

비구승들은 이런 자격에 맞는 승니를 조사한 후 전국승려대회 개최를 준비하였다. 문교부와 내무부는 8대 원칙에 맞는 승려를 조사하여 1,189명으로 발표하였다. 독신 조항에서 불리한 대처승들은 이를 인정하지 않았다.[61] 비구 측은 5월 16일에서 20일까지 이 원칙에 맞는 승려가 참가하는 전국승려대회를 소집하였다. 그러나 문교부와 내무부는 분규를 일으킬 우려를 이유로 허가하지 않았다.

1955년 5월 18일 문교부와 내무부는 양측 대표 5인으로 사찰정화대책위원회를 구성하였다. 의사 결정에 있어서 다수결을 채택하며 가부 동수일 경우 문교부 장관이 결정권을 갖는 것으로 하였다.[62] 비구 측은 5월 20일 대책위원을 선출하고 그 명단을 문교부에 제출하였다.

---

57 「서울신문」 1955. 01. 29.

58 금오선수행연구원 편, 『금오스님과 불교정화운동』 1, 금오선수행연구원 2008, pp.231~232.

59 「조선일보」 1955. 02. 05.

60 「경향신문」 1955. 02. 06.

61 『불교정화분쟁자료』(한국근현대불교자료전집 권68), 민족사 1996, p.84.

62 「경향신문」 1955. 05. 19.

그러나 대처 측은 문교부를 방문하여 기존 입장을 주장하면서 제안을 거부하였다.[63]

이를 지켜본 비구승 200여 명은 6월 9일 조계사에서 묵언 단식기도에 들어갔다. 대처 측은 개운사에서 의안심의위원회를 개최하여 5월 9일 정부의 사찰정화대책에 이의를 제기하는 보고서를 작성하였다.[64] 10일 새벽 대처승 300여 명이 단식 중에 있는 비구승을 기습하여 30명의 중, 경상자가 발생하였다.[65] 이런 대처승들의 행동에 지효는 정법을 지키겠다며 할복하여 유혈이 낭자하게 되었다.[66]

양측의 대립과 폭력이 지속되자 국회에서 정화문제를 논의하였다. 국회에 진출한 대처승들은 정부의 비구승 지지를 추궁하며 더 이상 종교문제에 개입하지 말 것을 요구하였다.

문교부는 다시 비구 대처 양측의 대표 5인을 위원으로 하는 사찰정화 대책위원회를 설립하고 여기서 정화의 모든 문제를 해결할 것을 요구하였다.[67] 제1차 회의는 1955년 7월 13일 문교부 차관실에서 개최되어 위원회 운영을 집중 논의하였다. 제2차는 55년 7월 14일 태고사 법당에서 개최되었다. 비구 측이 주장한 종회의원 선거와 대처 측이 주장한 주지 선거가 팽팽하게 맞서 성과를 내지 못하고 폐회되었다. 제3차는

63 「자유신문」 1955. 05. 25.
64 『불교정화분쟁자료』(한국근현대불교자료전집 권68), 민족사 1996, pp.401~402.
65 「동아일보」 1955. 6. 19.
66 도광, 「정화일지」 『한국불교승단정화사』, 대보사 1996, p.408.
67 「조선일보」 1955. 07. 03.
   비구측 대표: 정금오, 이효봉, 이청담, 윤월하, 손경산. 대처측 대표: 김상호, 정봉모, 이화웅, 국묵담, 박대륜.

55년 7월 15일 태고사 법당에서 개최되었다. 종회의원 선거를 위한 전국승려대회 개최가 논의되었다. 무기명 투표 끝에 찬성 5표, 기권 3표로 비구 측 소집안이 가결되었다. 소집 명의는 대책위원으로 하며 나머지 일정은 청담에게 일임하였다. 그러나 대처 측은 자신들은 표결에 응하지 않고 퇴장한 것이므로 가결된 것으로 인정하지 않았다. 제4차는 55년 7월 15일 태고사 법당에서 개최되었으나 정족수 미달로 유회되었다. 제5차는 7월 18일 개최될 예정이었지만 열리지 못했다. 양측은 각자 문교부를 방문하여 자신들의 방안을 주장하였다. 비구 측은 대책위원회 명의로 전국승려대회 소집을 통보하였고, 대처 측은 앞으로 회의에 참가하지 않겠다고 통보하였다.[68]

7월 19일 비구 측은 사찰정화위원회 의장 청담의 이름으로 독신승대회 소집안을 발표하였다.[69] 그러나 문교부는 대책위원회 회의의 표결절차를 문제 삼아 허가하지 않았다. 비구승들은 8월 2일 당국의 허가 없이 대회를 강행하였고, 58명의 중앙종회 의원 후보자를 통과시켰다. 그리고 전국 사찰 주지의 선출, 종헌 수정, 중앙 간부 선출, 종단 운영상의 인사 관계 등 4개 항목과 불교정화를 위한 일체의 사무 추진을 중앙종회에 일임하기로 결의하였다. 이를 지켜보던 20여 명의 사복 경찰들이 대회를 제지하려고 하였다. 이때 구산은 혈서로 정화의 강력한 추진과 대회의 원만한 성공을 위해 '대통령께 올리는 탄원서'를 썼다.[70]

---

68 김광식, 「사찰정화대책위원회의 개요와 성격」, 『근현대불교의 재조명』, 민족사 2000, pp.468~484.

69 「연합신문」 1955. 07. 18.

열리지 못한 대책위원회 제5차 회의가 8월 11일 체신청 3층 회의실에서 개최되었다. 이 회의는 지난 3차 위원회에서의 표결 내용을 합법화시키는 일이었다. 양측의 위원들이 다시 투표한 결과 7대 1로 가결되었다.[71]

비구 측은 8월 12~13일 조계사에서 승려대회를 개최하여 기존 총무원 및 산하기관장 해임, 종회의원 선거, 종헌 개정 선포, 종단 사무 인계, 신임 집행부 선출, 주지 선거 등을 진행하였다.[72] 50여 명의 종회의원과 623명의 주지, 그리고 총무원의 새로운 간부가 선출되었다. 지금까지 존속했던 대처 측 총무원은 해소되는 동시에 비구 측에 전국 사찰의 주지 임명권과 재산 관리권이 부여되었다. 그들은 대처승으로부터 종단 업무를 인수받을 것과 새로 임명된 주지들은 지정된 사찰로 돌아갈 것을 결의하였다. 이로써 정화운동의 큰 흐름이 비구 측으로 기울게 되었다.[73]

3) 정화의 완결과 통합종단의 출범

1955년 8월 12~13일 조계사에서 개최된 승려대회로 정화운동은 점점 비구 측에 유리하게 진행되었다. 종헌을 근거로 주요 사찰을 접수하기 시작하였다. 그러나 대처 측 저항이 거세지면서 사찰 소유권을 둘러싸

---

70 김경집, 「구산 수련의 정화와 결사운동」『선문화연구』제16집, 한국선리연구원 2014, p.446.

71 김광식, 앞의 논문, pp.490~493.

72 「동아일보」 1955. 08. 13.

73 김경집, 앞의 논문, p.447.

고 소송하는 일이 빈번해졌다.

대처 측은 불교계가 운영하던 사업은 인수조건이 아니라고 주장하였다. 그보다 심각한 것은 비구승 숫자가 적어 사찰을 접수해도 주지로 보낼 승려가 부족한 것이었다. 이런 상황에서 어떤 사찰은 대처승이 그대로 주지를 하는 경우까지 있었다.[74]

이런 과정에서 비구 측에 어려움이 생겼다. 1956년 6월 15일 대처 측이 제기한 1955년 8월 전국승려대회 및 사찰정화대책위원회의 결의가 무효임을 확인해 달라는 소송에서 승소한 것이다.[75] 7월 27일 태고사 명도 가처분도 대처 측이 승소하여 태고사를 비롯하여 주요 사찰이 다시 대처 측으로 넘어갔다.[76] 비구 측이 고등법원에 항소하여 57년 9월 17일 승소하였다. 그 후 쌍방은 갖가지 소송으로 혼전을 거듭하였다.

1960년 4.19혁명으로 정화운동을 지지하였던 이승만이 물러나면서 불교계 상황은 혼미하게 되었다. 대처 측은 1960년 7월 15일 종정 및 총무원장 그리고 부장 등 비구 측 인사들의 조계사 출입을 금지하는 가처분 신청을 하였으나 각하되었다. 비구 측도 11월 19일 조계사에서 700여 명의 승려가 참가한 가운데 제2차 전국승려대회를 개최하였다.[77] 여기서 불교정화의 의지를 재천명하고 11월 24일로 예정된 대법원 판결에서 대처 측의 승소로 판결될 경우 순교하겠다는 결의를

---

74 「동아일보」 1955. 11. 21.

75 「조선일보」 1956. 07. 23.

76 「조선일보」 1956. 07. 31.

77 「동아일보」 1960. 11. 20.

다졌다. 1960년 11월 24일 대법원은 대처 측이 상소한 1955년 8월의
승려대회에 관한 판결을 파기하여 고등법원으로 환송하였다. 이런
결정에 6명의 비구승이 대법원장실에서 불교정화를 위해 순교하겠다
는 결의로 할복하였다.[78]

1961년 5.16으로 군사정부가 들어서면서 정화운동은 급격하게 정리
되는 수순으로 들어섰다. 문교부에 종교단체심의회를 설치하고 비구,
대처 양측만이 아니라 사회인사도 참여하는 불교재건위원회를 구성하
였다. 1962년 1월 18일 비구, 대처 측 각 5명과 문교부 대표 1명으로
구성된 불교재건위원회가 출범하였다.[79]

1월 22일 중앙공보관에서 개최된 결성식에 비구 측은 최원허, 이청
담, 박추담, 손경산, 이행원, 대처 측은 조용명, 안홍덕, 이남채, 박승
룡, 황성기가 참석하였다. 사회 인사는 문교부 장관이었다.[80]

이렇게 결성된 불교재건위원회는 모두 4차에 걸쳐 회의를 개최하였
다. 제1차 회의는 1962년 1월 22일 중앙공보관에서 개최되었다. 회의
의 주된 내용은 불교재건위원회 운영세칙의 심의였다. 그리고 원활한
회의 진행을 위한 의장과 위원들을 선출하였다. 제2차는 1962년 1월
25일 문교부 영화시사실에서 개최되었으며, 전문 6항의 불교재건공약
을 작성하였다. 그리고 운영계획서를 심의하였다. 제3차는 1962년
1월 29일 중앙공보관에서 개최되었으며, 불교재건비상종회 회칙을
심의하였다. 제4차는 1962년 1월 31일 문교부 문예국장실에서 개최되

78 「조선일보」 1960. 11. 25.
79 「경향신문」 1962. 01. 18.
80 『불교정화분쟁자료』(『근현대불교자료전집』 68권, 민족사 1996), pp.297~301.

었으며, 불교재건비상종회의원 선출 작업에 들어가 양측 15명씩 종회
의원 30명을 선임하였다. 유고시를 대비하여 6명의 보궐위원을 비상종
회의원 자격에 준하여 선출하였다.[81]

불교재건비상종회는 2월 12일 역사적인 개회식을 갖고 종단 이름을
대한불교조계종으로 하는 등 종명과 종지에 합의하였다.[82] 이 과정에서
승려 자격을 놓고 서로의 기득권을 주장하였다. 합의에 이르지 못하자
당국에 일임하기로 하고 2월 28일 전문 19장 116조의 종헌을 통과시켰
다. 문교부는 승려 자격에 있어 현재 대처승의 기득권을 인정하지만
앞으로 출가 독신자만 승려로 인정한다고 하였다. 따라서 대처승은
출가독신으로 승려가 되든가 환속해야 된다는 중재안을 제시하였다.[83]
3월 6일 이에 반발한 대처 측이 불참하자 비구 측 종회의원만 참석한
가운데 선포되었다.

대처 측 반발로 문교부는 30명으로 구성된 불교재건비상종회를
해산하고 비구, 대처 양측의 5명과 사회인사 5명이 참여하는 비상종회
로 개편하였다. 3월 22일 반포된 종헌 일부를 수정한 다음 통과시켰
다.[84] 3월 25일 수정된 종헌을 재차 확정 공포하였다.[85] 1962년 4월
1일 중앙종회는 종정에 비구 측의 이효봉李曉峰, 총무원장에 대처
측의 임석진林錫珍을 선출하였다.[86]

---

81 김광식, 「불교재건위원회의 개요와 성격」『근현대불교의 재조명』, 민족사 2000,
　　pp.500~518.
82 「동아일보」 1962. 02. 21.
83 「경향신문」 1962. 03. 11.
84 「동아일보」 1962. 03. 25.
85 「조선일보」 1962. 03. 26.

비구 측은 대처 측 대표가 종단 책임자에 선출된 것에 반발하였다. 그러나 대승적 차원에서 이를 수용하고 4월 6일 통합종단에 참여하였다. 그리고 4월 14일 문교부에 등록함으로써 비로소 합법성을 갖춘 종단이 세워지게 되었다.

4) 통합종단의 와해와 분종

1962년 8월 3일 비상종회는 다시 비구, 대처 측 5명과 사회대표 5인 그리고 문교부 문예국장 1인으로 개편되었다. 8월 20일 문교부에서 개최한 회의에서 종회의원을 50명으로 하고 이 가운데 비구 측 32명 대처 측 18명으로 결정하였다.[87]

이런 결정에 대처 측은 무효를 주장하며 8월 18일 중앙종회 개원식에 불참하였다. 대처 측 총무원장 임석진은 9월 20일 통합종단 합의를 부정하는 성명서를 발표하고 사임하였다.[88] 불교계는 다시 갈등으로 치달았다. 대처 측은 10월 4일 지방법원에 종헌 무효 확인 및 종정 부인 확인 소송을 하였다.[89] 비구 측과 다른 총무원을 두면서 양측은 다시 분열되었다.[90]

비구 측은 통합종단을 고수하며 대처 측을 회유하는 정책을 병행하였다. 그러나 불신의 골이 생각보다 깊어 불교계는 폭력과 소송이

---

86 「동아일보」 1962. 04. 02.

87 「동아일보」 1962. 08. 21.

88 「조선일보」 1962. 09. 21.

89 「조선일보」 1962. 10. 05.

90 「조선일보」 1962. 10. 20.

난무하게 되었다. 이런 상황에서 내려진 1965년 6월 11일 서울 민사지법의 대처 측 승소는 갈등을 더욱 깊어지게 하였다.[91] 그러나 9월 7일 고등법원 판결에서는 비구 측이 승소하였다. 불만을 가진 대처 측은 대법원까지 이어갔다.

각자의 노선을 가던 양측은 불교의 위상 추락과 재산 망실을 차단하기 위한 화동和同이 모색되었다. 1965년 3월 불교화동근대화추진위원회가 결성되었다. 1966년 8월 13일 제13회 임시중앙종회에서 대처 측을 위해 종회의원 50석 가운데 13석을 비워두었다.[92]

1967년 2월 6일 비구, 대처 대표 40명이 모인 불교화동근대화추진위원회에서 대처 측에 중앙종회 50석 가운데 21석, 종단 24개 본사 가운데 8개, 전국 3백여 사찰 주지는 화동추진위원회 대처 측 대표가 추천 임용한다는 3개 사항에 합의하였다.[93] 그러나 대처 측은 화동조인식은 대표권이 없는 사람들에 의해 이루어졌다고 주장하며 협의에 반대하였다.[94] 그리고 2월 27일 시민회관에서 제7차 전국불교신도대의원대회를 열고 비구 측과 분종을 선언하였다.[95]

화동추진위원회는 조계종 내부의 갈등을 일으키는 원인이 되었다. 정화운동을 주도해 온 청담은 1966년 11월 통합종단 제2대 종정으로 추대되자 화동위원회가 추진하는 종단을 견제하였다. 양측의 긴장은

---

91 「경향신문」, 1965. 06. 11.

92 「조선일보」, 1966. 08. 18.

93 「조선일보」, 1967. 02. 09.

94 「동아일보」, 1967. 02. 27.

95 「조선일보」, 1967. 02. 28.

1967년 7월 25일 해인사에서 개최된 16회 종회에서 부딪혔다. 종정과 총무원장을 비롯하여 종단 집행부가 동반 퇴진하였다.[96] 해인사 임시종회에서 제3대 종정에 윤고암尹古庵, 제4대 총무원장에 박기종朴淇宗이 선출되었다.

종정에서 물러난 청담은 1969년 7월 5일 제20회 중앙종회에서 제도 교육의 현대화, 역경 번역사업의 현대화, 포교사업 현대화를 내용으로 하는 대한불교조계종 유신재건안을 역설하였다. 그러나 교계가 냉담하게 반응하자 8월 조계종을 탈퇴하는 성명서를 발표하고 맡고 있던 일체의 공직에서 물러났다.[97]

당시 종회의원 50명의 구성을 보면 비구파 20명, 종단 대처파[화동파] 18명, 그리고 청담을 지지하는 선학원파 12명이었다. 종정 사퇴 후 재기를 노리던 청담은 자신이 속한 선학원파가 12명에 지나지 않아 역부족이라 생각하고 종단 탈퇴라는 배수진으로 종권의 복귀를 시도하였다.[98] 이런 상황에서 총무원장 박기종은 종단 일을 잘못하고 있다는 비난이 있자 즉시 사표를 제출하였으나 부결되었다.[99]

1969년 9월 1일 청담은 전국비구승대표자대회를 소집하여 종단정화의 진전 상황을 재검토하였다. 조계종 총무원은 전국 본, 말사에 공문을 발송하여 이 대회가 총무원과는 아무런 관계가 없으므로 참가하지 말라고 통보하였다.[100] 26일 종단 중진회의를 소집하고, 30일

---

96 「조선일보」 1967. 07. 27.
97 「동아일보」 1969. 08. 13.
98 「조선일보」 1969. 08. 31.
99 「조선일보」 1969. 08. 13.

전국본사주지회의가 긴급 소집되는 등 갈등은 점점 표면화 되었다.[101] 그러나 9월 1일 열린 비상종회에서 박기종의 사표를 처리하고 새 총무원장으로 월산이 선출되었다. 그리고 청담이 장로원장에 추대됨으로써 갈등은 일단락되었다.[102]

분종을 선언한 대처 측은 법원에 소송을 제기하였다. 그러나 1969년 10월 23일 대법원은 62년 3월 제7차 대한불교비상종회에서 제정한 대한불교조계종 종헌과 종회에서 효봉을 종정으로 선임한 결과가 유효하다고 판결하였다.[103] 이로써 모든 법적인 시비는 종결되었다.

판결 이후에도 비구 대처의 화동이 시도되었다. 1969년 11월 18일 양측의 승려들이 모여 통합종단의 종헌을 인정하는 전제 하에서 의견을 나눴다. 12월 10일 양측 지도자인 청담과 대륜이 「대한불교」 사장실에서 만나 상호 인정하는 전제 하에 종회구성을 이판〔비구〕은 상원, 사판〔대처〕은 하원으로 하자고 논의하였다.[104] 그러나 이 회담은 끝내 결렬되었고 대처 측은 1970년 1월 별도로 한국불교태고종을 설립하였다. 그리고 5월 8일 문교부에 불교단체로 등록하면서 끝내 분종하고 말았다.

---

100 「조선일보」1969. 08. 23.

101 「동아일보」1969. 08. 26.

102 「동아일보」1969. 09. 01.

103 「조선일보」 1969. 10. 24.

104 「대한불교」 1969. 12. 04.

3. 대한불교조계종의 출범과 활동

1) 대한불교조계종의 설립과 활동

1962년 3월 25일 비상종회가 공포한 종헌에 종단의 공식 명칭은 대한불교조계종이었다. 종조를 도의국사로 하고 보조국사를 중천조, 보우국사를 중흥조로 하였다. 종지를 '석가세존의 자각각타自覺覺他 각행원만覺行圓滿한 근본 교리를 봉체奉體하며 직지인심 견성성불 전법도생 直指人心 見性成佛 傳法度生'으로 하였다. 선종을 중심으로 한 대승불교의 표방이었기 때문에 소의경전 역시 『금강경』과 전등법어로 하면서 여타의 경전과 염불 그리고 지주持呪 등도 제한하지 않았다. 4월 1일 종정과 총무원장이 선출되고 4월 6일 집행부가 구성되었다.[105]

대한불교조계종은 도제양성, 포교사업, 역경사업을 3대 사업으로 정하고 본격적으로 추진하였다. 세 가지를 중점 사업으로 선정한 것은 시대를 이끌 승려를 양성하기 위해서 승려교육이 현대화되어야 하며, 기복적인 신앙을 벗어나기 위해서 포교에 힘써야 하며, 그리고 경전을 한글로 번역하여 대중들이 쉽게 접근할 수 있는 방안이었기 때문이다. 이런 작업을 통해 불교를 현대화 시킬 수 있다고 생각한 것이다.

3대 사업의 원활한 추진을 위해서 입법화가 필요하였다. 종단은 1962년 12월 26일에서 30일까지 열린 제2회 정기중앙종회에서 교육법과 포교법 그리고 역경법을 심의하고 28일 교육법과 포교법을 의결하였다. 역경법은 수정이 요구되어 1963년 2월 28일에서 3월 2일까지 개최된 제3회 임시중앙종회에서 의결되었다.[106]

종단 3대 사업은 중요성 때문에 지속적인 추진을 위한 결의가 있었다. 1963년 11월 18~19일 개최된 제5회 정기중앙종회에서 교무부는 교육사업, 포교사업, 역경사업, 그리고 종단조직 강화로 구성된 3대 사업 추진의 건을 상정하였다. 교육사업은 교육법에 규정된 초등학림, 전문학림, 총림의 설치와 그 교육에 대한 구체적인 방안을 담았다. 포교사업은 교도단체 지도체제 확립, 순회포교 및 선전, 종군포교從軍布敎, 포교사 재교육에 관한 세부사항을 담았다. 그리고 역경사업은 자료의 수집과 시행에 관한 사항을 담았다. 사안의 중요성 때문에 종정인 효봉도 교시를 내려 사업에 힘써 달라고 당부하였다.[107]

교무부는 이런 사업내용을 5개년에 걸쳐 추진할 것을 계획하였다. 종회의원들은 이에 대해 필수불가결한 사업이며, 원활한 추진을 위해 전문위원을 선정하고 명칭과 위원에 대해 별도로 연구하기로 하였다. 그 결과 이 사업안은 1964년 1월 25일에서 27일까지 개최된 제6회 중앙종회에서 통과되었고, 재원확보를 위한 중앙종회의 결의가 있었다.[108] 이런 과정을 거쳐 대한불교조계종은 짧은 시간에 종단행정과 사업방향을 갖추게 되었다.

106 대한불교조계종 중앙종회, 『제1대 중앙종회회의록』, 조계종출판부 2001, pp.137~159.

107 「불교신문」 1963. 12. 01.

108 대한불교조계종 중앙종회, 『제1대 중앙종회회의록』, 조계종출판부 2001, pp.245~246.

308

2) 포교진작과 신행의식의 제고

대한불교조계종이 출범하면서 한국불교의 교세가 눈에 띄게 달라졌
다. 종단이 설립되어 자율적인 발전과 함께 포교정책을 실시한 결과
였다.[109]

종단 산하 신행단체가 조직되기 시작하였다. 1963년 9월 13일 조계
종 전국신도회가 설립되어 불교사상 강좌와 사회복지사업을 펼쳤다.
회원들의 신행활동을 진작시키는 각종 행사가 전개되었다. 그리고
군포교를 지원하고 전국순회법회를 기획하여 재가불자 활성화에 기여
하였다.[110]

대한불교청년회는 1960년 2월 발족하고 1962년 9월 29일 제1회
대의원대회를 열어 헌장을 통과시켰다. 이어 조직을 정비하고 주요
직책의 인선을 마치면서 본격적으로 활동할 수 있는 배경을 마련하였
다. 청년회는 주로 종단수호 및 불교중흥을 위한 활동을 전개하였다.

대학생불교연합회는 1963년 9월 22일 동국대학교에서 '불교중흥은
우리 손으로'라는 기치로 17개 대학교와 3군 사관학교 생도들이 참여한
창립대회를 열었다. 이들은 불교법회를 주최하고 다른 대학을 순회하
며 불교사상을 강연하는 등 다양한 활동을 전개하였다. 방학에는
수련대회를 개최하여 종교적 체득에 심혈을 기울였다. 종단도 대학생
포교에 관심을 두고 많은 후원을 하였다. 뜻있는 불자 교수들을 중심으

---

109 종교사회연구소, 『한국종교연감』(통계편), 한국종교사회연구소 1993, pp.119~
    208을 참조.; 대한불교 조계종 포교원, 『한국불교 중흥을 위한 포교청사진』,
    1995, p.120.
110 동국대 석림회, 『한국불교현대사』, 시공사 1997, pp.146~148.

로 지도교수회가 결성되어 이들을 지도하였다.

70년대에 이르러 대불련은 좀 더 사회적인 활동을 전개하였다. 1972년부터 수련대회를 화랑대회로 개칭하고 불교와 민족을 아우르는 대회로 발전시켰다. 1975년 이후에는 민중불교로 전환하여 대중불교 확산에 앞장섰다.

포교사제도 역시 많은 기여를 하였다. 70년대 중앙포교사제도를 도입하였고, 1980년대 포교원 설치를 종령으로 확정하여 조직적인 포교활동을 전개하였다.[111] 도심에 많은 포교당이 건립되어 일요법회, 불교강좌 등이 개설되면서 불교대중화에 기여하였다. 그런 포교당 설립은 부산, 경남, 경기도 지역으로 확산되어 불교발전에 기여하였다.[112]

이런 신행단체와 달리 거사들의 원력으로 포교활동이 이루어지기도 하였다. 기업을 경영하던 이한상은 1964년 4월 24일 불교를 공부하는 학생들을 지원하기 위해 삼보장학회를 설립하였다. 그리고 1965년 4월 24일 불교발전을 위한 지원 사업을 전개하기 위해 삼보학회를 설립하였다. 「대한불교」를 인수하여 「불교신문」으로 발전시켰으며, 『한국불교최근백년사』와 같은 자료를 정리하여 출판하였다. 그리고 여러 불교단체를 후원하는 등 다양한 활동을 전개하였다.

1970년 동국제강 창업주인 장경호는 자신의 법명을 딴 대원정사를 설립하여 이곳에 대원불교대학을 개설하여 일반인들에게 불교교리와 문화를 전수하는 데 노력하였다. 이를 시초로 불교계는 사찰과 단체에

---

111 정병조, 「해방 후의 불교」『한국종교연감』, 한국종교사회연구소 1993, p.52.
112 동국대 석림회, 『한국불교현대사』, 시공사 1997, pp.113~117.

불교대학이 개설되어 불자들에게 불교를 체계적으로 전하는 분위기가 조성되었다. 이후 장경호 거사는 자신의 재산 31억 원을 불교발전을 위해 쾌척하여 1975년 지금의 대한불교진흥원이 설립되는 데 큰 역할을 하였다.

1970년대 도심포교에 큰 자취를 남긴 곳은 불광법회였다. 1975년 광덕을 지도법사로 종로 대각사에서 창립되어 일반대중에게 올바른 신행을 알리는 데 주력하였다. 이 법회는 대중들의 호응에 1982년 송파구 석촌동에 불광사를 창건할 정도로 발전하였다. 이후 유치원과 학생회 그리고 출판부 등 불교 활동을 전개하여 도심포교의 이정표를 세웠다.

1994년 개혁종단 이후 독립된 포교원은 1995년부터 신도등록을 체계화하였다. 이를 기반으로 1997년 3월 15일 중앙신도회를 창립하여 조직화하였다. 1995년에는 전국의 불교교양대학을 조사하여 종단등록을 제도화 하였다. 후속으로 포교사고시를 시행하여 우수한 포교사들을 배출하였다. 1996년에는 불교청소년의 해로 삼아 조계종 청소년 단체인 파라미타를 조직하였다. 1997년은 전법의 해, 1998년은 신도교육의 해로 지정하여 다양한 활동을 전개하였다. 1999년부터 신행단체의 종단등록을 추진하며 체계화에 노력하였다.

포교원이 심혈을 기울인 부분은 군포교였다. 포교원은 1995년 이후 군법당 건립 예산을 책정하여 노후 법당의 교체와 신축 법당을 건립하였다. 군승활동에 정기적인 운영비를 제공하여 군포교를 활성화시켰다. 전국 본말사에 포교자료를 제공하기 위한 잡지 발간, 신도와 교양대학의 교육을 위한 교재 편찬, 그리고 통일의식집의 발간에도 큰 성과를

이루었다. 이런 포교 분위기에 힘입어 다양한 직능별 불자회가 결성되었다.[113]

1990년대 불교방송(BBS)의 설립은 불교포교의 큰 성과로 꼽을 수 있다. 1988년 12월 불교방송설립추진위원회가 구성되었다. 불교도의 염원 속에 1990년 5월 1일 첫 방송을 하면서 방송포교가 시작되었다. 주식회사 불교TV(BTN)도 1992년 개원하였다. 불교만을 방송하는 방송국 설립은 세계에서 찾아볼 수 없는 한국불교의 쾌거였다.

이런 활동으로 사회적으로 불교문화에 대한 이해가 높아졌다. 그 가운데 많은 호응을 얻은 것이 연등축제와 템플스테이였다. 연등축제는 국내인과 외국인 구별 없이 수십만 명이 참여하고, 대형조형물이 제작되면서 다양한 볼거리를 제공하는 축제로 자리매김하였다. 템플스테이 역시 크게 성공한 현대불교의 문화콘텐츠였다. 2002년 월드컵 당시 한국을 방문하는 외국인에게 한국의 불교문화를 체험할 수 있도록 시작되었다. 수행과 전통이 살아 있는 공동체를 개방하여 크게 호응을 받았다. 이를 계기로 한국의 불교문화가 세계적인 문화가 될 수 있는 가능성을 열었다.

3) 불교학과 출판문화의 발전

광복 직후인 1945년 무렵 불교출판사는 매우 적었다. 만상회는 1935년경에 세워져 40년대, 50년대까지 지속된 출판사였다.[114] 해동역경원은 광복 후인 1947년 설립되어 주로 경전을 번역하여 출판하였다. 그리고

---

113 동국대 석림회, 『한국불교현대사』, 시공사 1997, p.150.
114 윤창화, 「근대 불서 출판이야기」, 『불교와 문화』 제50호, p.115.

312

한글선학간행회는 1949년 경전의 한글화를 위해 설립된 곳이었다.[115]

50년대 들어서 법륜사法輪社, 법시사法施舍 등이 설립되었다. 법륜사는 1954년 3월 만상회가 개명한 곳으로 대부분 안진호가 편역한 불서들이 발간되었다.[116] 1957년 1월 창립된 법시사는 1960년 5월 등사판으로 월간 『심원心苑』을 창간하고, 『대성석가大聖釋迦』를 간행하여 불교포교에 열의를 가졌다. 그러나 심원은 종간 후 사단법인으로 전환하여 새로운 활동을 시도하였으나 별다른 업적을 내지 못했다. 그 후 1967년 월간 『법시』를 창간하는 등 잡지 발간에 힘을 기울였다.

1950년대 불교서적의 출판은 필자와 출판사 그리고 발간 도서의 종류 등 모두가 어려운 여건이었다. 책을 저술할 수 있는 필자와 발간하는 출판사가 제대로 구성되지 못했기 때문이다. 1952년 권상로·김동화 공저로 부산 불교중앙총무원에서 『불교독본佛敎讀本』상권이 발간되었다. 하권은 1958년 부산 정토문화사에서 발간되었다. 이어 1954년 8월 20일 김동화의 『불교학개론』이 백영사에서 간행되었다.[117]

한국불교 출판은 1960년대에 이르러야 비로소 다양한 모습을 띠게 되었다. 1961년 설립된 법보원은 운허의 『불교사전』을 발간하여 불교에 입문하고자 한 대중과 학인 그리고 불교학 연구자에게 상당한 편의를 제공하였다.[118] 1968년에 이르면 4월 29일 도서출판 보련각이 출판등록을 하였으며, 5월 20일 홍법원이 출판사로 등록하였다.

115 윤창화, 「근대 불서 출판이야기」 『불교와 문화』 제55호, pp.86~87.
116 정광호, 『한국불교최근백년사편년』, 인하대출판부 1999, pp.303~304.
117 김동화, 『불교학개론』, 백영사 1954, pp.2~3.
118 권상로, 「서문」『불교사전』, 동국역경원 1961, pp.1~2.

1960년대 역경에 대한 열의가 크게 일어났다. 대한불교청년회는 불전번역을 한국불교에서 가장 시급한 불사로 주목하고 1962년 4월 역경을 시도하였다. 재정적인 난관에도 불구하고 불교학자들의 헌신적인 협력을 얻어 1963년 6월 법통사에서 『우리말 팔만대장경』을 출간하였다.[119]

1970년대 불교계 출판사로 불교사와 불교출판사를 들 수 있다. 여기에 1972년 9월 한국불교연구원 출판부가 설립되고 학술서적과 대중서적을 출판하면서 불교서적의 질을 상승시켰다. 1975년 5월 경서원이 서울 종로구 견지동에 설립되어 불교서적을 출판하였다. 서울 종로구 봉익동 대각사에 대각출판부가 설립되어 『각해일륜』, 『대승기신론』,『조선글 화엄경』등 용성의 저서와 역서 그리고 경전 등을 출판하였다.

1979년 설립된 교림출판사는 탄허의 번역서를 주로 출판하였다. 그 해 10월 불광출판부가 서울 송파구 석촌동에 설립되면서 본격적인 불교서적이 출판되었다. 불광출판사는 현재까지 불교학을 위한 서적은 물론 불교 대중서적과 아동서적을 출판하여 불교출판의 대중적 저변을 확대하였다.[120]

이렇게 70년대 불교계 출판도서의 양과 종류가 다양해진 것은 교세의 발전과 불자들의 지적 욕구가 반영된 결과였다.[121] 그 후 민족사가

---

119 「대한불교」 1963. 6. 1.

120 한국불교총람 편찬위원회, 『한국불교총람』, 대한불교진흥원 출판부 1993, pp.458~470.

121 종교사회연구소, 『한국종교연감』(통계편), 한국종교사회연구소 1993, pp.119~

설립되어 다양한 학술서적과 교양서적의 출판이 이루어졌다. 그리고 조계종이 설립한 출판사는 교육에 필요한 서적들을 발간하면서 양적인 면과 함께 질적인 성장을 이루었다.

4) 한국불교의 해외 포교

해외 포교의 시작은 미국에 첫걸음을 내딛은 서경보였다. 1964년부터 1966년까지 미국의 여러 대학과 불교단체에서 강의와 설법을 통해 한국불교를 선양하였다. 그런 활동에 힘입어 1966년 필라델피아에 한국불교 최초의 사찰인 조계선원을 설립할 수 있었다. 그리고 1969년 필라델피아 템플대학교에서 「조당집을 통해 본 한국선 연구」로 박사 학위를 받는 등 다양한 활동을 펼치면서 한국불교를 알리는 데 노력하였다.[122]

1972년 8월 다시 미국에 건너간 그는 미국인들에게 물질적 풍요함에서 오는 정신적 나약함을 극복할 수 있는 방법으로 불교의 선을 제시하였다.[123] 선원에서 미국인들에게 결가부좌하고 좌선하는 법을 가르쳤고, 많은 시간을 실수實修하는 데 할애하였다.[124] 불교신도회 회원들에게 특별 좌선법회를 가졌으며, 미국인 제자들과 수행하면서 불교의 이심전심以心傳心의 묘법을 깨닫게 하였다. 그런 활동으로 천주교

208을 참조.; 대한불교 조계종 포교원, 『한국불교 중흥을 위한 포교청사진』, 1995, p.120.

122 양도활·장상 편저, 『一鵬大師』, 아성출판사 1971, p.215.

123 서경보, 「미국불교 포교기」 『東國』 제9집, p.279.

124 양도활·장상 편저, 『一鵬大師』, 아성출판사 1971, p.224.

신부와 기독교, 회회교, 그리고 퀘이커교도들이 내방하자 그들에게도 좌선을 지도하였다.[125]

한국불교에 관심 있는 미국인들이 그의 제자가 되었다. 그런 가운데 세계중앙선원을 건립할 수 있는 땅 22만 평을 기증받았다. 이곳에 양옥 한 채와 석조건물 한 채를 지어서 한국불교를 포교할 수 있는 도량으로 삼았다.[126] 그리고 한국불교 관련 저술을 번역하여 우수성을 알렸다.[127]

서경보에 이어 미국포교에 앞장 선 인물은 숭산崇山이다. 1966년 일본에 홍법원을 개원하여 한국불교를 알리던 그는 1972년 봄 미국으로 건너갔다. 처음에는 학생들에게 참선을 지도하였다. 영어를 하지 못한 선사는 통역을 통해 선을 설명하였다. 사람들이 몰리자 1972년 9월 뉴욕에 홍법원을 개원하고 한국선을 알리는 데 앞장섰다.

1973년 LA 달마사를 시작으로 프로비데슨 국제선원, 뉴욕 조계사를 비롯한 수십 개의 선원과 사찰을 건립하였다. 이곳에서 수십 명의 미국인 수행자와 법사를 양성하였다. 숭산의 활약으로 한국 선불교와 문화가 알려졌고 많은 미국인 제자들이 배출되었다. 그 외에도 유럽은 물론 아프리카까지 포교하여 수만 명에 이르는 외국인 제자를 두었다. 이들은 한국불교에 대한 이해는 물론 자신의 국가에 한국불교를 소개하는 데 적극적이었다.[128]

---

125 서경보, 「미국불교 포교기」, 『東國』 제9집, pp.280~282.

126 양도활·장상 편저, 『一鵬大師』, 아성출판사 1971, p.219.

127 양도활·장상 편저, 『一鵬大師』, 아성출판사 1971, p.230.

128 불학연구소 편, 『세계불교사』, 불광출판사 2012, pp.474~475.

구산九山 역시 한국불교 세계화에 크게 공헌하였다. 1966년 세일론에서 개최된 세계불교승가대회에 한국대표로 참석한 것이 시작이었다. 1972년 12월 첫 번째 미국 순방길에 올라 한국불교 최초로 미국 캘리포니아주 카멜시 근교에 삼보사三寶寺를 설립하였다. 1973년에는 LA, 뉴욕, 시카고 등 서부와 동부지역을 순방하였다. 3월 13일 귀국길에 LA의 최초 사찰인 달마사達摩寺 개원법회에서 설법하는 등 미국 사회에 한국불교를 알리는 데 앞장섰다.[129]

1980년 12월 방문 때는 송광사 불일국제선원의 LA 분원 고려사高麗寺를 개원하였다. 1982년에도 미국에 건너가 한국 사찰들을 순방하고 법회를 개최하였다. 그 해 여름 다시 미국을 방문해서 캘리포니아주 카멜시에 대각사大覺寺를 개원하였다.

이런 활동들로 미국에 한국 선불교가 알려졌으며 많은 외국인들이 배우게 되었다. 1973년 여름에는 조계총림에 한국 최초의 국제선원인 불일국제선원佛日國際禪院이 개설되어 외국인들을 지도하면서 한국불교 국제화에 기여하였다.

5) 역경사업의 전개와 성과

1962년 대한불교조계종은 한국불교 중흥을 위한 3대 종단사업으로 도제양성, 포교, 그리고 역경을 선정할 정도로 역경에 비중을 두었다. 종정 직속기관으로 역경위원회를 두었다. 1963년 2월 13일 17명을 역경위원으로 임명하고, 2월 28일 제3회 중앙종회에서 역경법을 심의

---

129 구산문도회, 『구산선문』, 불일출판사 1994, pp.608~609.

제정하였다. 그해 11월 18일 제5회 중앙종회에서 3대 사업 추진안으로 결의하였다.[130]

총무원은 1964년 1월 12일 60명의 역경위원을 위촉하고 동국대학교에 상설기관으로 동국역경원을 두었다. 7월 21일 전에 있던 역경원과 각계 인사가 참석하여 개원식을 하였다. 초대 원장은 운허가 맡았다.[131]

처음 기획된 역경사업은 30년 동안 매달 1권씩 출판하여 팔만대장경을 6백여 권으로 발간하는 것이었다. 이런 기대 속에 진행된 역경사업은 1965년 6월 아함부 가운데 첫 권인 장아함경이 출판되어 세간의 좋은 평가를 받았다.[132]

재원의 부족에도 불구하고 역경에 대한 열의는 점점 커져갔다. 1965년 3월 수원 용주사에 역경장을 개설하였다. 역경위원장 운허가 역경장과 용주사 주지를 겸하였다. 1964년 4월 운허가 용주사 주지를 사임하자 후임으로 관응이 맡았다. 1966년 관응이 무문관에 입방하자 후임으로 탄허가 맡았다. 이렇게 용주사 주지가 자주 바뀌면서 역경장 관리는 소홀해질 수밖에 없었다. 역경장은 용주사에서 불암사 그리고 봉은사로 옮겼다가 1988년 봉은사 사태로 폐쇄되었다. 그런 가운데 1966년 1월 29일 동국역경원은 수원 용주사에서 역경사 수련대회를 개최하였다. 1968년 11월 5일 제1회 역경사 9명을 배출하였다.

---

130 정광호 편, 『한국불교최근백년사편년』, 인하대출판부 1999, p.298.

131 「동아일보」 1964. 7. 21.
　　운허는 1965년 동국대에 동국역경원이 개원되어 활동을 시작하자 자신이 세운 법보원을 닫고 소유하고 있던 『열반경』, 『화엄경』 등의 지형을 동국역경원에 희사하였다.

132 「경향신문」 1965. 7. 7.

1966년 8월 8일에서 13일까지 해인사에서 제1회 역경용어심의회가 개최되어 불교학과 국문학 등 관련 학자들이 참여하였다. 동국대학교는 1964년 4월 대학에 동국역경원을 부설하는 학칙을 개정하고 승인받았다. 추진하는 역경사업에 국고보조를 신청하였다. 신청을 위한 자료를 위해 종단지원으로 한글대장경 제1집을 발간하였다.[133] 정부도 역경사업에 국고지원의 예산을 편성하였다.[134] 이런 지원으로 1966년 한글대장경 8권이 출판되었다.[135] 그 후 1979년까지 100여 권의 한글대장경이 출판되었다. 이러한 역경작업은 일반인이 쉽게 불교경전을 읽을 수 있도록 하여 불교 대중화에 많은 도움을 주었다.

역경사업은 많은 재정을 필요로 하는 불사였다. 초대 동국역경원장인 운허 역시 정부보조와 관계없이 훌륭한 역경을 위해서는 재정안정이 우선임을 인식하고 있었다. 이런 생각이 구체화되면서 1984년 7월 석주, 월운 등이 동국역경사업진흥회 발기인 총회와 창립 이사회를 거쳐 11월 26일 재단법인 동국역경사업진흥회를 설립하였다. 진흥회는 경전번역 사업을 진흥시키고 전국의 각 대학과 고등학교 도서관에 경전을 무상으로 보급하는 것을 목적으로 하였다.[136]

운허의 뒤를 이어 1979년 영암, 1987년 자운이 역경원장을 역임하였다. 그리고 1993년에 역경원장을 맡은 월운은 1995년 봉선사에 역경후원회를 창립하여 한글대장경 완역에 박차를 가하였다. 그런 노력으로

---

133 동국대 석림회, 『한국불교현대사』, 시공사 1997, pp.224~226.
134 정광호, 앞의 책, p.105.
135 「경향신문」 1967. 12. 6.
136 동국대 석림회, 『한국불교현대사』, 시공사 1997, pp.225~227.

2001년 마침내 고려대장경이 한글로 완역되었다.

4. 10.27법난과 불교계의 변화

1) 70년대 종단동향과 신군부와의 갈등

1962년 통합종단은 결국 1970년 조계종과 태고종으로 분종되었다. 비구 측은 정화운동의 목표대로 종단을 세웠지만 내적 갈등이 야기되면서 순항하지 못했다. 1970년대 불교계는 종정과 총무원장의 대립으로 어려움을 겪었다. 1973년 3월 종회에서 선출된 총무원장은 강력한 종권을 유지하려고 종정과 자주 부딪혔다. 그 양상도 종정과 총무원장 양자 구도를 넘어 종회와 원로회의 등이 포함되면서 다자간 대립양상을 띠었다. 결국 1978년 3월 10일 종회 측이 개운사에 임시 총무원을 개원하면서 종정 측의 조계사 총무원과 대립하는 구도가 되었다.

1979년 10월 12일 문공부 중재로 양측은 대립을 멈추고 총선거를 실시하도록 합의하였다. 1980년 4월 17일 중앙종회의원 선거에서 69명의 종회의원이 선출되었다. 4월 27일 중앙종회에서 제6대 총무원장으로 월주가 선출되었다.

총무원장 월주는 4월 28일 기자회견에서 불교의 교리를 현실에 맞게 개혁하고, 민족과 민중을 이끌어 갈 수 있도록 불교계에 새바람을 불어넣고, 그리고 종단을 자주적이고 자율적으로 운영하겠다는 정책 기조를 밝혔다.[137] 아울러 불교와 관련된 법의 개정과 정치 지도자들의

---

[137] 「10.27법난의 배경과 불교 내적 상황」, 『월간법회』 1987년 10월호, p.83.

특정 종교 옹호 발언에 대해 유감을 표명하였다.[138]

새로운 집행부는 8월 5일 지금까지 불교계 발전을 저해한 관련 법규들의 개정을 위해 불교관계법 개정추진위원회를 구성하고 각 법과 시행령의 개정시안을 국가보위비상대책위원회에 제안하기로 하였다. 8월 14일 불교관계법 개정을 위한 5인의 추진위원회를 구성하였다.[139] 조계종은 현행 불교재산관리법, 자연공원법, 도시공원법, 문화재보호법, 그리고 도시계획법 등이 조계종의 자주적 운영을 침해한다고 생각하였다. 수행에 필요한 공간이 관광과 공원으로 제한됨으로써 많은 제약이 있다고 생각한 것이다.[140]

1980년 9월 15일에서 16일까지 조계사 불교회관에서 불교관계법 개정요구 결의대회를 개최하고 40명으로 확대 개편된 상임위원단을 구성하였다. 총무원장은 불교관계 5개법 가운데 국익에 필요한 부분은 준수하지만 교단의 자주적이고 창의적인 운영과 신교자유원칙에 저해되는 요인은 개정할 필요가 있음을 강조하였다.[141] 그리고 10월 20일 정부의 종교단체 정화지침과 달리 승가의 율장에 입각한 정화를 지향하였고, 공권력의 간섭을 배제할 수 있는 불교관련법의 개정을 강조하였다.[142]

이런 움직임은 신군부와 불편한 관계에 놓이게 하였다. 그럼에도

---

138 「조선일보」 1980. 04. 27.

139 「대한불교」 1980. 08. 24.

140 「대한불교」 1980. 07. 20.

141 「대한불교」 1980. 09. 21.

142 「월주스님과 성문스님의 대담」 『월간 법회』 1987년 10월호, p.61.

불구하고 종단의 자주적인 움직임은 지속되었다. 민주화 운동인 5.18 광주민중항쟁 진상조사단을 파견하고 위령제를 직접 집전하면서 군사정권과 대립각은 깊어질 수밖에 없었다.[143]

8월 22일 문공부는 종교단체 대표자들을 소집하여 정부의 종교단체 정화지침을 시달하고 스스로 정화할 수 있도록 지시하였다. 이런 분위기와 함께 국가보위비상대책위원회는 정권장악을 위해 사회 각층의 지지선언을 요구하였다. 조계종 집행부는 이를 거부하는 한편 국가보위비상대책위원회에서 요구한 불교행사마저 거절하면서 갈등이 고조되었다. 불교계의 비협조를 못마땅하게 생각한 신군부는 결국 물리적인 힘으로 불교계를 제압하려고 하였다. 여기에 신군부에 대한 비판적 사회 분위기를 전환시키려는 의도가 합해져 불교계에 지울 수 없는 10.27법난이 일어나게 되었다.[144]

2) 10.27법난과 명예회복

1980년 10월 27일 새벽 4시 계엄사령부 합동수사본부 합동수사단은 승려의 비행을 척결한다는 명분으로 총무원과 전국 주요 사찰에 난입하였다. 153명을 계엄사로 강제 연행하여 고문을 자행하였다. 그런 물리적 제압의 명분은 사찰 내에 숨어 있는 용공분자와 범법자 색출이었다.

10월 28일 계엄사령부는 '불교계가 사이비 승려와 폭력배들이 난무, 발호하는 비리지대가 되어 국민의 지탄과 빈축의 대상이 되었다.

---

143 「대한불교」 1980. 05. 25.
144 사기순, 「법난은 계속되고 있다」 『법륜』 통권 241호, p.89.

이런 상황에 대해 자력으로 갱생할 수 없는 것으로 판단되어 사회정화 차원에서 부득이 조치를 취했다'고 발표하였다.[145]

10월 30일 오전 6시 계엄사령부는 포교령 위반 수배자 및 대공용의자를 검거하다는 명목으로 군경 합동으로 18개 종단에 소속된 전국 사찰과 암자 5,731곳을 일제히 수색하였다. 그러나 결과는 미미하였다. 포교령 위반자 1명, 불교계 수배자 1명, 거동 수상자 362명, 기타 범법자 1,412명 모두 1,776명을 검거했을 뿐이었다. 조사 결과는 더욱 보잘 것 없었다. 불교계 수배자는 1명뿐이었고 대부분 무혐의였다. 훈방된 사람이 1,499명이었다.

11월 14일 신군부는 중간발표를 하였다. '총무원장을 비롯한 비리 승려와 민간인 55명과 참고인 98명 등 153명을 연행하였다. 수사 결과 각종 비리에 관련된 승려가 10명, 일반인 8명 등 모두 18명을 구속하였고, 승려들이 개인적으로 착복한 재산 200억 6천만 원은 종단에 귀속한다'고 발표하였다.[146]

불교계 정화라는 미명 아래 신군부가 저지른 10.27법난은 불교계에 말로 표현할 수 없는 참담한 심정을 안겨 주었다. 18명의 승려가 구속되고 32명의 승려가 승적이 박탈된 것에 비하면 법난의 후유증은 컸다. 가장 큰 것은 불교계의 상실감이었다. 전통불교, 민족불교를 자부한 터라 그 정도가 심했다.

법난 후 조계종은 우선 자체적인 개혁을 시도하였다. 1980년 11월

145 「조선일보」, 1980. 10. 29.
146 10.27법난피해자명예회복심의위원회, 『10.27법난피해자명예회복심의위원회 백서』, 10.27법난피해자명예회복심의위원회 2016, pp.38~39.

2일 조계종 총무원장실에서 대책회의를 개최하였다. 종회 개최 관련 의제와 종헌, 종법상의 문제를 검토하는 한편 승려들의 석방을 건의하였다. 종회는 11월 3~4일 제62회 긴급중앙종회를 열고 일부 종회의원의 사표를 수리하고 정화중흥회의를 구성하여 10.27법난 수습과 종단 재건을 위임하고 해산하였다.[147]

11월 5일 원로 10명, 중진 28명, 소장 13명으로 출범한 정화중흥회의는 중앙종회와 총무원 산하기관을 해체하였다. 신도자문단이 구성되고 종헌을 개정하였다. 새로운 종헌은 총무원장의 재산처분, 사찰주지 임면 등 모든 행정은 종무회의 심의를 거치도록 하였다. 본사 주지 임면은 종회가 선출한 인사관리위원회가 심의하도록 하여 인사 부조리가 생겨나는 것을 원천적으로 막았다. 조계종 상징인 종정은 원로회의에서 추대하고 임기를 10년으로 하여 그 지위를 법적으로 보장하였다. 중앙종회는 권한과 의원 수를 축소하였다. 총무원 간부와 본, 말사 주지 및 본사 4직 등 행정을 담당할 수 없도록 하였다. 이에 반해 원로회의는 그 역할을 강화하였다.

1981년 1월 7일 새로운 종헌이 확정되면서 정화중흥회의 의장 영암은 총무원 중심제의 종헌과 중앙종회의원 선거법을 공포하고 새로운 체제를 만들어갈 원로회의 16명을 선출하였다.[148]

이와 같은 종단 차원의 개혁과 함께 외부에서도 10.27법난에 대한 진상규명을 촉구하는 움직임이 나타났다. 1980년 11월 22일 대불련

147 대한불교조계종 중앙종회,『제4, 5, 6대 중앙종회회의록』, 조계종출판부 2001, p.1334.
148 청년불교도연합회,『청년불교도 백서』, 청년불교도연합회 1983, pp.43~44.

산하 12개 대학은 10.27 불교계 탄압사건을 법난으로 규정하고 정부의 사과를 요구하였다. 1984년 10월 27일 법난 4주기 때 조계사에 150여 명의 사부대중이 모여 10.27법난에 대한 규탄 및 규명대회를 개최하였다.

이런 노력의 결과로 정부의 사과를 이끌어 낼 수 있었다. 1988년 총선을 통해 여소야대가 된 제13대 국회에서 5공화국의 정치권력에 대한 쟁점들이 부각되었다. 불교계도 7월 20일 민주불교운동연합회의 사과 요구에 이어 11월 16일 10.27법난 진상규명추진위원회가 발족되었다. 조계종은 12월 14일 10.27법난에 대한 해명 및 사과를 촉구하는 문건을 청와대, 문화공보부, 국방부, 보안사령부 등 정부기관에 발송하였다. 마침내 12월 30일 총리 공관에서 조계종 승려들이 참석한 가운데 사과 담화문이 발표되었다.

진상규명은 몇 년 뒤 참여정부 때 이루어졌다. 2005년 7월 4일 조계종은 10.27법난 불교대책위원회 결성식을 갖고 불교인에게 보내는 참회문과 대정부 성명서를 발표하였다. 연구소 설립, 진상조사, 관련자 명예회복, 그리고 10.27법난 특별법 제정 등 구체적인 계획을 세웠다. 8월 18일 10.27법난 진상규명 및 명예회복 추진위원회가 구성되었다. 정부도 이에 호응하여 2007년 10월 25일 국방부 과거사위원회가 10.27법난은 불교계 정화 명분으로 국가권력을 무리하게 남용한 사건으로 인정하였다. 이후 명예회복과 함께 보상의 단계에 접어들 수 있었다.[149]

---

149 10.27법난피해자명예회복심의위원회, 『10.27법난피해자명예회복심의위원회 백서』, 10.27법난피해자명예획복심의위원회 2016, pp.39~43.

법적 근거를 위해 제정된 10.27법난법은 여러 개정을 거쳐 2010년 1월 25일 공포되었다. 시행령 역시 여러 번의 개정을 거쳐 2011년 11월 11일 대통령령 제23292호로 공포되었다. 2013년 5월 22일 10.27 법난법과 시행령이 2차 개정되면서 10.27법난피해자 명예회복심의위 원회의 업무를 처리하기 위한 사무처의 조직 및 운영 조항이 규정되어 본격적으로 활동을 전개하였다. 2016년 6월 30일 10.27법난 피해자 또는 피해 종교단체에 대한 심의와 의료지원금 지급 등 명예회복에 관한 사업이 완료되면서 백서로 발간되었다. 기념관 건립과 그 운영 사업 등은 계속 추진하도록 하였다.[150]

3) 비상종단의 개혁방향과 한계

1981년 새로운 집행부가 들어서자 불교계 자주화와 민주화의 열망이 고조되었다. 그러나 기대와 달리 1년 동안 총무원장이 4번이나 바뀌면서 종단은 혼란스러웠다. 이런 갈등 속에 1983년 8월 6일 설악산 신흥사 주지 교체를 두고 다투는 과정에서 승려가 죽는 일이 일어났다.[151]

총무원과 종회 그리고 원로회의는 긴급회의를 갖고 사태수습을 위한 성명서를 발표하였다.[152] 일부 원로회의 의원은 사퇴하였고, 한국 불교종단협의회에서는 심도 있는 대책을 요구하였다.[153] 8월 전국신도

150 10.27법난피해자명예회복심의위원회, 『10.27법난피해자명예회복심의위원회 백서』, 10.27법난피해자명예회복심의위원회 2016, pp.61~64.
151 「조선일보」 1983. 08. 09.
152 「불교신문」 1983. 08. 13.
153 「불교신문」 1983. 08. 21.

회, 한국청년불교도연합회, 그리고 젊은 승려들은 등은 종단 지도층의 퇴진과 개혁을 요구하였다.

1983년 8월 19일~20일에 개최된 제78회 임시중앙종회에 참석한 석림회, 각 강원 대표, 승가대학 동문회 및 재학생, 대불련과 대불청 및 전국신도회의 대표들은 근본적인 대책을 요구하였다. 1개월 동안 의 수습기간을 두고 결과에 따라 총무원장과 종회의장의 사임을 결의 하였다.[154]

집행부는 이런 요구를 수용하지 않았다. 1983년 8월 26일 전국신도 회, 8월 27일 대불청 등은 총무원 집행부와 종회의원의 총사퇴와 불교개혁의 대권을 종정에게 위임하라는 성명서를 발표하였다. 원로 회의도 종단 비상사태를 선포하고 집행부와 종회의 즉각 사퇴와 해산 을 결의하였다.[155]

집행부의 수습 의지가 미약하자 1983년 9월 3일~5일에 열린 제79회 임시중앙종회에서 신흥사 사태의 책임을 물어 집행부의 해임을 결정하 였다. 9월 5일 조계사에서 개최된 전국승려대회에서 비상종단운영회 의 설치를 결의하였다.[156]

총무원 집행부와 종회의원 일부가 반발하자 원로회의는 9월 15일 봉은사에서 개최된 제19회 회의에서 종헌개정과 비상종단운영회의법 을 제정하였다.[157] 그러나 9월 27일 총무원은 이를 수용하지 않겠다는

---

154 대한불교조계종 중앙종회, 『제7대 중앙종회회의록』, 조계종출판부 2001, p.914.

155 「불교신문」 1983. 09. 04.

156 대한불교조계종 중앙종회, 『제7대 중앙종회회의록』, 조계종출판부 2001, pp.950~975.

담화를 발표하며 11월 원로회의 측을 법원에 고소하였다.

혼돈과 갈등 속에 1983년 11월 7일 비상종단운영회의가 발족되었고 원로회의의 결의와 종정의 교시로 힘이 실리게 되었다. 1983년 12월 총무원을 인수한 비상종단은 1984년 여름까지 8개월에 걸쳐 파격적인 개혁안을 만들었다.[158]

개혁안은 7월 7일 제6차 비상종단운영회의에서 통과되었다. 그러나 파격적인 조항은 원로들이 받아들이기 어려웠다. 종정 성철은 7월 14일 새 종헌을 인정할 수 없다는 교시와 함께 종정직 사임을 발표하였다.

종정 사퇴로 종단은 다시 양분되었다. 비상종단에 반발하는 세력은 1984년 8월 1일 해인사에서 전국승려대회를 개최하였다. 1,500여 명이 참가한 해인사 승려대회에서 비상종단에서 통과시킨 새 종헌을 무효화하고 비상종단 폐지가 결의되었다. 조계사를 접수한 이들은 제24대 총무원장으로 녹원을 선출하였다.

비상종단을 이끌던 소장승려들은 범어사에 총무원을 두었다. 1984년 10월 28일 총무원에 진입하여 종권을 획득하려 하였으나 조계사 신도 700여 명에 의해 축출되었다. 그로 인해 개혁도 위축될 수밖에 없었다. 1984년 11월 17일 총무원장 녹원과 비상종단 초우가 대화합을 위한 공동성명을 발표하면서 사태는 마무리되었다.[159]

---

157 「불교신문」 1983. 09. 25.

158 이 안은 개혁안 중에서 가장 진보적인 내용이면서 나중에 비상종단을 어려움에 빠지게 하였다.

159 동국대학교 석림회, 『한국불교현대사』, 시공사 1997, p.608.

그러나 비상종단의 존립기반은 무너지고 말았다. 비민주적인 사건에 의해 조성된 비상종단이 스스로 비민주적인 행동을 하여 승가대중과 신도대중들에게 개혁보다 종권에 관심이 많은 부류로 평가절하된 것이다.[160]

이렇게 미완성으로 끝난 1980년대 비상종단의 역할은 여러 가지 면에서 시사하는 점이 크다. 기존 집권층과 차별화된 획기적인 개혁은 세인의 관심을 끌었지만 대중들이 동의하지 않은 개혁은 성공할 수 없다는 교훈을 남겼다. 결국 불교계의 자주화와 민주화는 다음을 기약할 수밖에 없었다.

4) 한국불교의 사회화 운동

1970년대 암울한 한국사회는 불교계에 사회에 필요한 불교정신과 실천을 요구하였다. 그 결과 젊은 불자들에 의해 사회현실에 대한 비판과 불교계의 반성과 개혁을 지향하는 새로운 불교운동이 일어나게 되었다.[161]

이런 이념과 실천을 지향한 민중불교는 1980년 10.27법난을 겪은 후 사회 민주화에 관심을 기울이면서 그 활동의 범위를 넓혔다. 군사정권의 탄압을 받은 한국불교는 내적 성숙을 추구하는 민주화의 열풍이 강하게 대두되었다. 그 움직임은 학생과 청년 불자들이 주도하였다. 그들은 무기력한 기성불교에 대한 비판과 시대적 변화를 추구한 민중

---

160 임연철, 「다툼은 이제 그만」, 『법륜』 187호, pp.57~58.

161 홍사성, 「민중불교운동의 평가와 전망」, 『민중불교의 탐구』, 민족사 1989, pp.97~99.

불교운동을 전개하였다.

민중불교운동은 사원을 중심으로 대학생회를 조직하고, 불교학과 사회과학의 학습 그리고 야학 등을 통해 지역사회에 기여하였다. 이런 사원화 운동은 당국에 의해 불교사회주의 운동으로 규정되어 관련 인물들이 구속되자 중단될 수밖에 없었다.[162]

1983년 7월 17일 범어사에서 '땅에서 넘어진 자 땅을 딛고 일어나라' 는 주제로 전국청년불교도연합대회가 개최되었다. 전국의 선원납자, 동국대 석림회, 중앙승가대학, 전국강원 학인과 대한불교청년회 그리고 한국대학생불교연합회 등 1,700여 명의 불교도가 참석하였다.

이 대회는 현대 사회에서 불교가 자신의 역할을 수행하지 못한 점을 반성하고, 청년 불교도가 민족과 시대적 사명을 극복하는 데 노력할 것을 천명하였다. 그리고 승가와 재가가 연합한 전국청년불교도연합회를 결성하고 지도부를 선출하였다. 그러나 주축이던 소장승려들이 비상종단에 참여하면서 와해되었다.[163]

승가와 재가의 연합은 1985년 민중불교운동연합에서 다시 결성되었다. 한국불교의 민중불교운동은 1985년 5월 14일 출가와 재가 180여 명이 참여하여 민주화운동의 결집체인 민중불교운동연합이 결성됨으로써 한 단계 발전하게 되었다.

강령으로 불국정토건설, 자주적 평화통일 달성, 주체적 민중불교 확립을 채택하고 민중불교 이론의 정립과 불교자주화 투쟁을 통한

---

162 김종찬, 「민중불교의 전개과정」『민중불교의 탐구』, 민족사 1989, pp.182~183.
163 중앙승가대학편집실, 「80년대 불교계의 흐름과 전망-90년대의 웅비를 위한 모색」『승가』 7, pp.99~100.

불교대중의 조직화, 기층민중과의 연대구축, 그리고 민주화와 민족통일운동에 적극 동참하는 것을 과제로 삼았다. 그로 인해 그동안 이론적 제시에 불과했던 민중불교를 현실화시킴으로써 한국불교의 진보적 운동을 민중불교라는 이름으로 포괄할 수 있게 되었다.[164]

이렇게 80년대 시작된 불교계 사회운동의 정점은 1986년 9월 7일 해인사에서 개최된 해인사승려대회였다. 전국 2,000여 명의 승려가 모여 한국불교가 정권을 옹호하는 호국불교가 아니라 민중을 위하는 진정한 호국불교로 전환하기를 요구하였다. 이 대회에서 불교의 자주화, 사회의 민주화를 요구하면서 지금까지 불교계의 권리를 침해하고 있는 불교재산관리법, 공원법 등 불교관계 악법의 철폐와 사원의 관광화 중지, 10.27법난의 해명 등 불교계의 현안과 성고문 사건의 진상규명, 수입개방 압력 거부 등 사회문제까지 거론하면서 우리 사회에 큰 파장을 일으켰다. 불교계는 이런 주장을 통해 국가 권력과의 관계를 재정립하였고, 사회개혁에 동참하여 민주사회를 위한 활동을 전개하는 계기가 되었다.[165]

이런 인식이 높아지자 조계종도 지금까지 논의조차 하지 않았던 10.27법난에 대한 규명을 요구하기 시작하였다.[166] 11월 17~18일에 개최된 제87회 정기종회에서 불교재산관리법 개정을 결의하였다. 그리고 봉은사에 무단 난입하는 공권력에 대한 경계로 영장 없이 자행하는 사찰수색을 거부하기로 결의하였다.

---

164 홍사성, 앞의 논문, pp.103~104.

165 홍사성, 위의 논문, p.105.

166 실천불교전국승가회, 『한국현대불교운동사』 상, 도서출판 행원 1996, pp.25~31.

이런 불교계의 자주적인 노력으로 10.27법난에 대한 것은 노태우 정권 때 총리의 사과와 함께 보상절차가 진행되었다. 그리고 불교재산 관리법은 전통사찰보존법으로 바뀌었으나 정부의 통제를 받는다는 면에서 별다른 차이가 없었다.[167]

불교계 내에서 점점 높아진 불교민주화 의식은 80년대 중반 다양한 승가 모임이 출현하는 계기가 되었다. 5월 16일 조계종 승려 152명이 '민주화는 정토구현'이라는 시국성명을 발표하였다. 이 성명에 전국의 학인과 수좌들이 참여하면서 큰 반향을 일으켰다. 6월 5일 진보적인 소장 승려 221명이 발기하여 사회민주화와 불교자주화를 위한 승가조직인 불교정토구현전국승가회를 창립하였다.[168] 최초의 승가조직답게 불교계의 민주화에 큰 공헌을 하였으나 승가대중과의 연합이 원활하지 못한 한계점을 보이며 1991년 8월 해체되었다.

1988년 3월 25일 개운사에서 창립된 대승불교승가회는 종단개혁과 사회민주화를 주요 목표로 삼았다. 수행정진, 교화방편, 정토구현을 강령으로 정하고 내적 성숙을 발판으로 한 대중 활동으로 민족불교운동을 지향하였다. 그러나 활동성이 위축되면서 1991년 3월 해체되었다.

1992년 10월 1일 해체되었던 불교정토구현전국승가회와 대승불교 승가회가 실천불교승가회로 통합하여 새롭게 출범하였다. 1993년

---

167 조영호, 「불교재산관리법 폐지과정과 전통사찰보존법 제정 배경」, 『대원』 통권65
     호, pp.36~37.

168 실천불교전국승가회, 「1986년 불교정토구현승가회의 창립과 9.7 해인사 승려대
     회」, 『한국현대불교운동사』 상, 도서출판 행원 1996, pp.15~16.

4월 종단개혁을 위한 2천여 명의 서명과 1994년 종단개혁불사에 참여하여 대중공의제도와 사찰공영화를 골자로 한 종헌, 종법 개정운동을 이끌었다.

1990년 11월에 창립한 선우도량은 '현 시대의 바람직한 불교정신을 정립하고 승가교육제도 개선책을 모색하는 대중적인 결사운동'으로 그 성격을 정했다.[169] 한국 사회가 당면하고 있는 민족의 분단과 민족의 주체성 그리고 물질문명 사회의 현재와 미래 문제를 해결하기 위해 각종 결사모임과 세미나 등을 추진하였다. 그런 과정을 통해 '출가정신을 확고히 하고, 교단의 승풍을 신선하게 하며, 사회, 역사, 그리고 미래의 문제를 책임질 수 있는 사상체계를 확립할 것'을 제시하였다.[170]

5. 종단의 개혁 과정과 성과

1) 1994년 종단개혁의 원인

1986년 8월 22일 선출된 25대 총무원장 의현은 1990년 6월 재선되었다. 임기를 마쳐갈 무렵 3선을 강행하여 종권을 유지하려 하였다. 그런 의도를 가지게 된 것은 1988년 4월 제92회 종회에서 총무원장의 권한을 대폭 강화하는 방향으로 종헌이 개정되어 종회 중심제에서 총무원장 중심제가 되었기 때문이다.

개헌된 종헌은 종단을 대표하고 종통을 계승하는 종정의 위상을

---

169 『선우도량』 창간호, 충남 정혜사 1991, p.139.
170 도법, 「결사의 필요성과 그 방향」 『선우도량』 창간호, 충남 정혜사 1991, pp.22~23.

상징적인 존재로 바꾸었다. 원로회의에서 인준하며 임기도 10년에서 5년으로 축소되었고 총무원장 임면권도 삭제되었다. 그 결과 총무원장이 종단을 대표하고 종무행정을 통괄하게 되었다. 중앙종회 의석수를 늘려 총무원장이 종회를 장악할 수 있도록 개정되었다. 이와 함께 불교계 언론을 장악하여 자신에 대한 비판적 기사와 방송을 원천적으로 통제하였다.[171]

　총무원장의 정치적 활동도 남달랐다. 자신의 위치를 확고하게 하는 작업으로 생각하고 정치권력과 긴밀한 관계를 유지하면서 종단을 운영하였다.[172] 1990년 6월 재임한 이후 정치적 행보에 집중하였다. 1992년 대선 때 지나칠 정도로 여당을 지지하는 행동을 하였다. 1993년 17사단 훼불사건이 일어나자 적극적으로 대처하고 있던 승려와 신도들을 오히려 범법자로 취급할 정도였다. 그리고 1993년 불교방송 사장에 여권과 친분이 있는 천주교 신자를 임명하려는 일도 있었다. 이런 정치적 행보는 불교계의 위상을 실추시켰다.

　그런 총무원장과 달리 불교계는 문민정부가 들어서서 부처님오신날 특사 금지, 종교 관련 학교의 인가문제, 그리고 군대 진급과 관련한 종교편향에서 비롯된 불교계 홀대로 정권에 대한 불신감이 커지면서 퇴진운동을 전개하였다.[173]

171　류승무, 「한국불교 조계종단의 정치 혁명」 『한국사회이론학회』, 1995, pp.208~209.
172　「조계종 총무원장 서의현의 정체」 『월간 말』 1991년 4월호, pp.153~154.
173　박수호, 「사회운동으로서의 조계종 종단개혁운동」 『동양사회사상』 제11집, p.76.

종단 내부의 상황은 점점 혼란스러워졌다. 1991년 1월 10일 만료되는 성철 종정의 후임을 뽑는 과정에서 문중 간의 갈등을 원만히 조정하지 못하고 오히려 총무원장을 지지하는 측과 반대하는 측으로 나누어졌다.[174] 우여곡절 끝에 1991년 8월 22일 제7대 종정으로 성철이 재추대되었지만 종단 분열은 끝나지 않았다. 9월 26일 통도사에서 승려 1천여 명과 신도 7천여 명이 모여 전국승려 및 불교도대회를 개최하였다. 이 대회에서 벽암을 총무원장으로 하는 집행부가 구성되었고 의현 총무원장의 퇴진을 요구하였다.[175]

새로운 총무원이 서울 강남에 개원하면서 불교계는 강남, 강북 총무원 체제로 분열되었다. 1992년 1월 문화부 장관의 중재로 3월 10일까지 조계종을 개혁할 수 있는 종단개혁안의 종회 통과를 추진하는 데 합의하였다.[176] 그러나 8월 14일 제10대 중앙종회의원 선거 이후 강남 총무원이 강북 총무원으로 흡수되면서 개혁의지도 사라졌다.[177]

이런 종단 모습을 보고 의식 있는 불교단체들은 종회의원 직선제 및 겸직 금지 등을 골자로 하는 종단개혁을 촉구하였다. 1994년 1월 4일 석림동문회, 실천승가회, 선우도량, 전국승가학인연합 등 대표자 21인은 한국일보 송현클럽에서 한국불교의 미래를 밝히기 위한 승가단체 신년 인사회를 개최하였다.

이런 불교계의 움직임과 달리 의현은 1994년이 되자 불거진 불교계

174 동국대 석림회, 『한국불교현대사』, 시공사 1997, pp.71~72.

175 「동아일보」 1991. 09. 27.

176 「동아일보」 1992. 01. 11.

177 동국대 석림회, 『한국불교현대사』, 시공사 1997, p.73.

비리를 무마하면서 종헌 상의 총무원장 임기 가운데 중임이라는 문구를 여러 차례 해도 괜찮다는 의미로 해석하고 3선을 강행하였다. 그러나 1994년 1월 27일 상무대 이전 공사 과정에서 군 간부 2명이 당시 조계종 전국신도회장에게 수천만 원의 뇌물을 받았다는 사실이 국방부 특검단의 수사발표로 세간에 알려졌다. 이 문제를 시작으로 3월 제166회 임시국회에서 상무대 이전 사업 223억 원을 유용한 의혹과 동화사 80억 시주금 문제가 제기되면서 의현 총무원장 체제의 권력예속화와 부패상이 만천하에 드러났다.[178]

교계의 단체들은 의현 총무원장의 비리를 규탄하는 성명서를 연일 발표하였다. 언론도 이런 부패상을 중점적으로 보도하였다. 종단의 비민주적인 모습과 비리를 지켜본 석림동문회, 선우도량, 실천승가회, 전국승가대학학인연합 등은 2월 5일 실무자 모임을 개최하고 그 명칭을 '종단개혁을 위한 범승가 연합준비위'로 정하고 총무원장의 3임을 저지하는 데 뜻을 모았다.

2월 25일에는 8개 단체[179] 대표자 23인이 모여 명칭을 '범승가종단개혁추진회〔범종추〕'로 확정하고 총무원장에 대한 반대의사를 분명히 하였다. 3월 1일 제1차 실무회의를 개최한 이들은 상무대 사건과 관련한 총무원장의 자금수수에 대한 성명서 발표에 합의하였다. 9일 실천승가회 외 3개 단체가 조기현 씨 상무대 자금유용사건과 관련된 총무원장 자금수수에 대한 내용을 모든 승가단체의 입장으로 발표하였

178 「조선일보」 1994. 02. 26.
179 8개 단체는 동국대 석림동문회, 선우도량, 중앙승가대 동문회, 동국대 동림동문회, 실천승가회, 전국승가대학학인연합, 중앙승가대 학생회, 동국대 석림회이다.

다. 그리고 15일 실무회의에서 23일 범승가종단개혁추진회〔범종추〕
를 창립하였다.

2) 범종추의 결성과 개혁 과정

자신의 비리가 드러나자 의현은 사태를 조기에 진압하고 종권을 장악
하기 위해 3월 16일 총무원장 선출을 위한 제113회 임시중앙종회
소집을 공고하였다. 18일 중앙종회 의장 종하에게 3월 30일 개최되는
종회에서 총무원장 선출을 안건으로 상정하도록 요구하였다. 이 계획
이 그대로 실행되면서 교계는 혼란의 상황으로 빠져들었다.[180]

집행부의 행보를 지켜본 8개 단체는 3월 23일 중앙승가대 정진관에
모여 범승가종단개혁추진회를 출범하고 상임공동대표로 청화, 시현,
도법을 선출하였다. 25일에는 원로와 중진, 종회의원, 선원 등이 3선
반대와 개혁을 위한 구종법회에 동참을 결의하여 이들에게 힘을 실어
주었다.

범종추는 3월 26일부터 '총무원장 3선 반대와 종단개혁을 위한
구종법회'를 조계사에서 시작하였다. 지도부는 무기한 단식정진에
들어갔다. 참여 대중들은 탑골공원에서 조계사까지 평화행진을 벌이
며 개혁불사의 당위성을 알렸다.

3월 28일 범종추 소속 300여 명과 승가대학생 360여 명은 조계사에서
종단개혁을 촉구하는 구종법회를 개최하였다. 총무원장의 3선 음모를
결사반대할 것을 결의하고 상무대 80억 비리의 진상규명을 촉구하였

---

180 김봉준, 「94년 불교개혁운동의 반성적 점검」 『불교평론』 제8호, p.223.

다. 청화, 시현, 도법 상임대표가 총무원장의 퇴진을 요구하는 단식투쟁에 돌입하였다. 재가불자들도 단식투쟁 대열에 합류하면서 종단개혁운동은 승가에서 재가로 확산되었다. 3월 29일 종단 집행부의 인사와 지시를 거부하고 상무대 80억 뇌물수수의 진상규명을 위한 종회의 특별조사를 촉구하는 등 개혁에 박차를 가하였다.[181]

영축총림 방장 월하의 범종추 활동 지지는 3월 30일 종회의원과 원로들의 지지를 얻는 데 큰 역할을 하였다. 그로 인해 범종추는 종단 내에서 개혁의 주체로 자리하였고, 총무원장 체제를 반대하는 연대를 이끌어낼 수 있었다.

사부대중의 반대운동이 거세지자 정치권력과 결탁한 총무원장은 3월 29일 새벽 조직 폭력배 300여 명을 동원하여 총무원에서 농성하던 승려와 재가불자들을 억압하였다. 그런 과정에서도 범종추 지도부가 총무원 청사 1층 법당에서 단식 정진을 계속하자 경찰 1,600명이 조계사에 투입되어 승려들을 쫓아내고 청사를 경비하였다. 범종추는 공권력의 개입을 성토하고 사과를 요구하였다. 그러나 경찰은 30일 새벽 1시에 조계사에서 농성 중이던 대중들을 무차별 구타하고 476명을 연행하였다.

집행부의 폭력성이 드러나면서 이에 항의하는 단체들이 늘어났고 범종추를 지지하였다. 교수불자 36명이 3선 반대와 구종법회 지지를 선언하였다. 지금까지 지켜보던 서암 종정도 30일 종회를 보류하고 원로 중진들이 중심이 되어 종단개혁을 이루라는 교시를 내렸다.[182]

181 「동아일보」 1994. 03. 29.
182 「동아일보」 1994. 03. 30.

그러나 집권에만 관심이 있던 총무원장은 3월 30일 경찰이 원천봉쇄한 조계사에서 제112회 임시중앙종회를 개최하였다. 종회의원 가운데 11명이 종단 사태에 대한 책임을 통감하고 사태 수습 후 총무원장 선거를 촉구하면서 불참하였다.[183] 그런 과정에서 개최된 종회는 재적의원 73명 중 57명이 참석하여 56명 찬성, 1명 기권으로 3선을 결의하였다. 이런 결정으로 총무원장의 승리로 끝나는 것처럼 보였으나 중앙종회 내부에서 3선 무효를 선언하며 상무대 사건에 대한 특별조사를 촉구하는 일이 일어났다.[184]

범종추는 3월 29일 사건을 제2의 법난으로 규정하고 대정부투쟁을 포함한 총력투쟁을 선언하였다. 조계사에서 중앙승가대로 옮긴 범종추 지도부는 무기한 단식을 결의하면서 투쟁의 전열을 재정비하였다. 31일 국무총리와 내무부장관을 항의 방문하고 현 집행부의 폭력성과 이를 비호한 공권력에 대한 진상규명과 책임자 처벌을 요구하였다.

재가불자들도 연합체를 결성한 후 범종추의 개혁불사에 동참하였다. 국내 언론들도 범종추의 개혁을 지지하면서 3.29법난을 계기로 총무원과 조직폭력배의 관계, 총무원과 김영삼 정부와의 관계를 집중적으로 조명하며 총무원장과 정부의 부도덕성을 보도하기 시작하였다.[185]

사태가 개혁운동 측으로 전환되면서 전 불교계에서 퇴진 목소리가 나왔다. 4월 5일 조계종 원로회의가 총무원장의 3선 연임과 임시중앙종회 무효를 선언하였다. 그리고 정부의 공권력 투입에 유감을 결의하였다. 불교지성인 419명은 재가불자들의 종단개혁 동참을 결의하면서 총무원장 퇴진을 요구하는 성명서를 발표하였다.[186]

범종추도 그동안 총무원장 퇴진에만 집중하던 투쟁에서 대정부규탄을 병행하였다. 그러면서 4월 6일 범불교도대회 개최를 집중적으로 홍보하였다. 상황이 확산되자 조계종 사태로 문민정부의 개혁성이 반감되는 것을 우려한 김영삼 정부도 태도를 바꾸기 시작하였다. 4월 6일 대통령은 이회창 총리에게 조계사 폭력사태 철저수사와 관련자 엄중처벌을 지시하였다. 정치권력의 힘을 상실한 총무원장 체제는 급격히 흔들리기 시작하였다.

범종추는 4월 6일 조계사에서 3.29법난 규탄과 종단개혁을 위한 범불교도대회를 개최하였다. 2천여 명이 참석한 대회에서 3월 29일 공권력에 의해 일어난 만행을 제2의 법난으로 규정하였다. 김영삼 정부의 사과, 최형우 내무부장관의 해임, 종로경찰서장과 정보과장의 구속을 촉구하였다. 그리고 전 종도의 종단개혁 의지를 재천명하는 한편 대정부 항의서를 채택하였다.

이런 상황에 직면한 총무원 집행부가 사퇴 불가를 주장하자 4월 9일 원로회의는 개운사에서 기자회견을 갖고 지난 5일 원로회의 결정을 확정하였다. 그러자 총무원 측도 원로중진회의를 개최하고 10일 개최되는 전국승려대회를 반대하였다. 종정 서암도 9일 승려대회 금지 교시를 발표하여 총무원 측 손을 들어주었다. 그러나 종단개혁의

---

186 「동아일보」 1994. 04. 06.

거대한 흐름을 막을 수 없었다. 10일 오후 1시 조계사에 2천 5백여 승려와 1천여 명의 재가불자가 모여 전국승려대회를 개최하였다.

대회에서 서암 종정의 불신임 결의, 의현 총무원장의 불신임과 함께 즉각 퇴진과 공직박탈, 조계종 개혁회의가 종단의 입법, 사법, 행정의 전권을 행사하며 의장에 월하, 부의장에 종하, 설조, 그리고 상임위원장에 탄성을 선출하였다. 대회 직후 총무원 청사 접수를 시도하였으나 경찰병력에 의해 가로막혔다.[187]

승려대회 이후 4월 11일 원로회의는 조계종 비상사태를 선포하고 비상사태대책위원회를 구성하였다. 개혁회의는 '4.10법난에 대한 조계종 개혁회의의 입장'이란 성명서를 발표하면서 경찰병력 철수와 원로중진들의 감금 해제, 대통령의 직접 사과와 최형우 내무부장관 해임을 주장하였다. 이런 개혁회의의 주장에 교계단체는 물론 민족문학작가회의 등 다수의 시민단체들이 승려대회의 지지 및 정부의 공권력을 규탄하는 성명서를 발표하였다.

수세에 몰린 총무원장은 4월 13일 새벽 5시 모든 권한을 종정에게 위임하는 사퇴를 발표하였다. 총무원 청사를 접수한 개혁회의는 오후 2시 조계사에서 1만여 명의 사부대중이 참가하여 범불교도대회를 개최하고 개혁회의 현판식을 하였다. 원로회의는 4월 10일의 전국승려대회의 적법함을 추인함으로써 의현 총무원장의 3선 강행은 실패로 끝나게 되었다.

---

187 「동아일보」 1994. 04. 11.

3) 개혁불사의 성과와 의의

1994년 4월 15일 조계종 제10대 중앙종회는 제113회 임시종회를 끝으로 모든 권한을 개혁회의에 이양하고 해산하였다. 개혁회의는 5대 활동지표와[188] 10대 실천공약을 제시하였다.[189]

개혁회의는 개혁운동의 지속성을 위해 개혁회의법을 확정 발표하였다. 법안은 교단 내의 반불교적 비법적 요소를 제거하며, 종단의 민주적 발전의 초석을 마련하고 구시대적 폐풍을 쇄신하며, 그리고 수행과 교화풍토를 진작하는 것을 이념으로 삼았다. 이 법안은 4월 18일 원로회의 인준을 받음으로써 효력이 발생하였다. 개정한 종헌, 종법에 따라 모두 99명의 개혁회의 의원이 선정되었다. 개혁회의 의장 월하는 앞으로 개혁불교를 통해 새로운 한국불교의 정립을 천명하였다.[190]

원로회의는 4월 18일 조계사에서 임시회의를 열고 공권력 투입에 대한 대통령 사과, 내무부장관 사퇴를 거듭 촉구하였다. 그리고 정부가 끝내 요구를 받아들이지 않을 경우 산문폐쇄, 정부청사 연좌농성 등의 지속적인 항의를 천명하였다.[191]

---

188 정법 종단의 구현, 불교자주화 실현, 종단운영의 민주화, 청정교단의 구현, 그리고 불교의 사회역할 확대.

189 1) 불교의 근본정신 회복 및 승단의 위계질서 확립, 2) 교단의 자주성 확립 및 불교 관련 악법 개폐, 3) 교단의 민주적 운영과 재산 공개, 4) 여법한 주지인사 실시 및 무분별한 가람불사 지양, 5) 파벌적 문중의식 타파 및 승가 후생복지 증대, 6) 승가교육(기초, 기본, 전문, 재교육) 체계수립 진행, 7) 의식법복 의제 정비, 8) 포교활성화 및 사회복지사업 추진, 9) 재가불자 종단참여 모색, 10) 인권, 환경 등 사회적 역할 확대.

190 「불교신문」 1994. 05. 03.

종단개혁 후 제일 먼저 대두된 문제는 종정의 사퇴와 새로운 종정의
추대였다. 4월 27일 서암 종정은 사퇴 선언과 함께 탈종을 선언하였
다.[192] 원로회의는 5월 9일 총무원에서 17명의 원로의원이 참석한 종정
추대회의를 열고 제9대 종정으로 월하를 만장일치로 추대하였다.[193]

종정 추대를 마무리한 개혁회의는 종단개혁에 박차를 가하였다.
불교계는 이번 개혁이 불교역사를 바꾸어 불교가 불교다운 모습으로
바뀌는 전환점이 될 것으로 기대하였다.[194]

불교계 의견을 수렴한 개혁회의는 짧은 기간 동안 많은 성과를
이룰 수 있게 교육개혁, 제도개혁, 인식개혁의 좌표를 제시하고 이
세 가지 방향에서 개혁을 이끌어 나가야 한다고 생각하였다.[195]

이런 방향이 설정되자 개혁에 대한 요구를 수렴하고 종책을 마련하
는 작업을 시작하였다. 5월부터 2~3개 교구본사의 본, 말사 주지들을
대상으로 개혁의 내용과 방향에 대한 의견을 청취하였다.[196] 그리고
종책 세미나를 개최하여 불교관계법령 문제점 분석과 대안 마련,
종단운영구조에 관한 주제를 다루었다.[197]

1994년 4월 22일 출발한 개혁회의는 이런 과정을 통해 1994년 11월
9일 새로운 집행부에게 권한을 인계하기까지 7개월 동안 불교의 대정

191 「조선일보」 1994. 04. 19.
192 「조선일보」 1994. 04. 27.
193 「조선일보」 1994. 05. 10.
194 「법보신문」 1994. 05. 02.
195 「불교신문」 1994. 05. 02.
196 「불교신문」 1994. 06. 15.
197 「불교신문」 1994. 05. 17.

부 관계를 새롭게 설정하는 문제, 불교의 대사회적 역할을 확대하는 문제, 종단 내부의 권력구조를 개혁하는 문제, 종헌종법 개정, 교육제도 정비, 복지후생의 제도화, 그리고 종단 내 폭력과 각종 비리의 척결 등 종단개혁을 위한 여러 가지 정책을 추진하면서 다음과 같은 성과를 남길 수 있었다.[198]

개혁회의는 종단 내부의 권력분산을 위해 종단제도를 민주적으로 개혁하였다. 지금까지 총무원으로 통합되어 있던 포교원과 교육원을 별원으로 설립하여 포교와 승가교육의 전문성과 자율성을 보장하는 한편 종무행정의 합리화와 체계화에 힘을 기울였다.[199]

총무원장이 임명하던 교구본사 주지를 선거로 선출하고 말사 주지의 인사권을 갖는 교구자치제를 도입하였다. 본사 주지에 대한 추천권을 산중총회로 이관하여 교구자치제가 시행되게 하였다. 그리고 사원운영의 투명화에도 심혈을 기울였다. 사찰운영위원회법에 의거하여 종단의 사부대중이 참여함으로써 투명한 사찰 운영이 되도록 하였다.

총무원의 본사 통제권이 약해진 반면 종회는 많은 권한이 주어졌다. 총무원장은 물론 종단 내 각종 기구의 위원, 심지어 사법부에 해당되는 호계원의 구성원 등 주요 지도부 선출과 종무행정의 견제 그리고 종단에 필요한 입법 활동이 강화되었다. 이런 권한은 종회 내에 여러 종책 모임을 등장하게 하였다. 그들은 견제와 상호 경책을 통해 종단 발전에 기여하는 순기능을 가지게 되었다.[200]

---

198 조성렬, 「현대 한국의 실천불교: 운동과 이념」, 『실천불교의 이념과 역사』, 도서출판 행원 2002, pp.463~465.

199 조성렬, 위의 논문, 도서출판 행원 2002, p.458.

개혁회의는 조계종 복지재단을 설립 운영하여 전국적으로 다양한 복지시설을 수탁, 운영하는 계기를 만들었다. 또한 직영사찰법과 특별 분담사찰 지정법 개정을 통해 종단의 재정기반 확대에도 심혈을 기울였다. 조계사, 선본사, 보문사를 직영사찰로, 도선사, 봉은사, 연주암, 석굴암, 낙산사, 봉정암, 보리암, 내장사를 특별 분담사찰로 지정하였다. 이런 조치로 예산이 증액되었고 이를 기반으로 승가교육과 포교 그리고 복지사업의 역량을 높일 수 있었다.

94년 개혁회의가 출범하면서 눈에 띄는 것은 승가교육의 변화였다. 개혁회의는 승가교육을 기초, 기본, 전문, 그리고 재교육으로 체계화 하였다. 1995년 이후 출가자부터 행자에 해당하는 기초 의무교육을 6개월 받도록 하였다. 그 후 사미, 사미니에 해당되는 기본 의무교육 4년을 이수해야 비구, 비구니가 될 수 있도록 하였다. 승려가 된 이후에는 전문교육과 특수교육 또는 재교육을 통해 깊이 있는 연구를 지속할 수 있도록 하였다. 원활한 추진을 위해 교육원장에게 인사권과 예산편성권을 보장하였다.

개혁회의는 선거관리위원회법과 총무원장선거법 등 주요 관련법을 개정하였다. 그 법령에 따라 11월 21일 319명의 선거인단에 의해 제28대 총무원장으로 월주가 선출되면서 개혁종단이 출범하게 되었다.

4) 개혁종단의 활동과 분규의 재현

개혁종단은 종단 운영의 기본방향으로 '첫째, 개혁불사의 정신을 계승

---

200 정웅기, 「권력과점 고착화되나」『참여불교』제21호, pp.10~12.

하여 새로운 제도의 시행과 정착. 둘째, 교단의 자주성과 대정부 현안문 제의 해결. 셋째, 이타자리의 보살행 실천을 통한 종단의 대사회적 역할과 위상의 강화. 넷째, 종단 운영의 공개화, 민주적 의사 결정 구조의 정착화와 종무행정의 체계화'를 기조로 삼았다.[201]

이어 추진해야 할 종책 사업으로 '종단의 안정과 제도 정착 및 종무행 정의 체계화, 승풍진작과 승가교육 체계화, 전법 및 포교의 활성화, 깨달음의 사회화운동을 통한 대사회적 역할 제고, 불교자주화 구현 및 대정부 현안문제 해결, 그리고 불교문화 활성화와 민족문화 창달'을 선정하였다.[202]

개혁종단은 직할교구를 제외한 각 교구의 자치제와 사원 운영이 투명화를 통해 내적 쇄신이 이루어질 수 있도록 하였다. 종무행정의 합리화와 체계화에 힘을 기울였다. 총무원, 교육원, 그리고 포교원의 3원체제의 확립은 물론 중앙종회와 호계원 등 중앙종무기관의 독자성 이 유지되고 종무기관들의 유기적인 체계정비를 통해 효율성이 드러나 도록 하였다. 또한 직영사찰과 특별분담사찰의 지정을 통해 예산을 증액한 종단은 이를 기반으로 승가교육과 포교 그리고 복지사업의 역량을 높일 수 있었다.

개혁종단은 신도들의 자긍심을 높이는 정책을 실시하였다. 신도들 이 재적사찰을 정하여 교무금을 납부하고 신도증을 교부받는 신도등록 제도를 도입한 것이다. 등록된 신도를 기초로 해서 1997년 중앙신도회 를 창립할 수 있었다.

---

201 총무원 기획실, 『개혁종단 이렇게 일하고 있습니다』, 조계종 출판사 1998, p.7.
202 총무원 기획실, 앞의 책, pp.19~23.

개혁종단은 대사회적 활동에도 크게 기여하였다. 당시 종단이 표방한 깨달음의 사회화운동으로 부처님의 가르침을 사회에 실천하는 보살행을 구현하도록 하여 불교의 사회적 역할이 높아지도록 하였다. 사회적인 위상이 높아지면서 불교계는 불교관련 법령의 개정, 불교방송의 전국적인 방송망 확충, 그리고 군승 확대와 승가대의 정규대학 승격 등 현안문제를 해결할 수 있었다.

그런 성과에도 불구하고 개혁종단 역시 종권에 대한 갈등으로 또 다른 분규의 원인을 제공하였다. 1998년 임기 종료를 앞둔 월주 총무원장의 연임에 대한 의지로 선거 분위기가 고조되었다. 5월 30일 조계종 중앙선거관리위원회 위원장 현해는 사전 선거운동 및 과열 혼탁선거를 자제하는 담화문을 발표하였다.

불교계는 1998년 8월 26일 조계종 중앙종회, 교구본사 주지 후보자 선거법 개정 방안을 모색하는 산중총회법 관련 교구본사 주지 후보자 직선제에 관한 공청회를 개최하였다. 그럼에도 불구하고 1998년 10월 14일 월주를 조계종 제29대 총무원장 후보로 추대하기 위한 후보추대위원회가 발족하면서 3선 연임이 강행되었다.

이런 움직임에 10월 14일 중앙승가대를 비롯하여 여러 단체는 총무원장 3선 출마 반대를 위한 범불교도 연대회의를 구성하였다. 기자회견을 통해 종헌을 자의적으로 해석하고 3선 출마를 강행하는 것은 종단을 분열과 혼란으로 빠뜨리는 행위라며 월주 총무원장 후보추대위원회의 해체를 촉구하였다.

이런 과정에서 지금까지 총무원장 중심제로 운영되던 종권에서 종정의 권한을 강화하려는 시도가 있었다. 종정 월하는 이런 일련의 사태에 대해 10월 27일 '총무원장 3선 부당, 종헌종법 전향적 개정, 중징계자 선별 사면, 근본 계율에 위배된 자의 종무행정 수행 시정, 모든 종도들은 제2의 정화불사라는 마음으로 종단을 바로잡기를 바란 다'고 교시를 내렸다. 11월 4일 조계사에서 사부대중 6백여 명이 참여한 가운데 '종정예하 교시봉행 정진대법회'가 봉행되었다.

이런 혼란한 틈에 11월 11일 월주 총무원장의 3선 저지를 위해 모였던 반대 세력 중 일부가 총무원 청사를 점거하고 종정의 교시를 이유로 정화개혁회의를 출범시켰다. 월주 총무원장의 3선 시도로 시작된 갈등은 총무원과 종회 그리고 종정 사이의 힘겨루기로 비약되었다. 월하 종정은 종단의 재산처분권과 인사권 그리고 사면복권에 관한 권한 행사를 요구하며 통도사와 말사를 동원하였다. 여기에 본사와 문중들이 제각기 대립함으로써 분규는 급속도록 커지고 1개월 이상 지속되었다.[203]

상황이 이렇게 되자 11월 12일 조계종 중앙선거관리위원회는 선거 관리시행규칙 제42조 1항과 3항에 의거 제29대 총무원장 선거를 18일로 연기한다고 발표하였다. 중앙종회는 11월 16일 봉은사 교육관에서 제135회 정기중앙종회를 속개하고 제29대 총무원장 선거 입후보자 전원사퇴와 전국승려대회 개최를 의결하였다. 11월 24일 조계종 사태와 관련해서 조속한 시일 내 총무원장 선거 실시 등 5대 방침을 결의하였다.

11월 26일 총무원 청사를 점령한 정화개혁회의가 현판식을 거행하

---

203 김경호, 「조계종 종권분쟁 연구」『불교평론』제2호(2000. 03), p.351.

자 11월 30일 조계사 앞에서 1,200여 명이 참가한 전국승려대회가 개최되어 종헌 종법과 종권수호 및 총무원 청사 접수를 결의하였다. 12월 6일 광화문 지하도 입구에서 '종헌 종법 수호와 공권력 규탄을 위한 범불교도 대회'가 개최되었다. 이어 청사를 점거한 사람들을 퇴거시키려 제기한 소송에서 승소하고 공권력의 도움을 받아 총무원 청사를 되찾았다.

종권에 대한 분쟁이 지속되자 12월 26일 종정 월하는 종단 분규에 대한 성명서에서 '3선을 막게 되었으면 족하게 생각해야 하는데 본의 아니게 확대되어 유감스럽다'는 사과의 뜻을 밝혔다. 그리고 종단 운영 방침대로 순응하기로 통도사 대중 전원이 합의하였음을 발표하였다.

사태가 진정되자 12월 29일 조계종 제29대 총무원장으로 고산이 당선되어 1999년 1월 10일 취임법회가 봉행되었다. 29대 집행부는 종단 운영의 7대 기조를 제시하였다. 첫째, 종단화합과 안정, 둘째, 수행중심 승가상 확립, 셋째, 포교와 전법 사업의 내실화, 넷째, 대사회 활동 전문화, 다섯째, 종도중심 서비스 행정, 여섯째, 불교정보화 사업 추진, 일곱째, 한국불교총본산 건립이었다.

그러나 1999년 1월 25일 정화개혁회의 측은 총무원장 부존재와 총무원장 직무정지 가처분을 제기하였다. 2월 8일 월하는 종단 운영 방침에 순응하겠다는 12월 26일자 친필 성명서를 전면 부정하였다. '종단이 통합되어 일원화된 종단에 순종한다는 말이지 한쪽에 순응한다는 것은 어불성설'이라는 해명서를 발표하여 종단은 다시 한 번 혼란에 빠지게 되었다.

1999년 10월 법원은 제29대 총무원장 선거를 위해 총무원장 선거법을 개정한 제136회 임시중앙종회는 소집공고 절차상에 하자가 있다는 이유로 고산 총무원장에 대해 자격 없음을 확인하는 판결을 내리고 총무원장 직무대행자로 도견을 선정하였다.

종단은 10월 12일 조계사에서 원로의원, 교구본사 주지, 불교도 1만 2천여 명이 참석한 '불교자주권과 법통수호를 위한 사부대중 궐기대회'를 열어 재판부의 오판을 강력하게 규탄하였다. 그러나 항소하지 않고 종헌에 의거하여 총무부장이 권한대행을 맡아 질서를 유지하면서 11월 15일 제30대 정대 총무원장을 선출하였다.[204]

이와 같이 98, 99년 조계종단의 혼란은 파장이 컸지만 94년부터 종단에 형성된 민주적인 의식과 사부대중의 질서의식으로 빠르게 정상화되었다. 그만큼 불자들의 의식이 달라졌고 새로운 한국불교를 열어가고 싶은 염원이 컸던 것이다.

---

[204] 조성렬, 앞의 논문, pp.461~462.

참고문헌

I. 불교전래와 발전의 시대

『대당서역구법고승전』
『부상략기』
『삼국불법전통연기』
『삼국사기』
『삼국유사』
『속고승전』
『송고승전』
『수서』
『양고승전』
『원형석서』
『일본서기』
『해동고승전』
고익진, 「한국고대의 불교사상」, 『철학사상의 제문제』 2, 한국정신문화연구원 1984.
_____, 「삼국시대 대승교학에 대한 연구」, 『철학사상의 제문제』 3, 한국정신문화연구원 1985.
김경집, 「자장과 금강계단」, 『동아시아불교문화』 제2집, 동아시아불교문화학회 2008.
_____, 「원효의 구법행로와 오도처에 대한 재검토」, 『한마음연구』 제2집, 대행선연구원 2019.
김동화, 『삼국시대의 불교사상』, 고대아세아문제연구소 1959.

352

_____, 「고구려시대의 불교사상」『아세아연구』, 제2-1호 고대아세아문제연구소 1959.

_____, 「백제시대의 불교사상」『아세아연구』 제5-1호, 고대아세아문제연구소 1962.

_____, 「백제불교의 일본전수」『백제연구』 2집, 충남대학교백제연구소 1971.

김병모, 「가락국 허황옥의 출자-아유타국고」『삼불김원룡교수정년퇴임기념논총』, 일지사, 1987.

김상현, 「신라 중고기 업설의 수용과 의의」『한국고대사연구』 제4집, 1991.

김영태, 「백제의 관음신앙」『마한·백제문화』 창간호, 원광대 1975.

_____, 「백제 임성태자의 묘견신앙의 일본전수」『불교학보』 제20집, 동국대 불교문화연구소 1983.

_____, 「일본사료를 통해 본 백제불교」『불교학보』 21집, 동국대학교불교문화연구원 1984.

_____, 「고구려 불교사상-초전성격을 중심으로」『한국불교사상사』, 원광대출판국 1985.

_____, 『백제불교사상연구』, 동국대학교 출판부 1985.

_____, 「고구려 불교전래의 제문제」『불교학보』 제23집, 동국대학교불교문화연구원 1986.

_____, 「백제불교의 일본 초전문제」『불교학보』 제24집, 동국대학교불교문화연구원 1987.

_____, 「백제 불교신앙의 특징」『백제의 종교와 사상』, 충청남도 1994.

김인덕, 「승랑의 삼론사상」『철학사상의 제문제 』 2, 한국정신문화연구원 1984.

_____, 「백제의 삼론 고승」『한국불교학』 22집, 한국불교학회 1997.

김잉석, 「승랑을 상승한 중국삼론의 진리성」『불교학보』 제1집, 동국대불교문화연구소 1963.

_____, 「고구려 승랑과 삼론학」『백성욱박사송수기념 불교학논문집』, 1959.

신종원, 「신라의 불교전래와 그 수용과정에 대한 재검토」『백산학보』 제22집, 1977.

안계현, 「고구려 불교의 전개」『한국사상』, 제7집 1964.

_____, 「백제불교에 관한 제문제」 『백제연구』 제8집, 1977.

이기백, 「신라초기 불교와 귀족세력」 『진단학보』 제40집, 1975.

이 만, 「고구려 의연의 유식교학」, 『한국불교학』 21집, 한국불교학회 1996.

이봉춘, 「삼국·통일신라시대 불교의 주체적 수용」 『불교학보』 제24집, 동국대불교
　　　문화연구원 1987.

정태혁, 「삼국의 불교수용과 그 종교적 의의」 『한국문화와 원불교사상』, 원광대출
　　　판국 1985.

채인환, 「백제불교 계율사상 연구」 『불교학보』 28집, 동국대 불교문화연구원
　　　1991.

홍윤식, 「삼국시대의 불교수용과 사회발전의 제문제」 『마한·백제문화』 제8집,
　　　원광대 1985.

II. 민족불교의 정착 시대

『대당청룡사삼조공봉대덕행상』

『삼국불법전통연기』

『삼국사기』

『삼국유사』

『속일본기』

『송고승전』

『원형석서』

『일본서기』

『입당구법순례행기』

『조당집』

『조선금석총람』

『현장삼장사자전총서』

고익진, 「원효가 본 불교의 호국사상」 『동국사상』 제12집, 동국대 1976.

_____, 「원효사상의 사적 의의」 『동국사상』 14집, 동국대 1981.

_____, 「신라하대의 선전래」 『한국선사상연구』, 동국대 불교문화연구원 1985.

_____, 「신라밀교의 사상내용과 전개양상」,『한국 밀교사상 연구』, 동국대불교문
화연구원 1986.

_____,『한국고대불교사상사』, 동국대출판부 1989.

김경집, 「원효의 정토사상에 나타난 왕생의 원리」,『한국불교학』제23집, 한국불교
학회 1997.

_____, 「원효의 정토관 연구」,『보조사상』제11집, 보조사상연구원 1998.

_____, 「원효의 구법행로와 오도처에 대한 재검토」,『한마음연구』제2집, 대행선연
구원 2019.

김동화, 「신라 하대의 불교사상」,『아세아연구』3-2, 고려대 아세아문제연구소
1968.

김문경, 「장보고시대의 해상활동과 교역」,『한중문화교류와 남방해로』, 국학자료
원 1997.

김상현, 「신라화엄사상의 전개」,『신라화엄사상사연구』, 민족사 1991.

김영태, 「희양산선파의 성립과 그 법계에 대하여」,『한국불교학』4집.

_____, 「신라 점찰법회와 진표의 교학연구」,『불교학보』제9집, 동국대 불교문화연
구소 1972.

_____, 「신라 불교사상」,『한국불교사상사』, 원광대출판국 1975.

_____, 「전기와 설화를 통한 원효연구」,『불교학보』제17집, 동국대 불교문화연구
소 1980.

_____, 「설화를 통해 본 신라 의상」,『불교학보』제18집, 동국대 불교문화연구소
1981.

_____,『백제불교사상연구』, 동국대출판부 1985.

_____,『삼국시대불교신앙연구』, 불광출판부 1990.

_____, 「구산선문의 성립과 그 성격에 대하여」,『보조사상』제9집, 1995.

김지견, 「신라 화엄의 계보와 사상」,『학술원논문집』12(인문사회편), 학술원 1973.

안계현, 「경흥의 미타정토왕생사상」,『불교학보』제1집, 동국대 불교문화연구소
1963.

오형근, 「신라유식사상의 특성과 그 역사적 전개」,『한국철학연구』상, 동명사
1977.

이기백, 「황룡사와 그 창건」『신라사상사연구』, 일조각 1986.

이 만, 『신라 태현의 유식사상 연구-성유식론학기를 중심으로-』, 동쪽나라 1989.

이무영, 「원효사상의 제조명」『불교의 현대적 조명』, 민족사 1989.

이수훈, 「신라 승관제의 성립과 기능」『부대사학』 14, 부산대 사학회 1990.

장원규, 「화엄교학 완성기의 사상 연구」『불교학보』제11집, 동국대 불교문화연구
　　소 1974.

전해주, 『의상화엄사상연구』, 민족사 1993.

조명기, 『신라불교의 이념과 역사』, 신태양사출판국 1962.

채인환, 「대현의 계학」『신라불교계율사상연구』, 동경 ; 국서간행회 1977.

＿＿＿, 「신라 대현법사연구 (Ⅰ) - 행적과 저작 」『불교학보』20집, 동국대 불교문화
　　연구소, 1983.

최남선, 『신정 삼국유사』, 경성; 삼중당 1943.

최병헌, 「나말여초 선종의 사회적 성격」『사학연구』제25집, 1975.

최재석, 「8세기 일본의 불경수입과 통일신라」『한국학보』제83집, 1996.

황성기, 「원측의 유식학관에 과한 연구」『불교학보』, 동국대 불교문화연구소 1972.

Ⅲ. 사회적 지평의 확대 시대

『가정집』

『고려사』

『고려사절요』

『나옹화상어록』

『동국이상국전집』

『동국이상국후집』

『동문선』

『목은문고』

『무의자시집』

『백운화상어록』

『보조전서』

『보한집』

『불조통기』

『삼국유사』

『수선사사원현황기』

『신정 삼국유사』

『신증동국여지승람』

『익재난고』

『조선금석총람』

『조선불교통사』

『조선사찰사료』

『진각국사어록』

『태고화상어록』

『태조실록』

『한국금석전문』

강건기, 『목우자 지눌 연구』, 부처님세상 2001.

강은경, 「고려후기 신돈의 정치개혁과 이상국가」, 『한국사학보』 제9호, 고려사학회 2000.

고익진, 「원묘요세의 백련결사와 그 사상적 동기」, 『불교학보』 15집, 동국대 불교문화연구소 1978.

_____, 「원묘국사 요세의 백련결사」, 『한국천태사상연구』, 동국대 불교문화연구소 1983.

권기종, 「혜심의 선사상 연구」, 『불교학보』 19집, 동국대 불교문화연구소 1982.

_____, 「고려후기 불교와 보조사상」, 『보조사상』 제3집, 보조사상연구원 1989.

김광식, 「고려최씨 무인정권과 단속사」, 『건대사학』 제7호, 건국대 사학회 1989.

_____, 「최우의 사원정책과 담선법회」, 『국사관논총』 제42집, 1993.

김상영, 「고려 예종대 선종의 부흥과 불교계의 변화」, 『청계사학』 5, 1988.

김상현, 「『삼국유사』에 나타난 일연의 불교사관」, 『한국사연구』 20, 1978.

김영태, 「고려 역대왕의 신불과 국난타개의 불사」, 『불교학보』 제14집, 동국대 불교문화연구소 1977.

_____, 「고려의 제석신앙」, 『불교학보』 15집, 동국대 불교문화연구소 1978.

김잉석, 「불일 보조국사」, 『불교학보』 제2집, 동국대 불교문화연구소 1964.

김형우, 「고려 전기 국가적 불교행사의 전개양상」, 『한국불교사상사』 상권, 가산불교문화연구원 1992.

민현구, 「신돈의 집권과 그 정치적 성격(상)」, 『역사학보』 38, 역사학회 1968.

_____, 「고려의 대몽항쟁과 대장경」, 『한국사논총』 제1집, 국민대 한국학연구소 1979.

박상국, 「해인사 대장경판에 대한 재고찰」, 『한국학보』 제33집, 일지사 1983.

_____, 「의천의 교장」, 『보조사상』 제11집, 보조사상연구원 1998.

박영수, 「고대대장경판의 연구」, 『백성욱박사송수기념불교학논문집』, 동국대 1959.

배상현, 「고려후기의 사원 전호」, 『교남사학』 7, 영남대 국사학회 1994.

서경수, 「고려의 거사불교」, 『한국불교사상사』, 원광대 1975.

서윤길, 「도선과 그의 비보사상」, 『한국불교학』 1집, 한국불교학회 1975.

_____, 「요세의 수행과 준제주송」, 『한국불교학』 제3집, 한국불교학회 1977.

_____, 「고려의 호국법회와 도량」, 『불교학보』 제14집, 동국대 불교문화연구소 1977.

_____, 「고려 밀교신앙의 전개와 그 특성」, 『불교학보』 19집, 동국대 불교문화연구소 1982.

_____, 「고려말 임제선의 수용」, 『한국선사상연구』, 동국대 불교문화연구소 1984.

송진환, 「묘청의 풍수도참사상과 불교관에 대한 연구」, 『교남사학』 제7호, 영남대 국사학회 1994.

송창한, 「목은 이색의 척불론에 대하여」, 『대구사학』 제59집, 대구사학회 2000.

신호철, 「궁예의 정치적 성격-특히 불교와의 관계」, 『한국학보』 제29집, 1982.

안계현, 「연등회고」, 『백성욱박사송수기념불교한논문집』, 1959.

_____, 「이색의 불교관」, 『불교사학논총』, 동국대 1965.

_____, 「팔관회고」, 『동국사상』 제4집, 동국대 1983.

안지원, 「고려 연등회의 기원과 성립」, 『진단학보』 제88호, 진단학회 1999.

유교성, 「고려 사원경제의 성격」『백성욱박사송수기념불교학논문집』, 동국대 1959.

윤기엽, 「원간섭기 원황실의 원당이 된 고려사원」『대동문화연구』 제46집, 성균관 대 대동문화연구원 2004.

_____, 「재원 고려인 관련의 대도사원」『불교학연구』 11집, 불교학연구회 2005.

이계표, 「신돈의 화엄신앙과 공민왕」『전남사학』 창간호, 전남사학회 1987.

이민홍, 「고려조 팔관회와 예악사상」『대동문화연구』 제30집, 성균관대 대동문화 연구원 1995.

이병욱, 『고려시대의 불교사상』, 도서출판 혜안 2002.

이봉춘, 「고려후기 불교계와 배불론의 전말」『불교학보』 제27집, 동국대 불교문화 연구원 1990.

이영자, 「의천의 천태회통사상」『불교학보』 15집, 동국대 불교문화연구소 1978.

_____, 「天頭의 천태사상」『불교학보』 제17집, 동국대 불교문화연구소 1980.

_____, 「의천의 신편제종교장총록의 독자성」『불교학보』 제19집, 동국대 불교문 화연구소 1982.

_____, 「天因의 법화참법의 전개」『한국천태사상연구』, 동국대 불교문화연구소 1983.

_____, 「천태사교의의 성립배경과 그 특징」『불교학보』 23집, 동국대 불교문화연 구원 1986.

이정주, 「사상가로서 정도전의 새로운 모습」『한국사학보』 제2호, 고려사학회 1997.

_____, 「공양왕대 정국동향과 척불운동」『한국사연구』 120, 한국사학연구회 2003.

이재창, 「여대 사원령 확대의 연구」『불교학보』 제2집, 동국대 불교문화연구소 1964.

_____, 「려말선초의 대일관계와 고려대장경」『불교학보』 제3·4합집, 동국대 불교문화연구소 1966.

_____, 「고려불교의 승과·승록사 제도」『한국불교사상』, 원광대출판국 1975.

_____, 「대각국사의천의 천태종 개립」『한국천태사상연구』, 동국대 불교문화연

구원 1983.

이종익, 「보조국사의 선교관」『불교학보』9집, 동국대 불교문화연구소 1973.

이지관, 「지눌의 정혜결사와 그 계승」『한국선사상연구』, 동국대 불교문화연구운 1984.

조경시, 「고려 성조대의 대불교시책」『한국중세사연구』제9호, 한국중세하학회 2000.

조명기, 「대각국사의 천태사상과 소장의 업적」『백성욱박사송수기념불교학논문집』, 동국대 1959.

_____, 『고려대각국사와 천태사상』, 경서원 1982.

진성규, 「최씨무신정권과 선종」『불교연구』제6·7합집, 한국불교연구원 1980.

_____, 「원감국사 沖止의 생애」『부산사학』5집, 부산대 사학회 1981.

_____, 「고려후기 수선사의 결사운동」『한국학보』제36집, 일지사 1984.

_____, 「이규보의 불교관」『불교사연구』제2집, 승가대 불교사학연구회 1998.

천혜봉, 「고려초조대장경」『인문학보』제9집, 성균관대 인문과학연구소 1980.

채상식, 『고려후기불교사연구』, 일조각 1991.

최병헌, 「고려시대 화엄학의 변천-균여파와 의천파의 대립을 중심으로-」『한국사연구』30, 1980.

_____, 「고려중기 이자현의 선과 거사불교의 성격」『김철준박사회갑기념사학논총』, 1983.

_____, 「수선결사의 사상사적 의의」『보조사상』제1집, 보조사상연구원 1987.

한기두, 「고려불교의 결사운동」『한국불교사상사』, 원광대학교 1975.

한기문, 「고려태조의 불교정책」『대구사학』제22집, 1983.

허홍식, 「고려시대의 국사·왕사제도와 그 기능」『역사학보』제67집, 역사학회 1975.

_____, 「고려시대 승과제도와 그 기능」『역사교육』제19집, 역사교육연구회 1976.

_____, 『고려불교사연구』, 일조각 1986.

_____, 「고려의 승직과 승정」『승가교육』제3집, 대한불교조계종 교육원 2000.

홍정식, 「고래 천태종 개립과 의천」『한국불교사상사』, 원광대출판국 1975.

_____, 「고려불교사상의 호국적 전개」『불교학보』제14집, 동국대 불교문화연구
　　원 1977.

IV. 민중 신앙의 확대 시대

『건봉사본말사적』
『경국대전』
『관세음보살육자대명왕다라니신주경』
『광해군일기[중초본]』
『금강경오가해』
『단종실록』
『대각등계집』
『동사열전』
『매월당집』
『명종실록』
『문종실록』
『백곡집』
『불설천수천안관세음보살광대원만무애대비심다라니경』
『불조록찬송』
『사명당대사집』
『사명당지파근원록』
『산사략초』
『삼봉집』
『상계초본』
『서역중화해동불조원류』
『선문수경』
『선문증정록』
『선원소류』
『선조수정실록』

『선조실록』

『성종실록』

『세조실록』

『세종실록』

『송운대사분충서난록』

『수선결사문』

『숙종실록』

『양촌집』

『연산군일기』

『영조실록』

『예종실록』

『오대진언』

『인악집』

『인조실록』

『정조실록』

『조선금석총람』

『조선불교통사』

『중종실록』

『태조실록』

『태종실록』

『함허당득통화상어록』

『허백집』

『현종실록』

강덕우, 「조선중기 불교계의 동향」 『국사관논총』 56, 국사편찬위원회 1994.

권연웅, 「세조대의 불교정책」 『진단학보』 75, 진단학회 1993.

김경집, 「조선후기 불교사상의 전개」 『한국어문학연구』 48집, 한국어문학회 2007.

김남윤, 「조선후기의 불교사서 『산사략초』」 『동대사학』 1, 동덕여대 국사학과 1995.

김용태, 「조선후기 불교의 임제법통과 교학전통」, 서울대 박사학위 청구논문 2008.

김영태, 「이조대의 불교 상소」 『불교학보』 제10집, 동국대 불교문화연구소 1975.

_____, 『임란구국의 승장들』, 역경원 1979.

_____, 「서산의 선사상과 그 법맥」 『한국선사상연구』, 동국대 불교문화연구원 1984.

_____, 「조선 태종조의 불사와 척불」 『동양학』 18, 단국대 동양학연구소 1988.

남희숙, 「조선후기 불서간행 연구 - 진언집과 불교의식집을 중심으로」 서울대대학원 박사학위 청구논문, 2004. 8.

박영기, 「조선 명종조 도승·승과제에 대한 고찰」 『미천목정배박사 회갑기념논총』, 1997.

안계현, 「불교억제책과 불교계의 동향」 『한국사』 11, 국사편찬위원회 1974.

양은용, 「임진왜란과 호남의 불교의승군」 『한국종교』 19, 원광대 종교문제연구소 1994.

오경후, 「조선후기 승전과 사지의 편찬 연구」, 동국대 박사학위 청구논문 2002.

우정상, 「이조불교의 호국사상에 대해여」 『백성욱박사송수기념불교학논문집』, 동국대 1959.

_____, 『조선전기불교사상연구』, 동국대출판부 1985.

이 만, 「조선 초기 불교계의 상황과 언해경전의 성격」 『불교문화연구』 3, 동국대 1992.

이봉춘, 「조선 개국 초의 배불추진과 그 실제 」 『한국불교학』 제15집, 한국불교학회 1990.

_____, 「조선 성종조의 유교정치와 배불정책」 『불교학보』 제28집, 동국대 불교문화연구원 1991.

_____, 「연산조의 배불책과 그 추이의 성격」 『불교학보』 제29집, 동국대 불교문화연구원 1992.

_____, 「중종대의 불교정책과 그 성격」 『한국불교학』 제23집, 한국불교학회 1997.

_____, 「조선전기 숭불주와 흥불사업」 『불교학보』 38, 동국대 불교문화연구원 2002.

이영춘, 「정도전의 배불론과 그 성격」 『한국사상과 문화』 창간호, 한국사상문화학회 1998.

이정주, 「사상사로서 정도전의 새로운 모습」『한국사학보』제2호, 고려사학회 1997.

이종익, 「정도전의 벽불론 비판」『불교학보』제8집, 동국대 불교문화연구소 1971.

_____, 「보우대사의 중흥불사」『불교학보』제27집, 동국대 불교문화연구원 1990.

이지관, 「연담 및 인악의 사기와 그의 교학관」『한국불교사상사』, 원광대 1975.

정병삼, 「추사의 불교학」, 『간송문화』제24호, 한국민족미술연구소 1983.

최병헌, 「월인석보 편찬의 불교사적 의의」『진단학보』75, 진단학회 1993.

하우봉, 「임란후 국교재개기 사명당 유정의 강화활동」『역사학보』173, 역사학회 2002.

한기두, 「백파와 초의시대 선의 논쟁점」『한국불교사상사』, 원광대 1975.

한기선, 「조선조 세종의 억불에 대한 연구」『홍익사학』3, 홍익대사학회 1986.

V. 개혁과 통제의 혼재 시대

『경허집』

『乾鳳寺誌』

『楡岾寺誌』

『만공법어』

『만공어록』

『보조전서』

『조선총독부관보』

조선총독부, 『사찰잡건철』

『경북불교』

『대중불교』

『불교』

『불교시보』

『선원』

『조선불교월보』

『조선진흥회월보』

「대한매일신보」

「대한불교」

「동아일보」

「매일신보」

「황성신문」

강석주·박경훈, 『불교근세백년』, 중앙신서 1984.

권상로, 『조선불교사개설』, 불교시보사 1939.

권종석, 「국내사찰현행세칙연의」, 『한국근현대불교자료전집』 권65, 민족사 1996.

김경집, 「이영재의 불교혁신사상 연구」, 『한국불교학』 제20집, 한국불교학회 1995.

_____, 「경허의 정혜결사와 그 사상적 의의」, 『한국불교학』 제21집, 1996.

_____, 『한국 근대불교사』, 경서원 1998.

_____, 「근대불교의 기점과 개혁적 전개」, 『한국종교교육』 제7집, 1998.

_____, 「근대 승니도성출입의 해금과 그 추이」, 『한국불교학』 제24집, 1998.

_____, 「경허의 선교관 연구」, 『한국사상사학』 제9집, 한국사상사학회 1997.

_____, 「근대 강원의 역사와 교육과정」, 『불교학논총』(月雲스님 古稀記念論叢)
    1998.

_____, 「근대 원흥사의 창건과 현행세칙에 대한 연구」, 『구산논집』 제3집, 1999.

_____, 「권상로의 개혁론 연구」, 『한국불교학』 25, 한국불교학회 1999.

_____, 「일제하의 불교혁신운동 연구」, 『대각사상』 제3집, 대각사상연구원 2000.

_____, 『한국불교개혁론 연구』, 진각종해인행 2001.

_____, 「근대 원종의 성립과 의의」, 『한국불교학』 제29집, 2001.

_____, 「개화기 불교신앙과 현실인식」, 『밀교학보』 3집, 위덕대 밀교문화연구원
    2001.

_____, 「근대 개혁불교의 형성과 전개」, 『만해학보』 제4집, 2002.

_____, 「개화기 한일 불교의 교류」, 『동양학』 38집, 단국대 동양학연구소 2005.

_____, 「경허의 선사상과 현대적 의미」, 『보조사상』 제23집, 보조사상연구원
    2005.

_____, 「만공월면의 사상과 활동」, 『불교학연구』 12집, 불교학연구회 2005.

_____, 「일제하 불교시찰단 연구」『한국불교학』 44집, 한국불교학회 2006.

_____, 「근대 개화승의 활동과 현실인식」『보조사상』 25집, 보조사상연구원 2006.

_____, 「일제하 불교계 혁신운동의 연구현황과 과제」『선문화연구』 창간호, 한국선리연구원 2006.

_____, 「일제하 사법에 관한 연구」『한국불교학』 49집, 한국불교학회 2007.

_____, 「근대 선학원의 개혁인식 연구」『한국선학』 제23호, 한국선학회 2009.

_____, 「근대 경운원기의 교화활동」『보조사상』 40집, 보조사상연구원 2013.

_____, 「현공 윤주일의 불교개혁사상 연구」『선문화연구』 17집, 2014.

_____, 「신간회 경성지회장 만해의 독립운동」『선문화연구』 18집, 2015.

_____, 「일제하 30본산의 평양포교」『전법학연구』 제9호, 2016.

_____, 「근대 불교의례의 변화와 시대적 의미」『불교문예연구』 9집, 동방문화대학원대학교 불교문예연구소 2017.

_____, 「만해 한용운의 시대인식 변화에 대한 연구」『선문화연구』 24집 2018.

_____, 「퇴경 권상로의 학문과 사상」『한국불교사연구』 제14호, 한국불교사학회·한국불교사연구소 2018.

_____, 「한국 근·현대 재가불교운동의 특징과 전망」『불교문예연구』 13집, 동방문화대학원대학교 불교문예연구소 2019.

_____, 「일제하 조선불교청년회의 지회결성과 활동」『불교학보』 제88집, 동국대 불교문화연구원 2019.

_____, 「근대 일본불교의 한국진출과 활동 양상」『한마음연구』 제4집, 대행선연구원 2020.

_____, 「근대 불교계의 보조지눌의 인식과 계승」『보조사상』 56집, 보조사상연구원 20.

_____, 「3.1운동 직후 불교계의 임시정부 참여와 항일운동」『보조사상』 57집, 보조사상연구원 2020.

_____, 「일제강점기 평양불교청년회의 설립과 활동」『선문화연구』 29집, 2020.

김광식, 『한국근대불교사연구』, 민족사 1996.

_____, 『한국근현대불교의 재조명』, 민족사 2000.

김순석, 『일제시대 조선총독부의 불교정책과 불교계의 대응』, 경인문화사 2003.

김영태, 「근대불교의 종통 종맥」, 『한국근대종교사상사』, 원광대출판국 1984.

_____, 『한국불교사개설』, 경서원 1986.

_____, 「한국 미륵신앙의 사적 전개와 그 전망」, 『불교사상사론』, 민족사 1992.

김옥균, 『갑신일록』, 건국대출판부 1977.

김윤식, 『續陰晴史』, 국사편찬위원회 1955.

김호성, 「결사의 근대적 전개양상」, 『보조사상』 제8집, 보조사상연구원 1994.

_____, 『방한암선사』, 민족사 1995.

남도영, 「구한말의 명진학교」, 『역사학보』 제90집, 역사학회 1981.

_____, 「근대불교 교육활동」, 『한국근대종교사상사』, 원광대출판국 1984.

목정배, 「만일염불회의 의미」, 『한국정토사상연구』, 동대 불교문화연구원 1985.

박걸순, 『한용운의 생애와 독립투쟁』, 독립기념관 한국독립운동사연구소 1992.

박경훈, 「근세불교의 연구」, 『근대한국불교사론』, 민족사 1992.

박정호, 「선학입문발」, 『선학입문』, 신문관 1918.

삼보학회, 『한국근세불교백년사』, 민족사 1994.

서경수, 「일제의 불교정책」, 『근대한국불교사론』, 민족사 1992.

서울대학교 인문대학 독일학연구소 역, 『한국근대사에 對한 자료』, 신원문화사
　　　1992.

서재필, 「회고 갑신정변」, 『갑신정변과 김옥균』, 국제문화협회 1947.

안계현, 「3.1운동과 불교계의 동향」, 『근대한국불교사론』, 민족사 1988.

양은용, 「권상로 불교개혁사상의 연구」, 『한국종교사상의 재조명』 상권, 원광대출
　　　판국 1993.

유병덕, 「일제시대의 불교」, 『근대한국불교사론』, 민족사 1992.

이광린, 「개화사상 연구」, 『한국개화사연구』, 일조각 1970.

_____, 「개화승 이동인」, 『창작과 비평』, 1970년 가을호.

_____, 「김옥균의 갑신일록에 대하여」, 『진단학보』 33집.

_____, 「개화승 이동인에 관한 새 사료」, 『한국개화사의 제문제』, 일조각 1986.

_____, 「갑신정변 정강에 대한 재검토」, 『동아연구』 21집, 서강대 1990.

_____, 「갑신정변에 대한 일고찰」, 『개화당 연구』, 일조각 1991.

_____, 「숨은 개화사상가 유대치」, 『개화당 연구』, 일조각 1991.

_____, 「탁정식론」, 『개화기 연구』, 일조각 1994.

이기영, 「조선왕조말기의 불교」, 『민족문화연구』 제10호, 고대민족문화연구소 1976.

이능화, 『조선불교통사』, 신문관 1918.

이봉춘, 「조선시대의 관음신앙」, 『한국 관음신앙 연구』, 동국대 불교문화연구원 1988.

이영자, 「월창거사의 선학입문에 대하여」, 『불교학보』 제14집, 동국대 불교문화연구소 1979.

_____, 「근대 거사불교사상」, 『한국근대종교사상사』, 원광대 출판국 1984.

전보삼, 「불교 개혁을 위한 한용운의 화두」, 『회당학보』 제2집, 회당학회 1993.

정광호, 『근대한일불교관계사연구』, 인하대출판부 1994.

정성본, 「만공선사의 생애와 선사상 연구」, 『한국불교학』 제22집, 한국불교학회 1997.

채인환, 「근대 불교강원의 이력제도」, 『한국근대종교사상사』, 원광대 1984.

최덕수, 「갑신정변과 갑오개혁」, 『한국사』 11, 한길사 1994.

최유리, 『일제 말기 식민지 지배정책연구』, 국학자료원 1997.

칠십년사편찬위원회, 『동대칠십년사』, 동국대출판부 1985.

한기두, 「불교유신론과 불교개혁론」, 『현대한국의 불교사상』, 한길사 1988.

한보광, 「신앙결사의 성립배경에 관한 연구」, 『불교학보』 제29집, 동국대 불교문화연구원 1992.

_____, 「신앙결사의 유형과 그 역할」, 『불교학보』 제30집, 동국대 불교문화연구원 1993.

_____, 「용성선사의 불교개혁론」, 『회당학보』 제2집, 회당학회 1993.

_____, 「용성선사의 역경사업이 갖는 역사적 의의」, 『석림』 26, 동국대 석림회 1993.

_____, 「건봉사의 만일염불결사」, 『불교학보』 제33집, 동국대 불교문화연구원 1994.

한석희 著 김승태 譯, 『일제의 종교침략』, 기독교문사 1990.

한암문도회, 『한암일발록』, 민족사 1995.

한종만, 「백용성의 대각교 사상」, 『한국근대종교사상사』, 원광대출판국 1984.

홍윤식, 「대각교 운동의 역사적 위치」 『대각사상』 1, 대각사상연구원 1998.

加藤文教, 『韓國開教論』(『한국근현대불교자료전집』 62권, 민족사 1996).

江田俊雄, 『조선불교사연구』, 동경 국서간행회 1977.

高橋亨, 『이조불교』, 보문관 1929.

廣安眞隨, 『淨土宗韓國開教誌』(『한국근현대불교자료전집』 62권, 민족사 1996).

吉田久一, 『近現代佛教の歷史』, 筑摩書房 1998.

柏原祐泉, 『日本佛教史 近代』, 吉川弘文館 1990

奧村圓心, 『朝鮮國布教日誌』, 明治 13년 4월조(『韓國近現代佛教資料全集』 권62
　　민족사 1996)

조선개교감독부, 『조선개교오십년지』(『한국근현대불교자료전집』 62권, 민족사
　　1996).

靑柳南冥, 『조선종교사』, 조선연구회 1911.

VI. 대중화와 사회화의 시대

『불교정화분쟁자료』

『고경』

『녹원』

『대원』

『법륜』

『불교』

『불교사상』

『불교평론』

『선우도량』

『승가』

『신생』

『월간 말』

『월간법회』

『참여불교』

「경향신문」

「대한불교」

「동아일보」

「법보신문」

「불교신문」

「서울신문」

「연합신문」

「자유신문」

「조선일보」

「중앙일보」

「평화신문」

강돈구,「미군정의 종교정책」『종교학연구』12, 한국종교학회 1993.

강인철,「미군정기의 국가와 교회」『해방 후 정치세력과 지배구조』, 문학과 지성
    1995.

＿＿＿＿,『한국기독교회와 국가·시민사회,1945-1960』, 한국기독교역사연구소
    1996.

구산문도회,『구산선문』, 불일출판사 1994.

금오,『꽃이 지니 바람이 부네』, 금오선수행연구원 2008.

금오선수행연구원,『금오스님과 불교정화운동』1, 금오선수행연구원 2008.

김경집,「경허의 선사상과 현대적 의미」『보조사상』제23집, 보조사상연구원
    2005.

＿＿＿＿,「한국불교 현황과 과제」『회당학보』10집, 회당학회 2005.

＿＿＿＿,「퇴옹 성철의 개혁사상 연구」『불교학연구』11집, 불교학연구회 2005.

＿＿＿＿,「성철의 중도관과 실천방향」『퇴옹성철의 깨달음과 수행』, 예문서원
    2006.

＿＿＿＿,「광복 후 불교계의 출판」『대각사상』9집, 대각사상연구원 2006.

＿＿＿＿,「청담의 현실인식과 21세기 한국불교」『선과 문화』제4호, 선문화학회

2007.

_____, 「현대불교와 종교권력」, 『현대사회에 종교권력 무엇이 문제인가』, 동연 2008.

_____, 「한국에서의 불교와 권력」, 『승가』 제24호, 중앙승가대학교 2008.

_____, 「효봉의 정혜결사와 시대적 의의」, 『보조사상』 33집, 보조사상연구원 2010.

_____, 「구산 수련의 정화와 결사운동」, 『선문화연구』 16집, 한국선리연구원 2014.

_____, 「한국 현대불교의 개혁운동」, 『불교문예연구』 2집, 동방대 불교문예연구소 14.

_____, 「광복 후 현공묵암선사의 포교활동」, 『현공묵암선사와 한국개혁불교사 조』, 도서출판 모시는 사람들 2017.

_____, 「근·현대 한국불교와 묵담 대종사」, 『묵담』, 묵담대종사문도회 2017.

김경호, 「조계종 종권분쟁 연구」, 『불교평론』 제2호(2000. 03).

김광식, 「전국불교도총연맹의 결성과 불교계 동향」, 『목정배박사화갑기념논총』, 1997.

_____, 「8.15해방과 불교계의 동향」, 『한국 근대불교의 현실인식』, 민족사 1998.

_____, 「불교혁신총연맹의 결성과 이념」, 『한국 근대불교의 현실인식』, 민족사 1998.

_____, 「교단개혁운동의 명암」, 『불교평론』 창간호, 1999.

_____, 「사찰정화대책위원회의 개요와 성격」, 『근현대불교의 재조명』, 민족사 2000.

_____, 「불교재건위원회의 개요와 성격」, 『근현대불교의 재조명』, 민족사 2000.

_____, 「봉암사결사의 재조명」, 『봉암사결사와 현대 한국불교』, 조계종출판사 2008.

김동화, 『불교학개론』, 백영사 1954.

김만수, 「일제와 미군정기 종교정책이 불교 종립학교에 미친 영향」, 동국대 대학원 교육학과 박사학위 청구논문 2007.

김법린, 「교정진로에 대한 관견」, 『新生』 7월호(1946년 8월 1일).

_____, 「교정방침의 일단을 피력함」, 『불교』 신년호(1947년 1월).

김봉준, 「94년 불교개혁운동의 반성적 점검」 『불교평론』 제8호.

김종찬, 「민중불교의 전개과정」 『민중불교의 탐구』, 민족사 1989.

대한불교조계종 중앙종회, 『제1대 중앙종회회의록』, 조계종출판부 2001.

_____, 『제4, 5, 6대 중앙종회회의록』, 조계종출판부 2001.

_____, 『제7대 중앙종회회의록』, 조계종출판부 2001.

도광, 「정화일지」 『한국불교승단정화사』, 대보사 1996.

도법, 「결사의 필요성과 그 방향」 『선우도량』 창간호, 충남 정혜사 1991.

동국대 석림회, 『한국현대불교사』, 시공사 1997.

류승무, 「한국불교 조계종단의 정치 혁명」 『한국사회이론학회』, 1995.

_____, 「현대 한국사회의 변동과 포교」 『월운스님고희기념논총』, 1998.

박경준, 「민중불교운동의 홍기와 이념 및 평가」 『한국불교학』 제30집, 한국불교학
　　　회 2001.

박수호, 「사회운동으로서의 조계종 종단개혁운동」 『동양사회사상』 제11집.

방선주, 「미군정기의 정보자료: 유형 및 의미」 『한국현대사와 미군정』, 한림대학교
　　　아시아문화연구소 1991.

불교전기문화연구소, 『푸른 산의 부처』, 불교영상 1993.

불학연구소 편, 『세계불교사』, 불광출판사 2012.

사기순, 「법난은 계속되고 있다」 『법륜』 통권 241호.

서경보, 「미국불교 포교기」 『東國』 제9집.

선우도량, 「종단개혁 그 장엄한 진행과정」 『선우도량』 6, 선우도량 1994.

실천불교전국승가회, 『한국현대불교운동사』 상, 도서출판 행원 1996.

_____, 「1986년 불교정토구현승가회의 창립과 9.7 해인사 승려대
　　　회」 『한국현대불교운동사』 상, 도서출판 행원 1996.

양도활·장상 편저, 『一鵬大師』, 아성출판사 1971.

원택, 『우리 시대의 부처 성철 큰스님』, 장경각 1995.

윤창화, 「근대 불서 출판이야기」 『불교와 문화』 제50호.

_____, 「근대 불서 출판이야기」 『불교와 문화』 제55호.

이종익, 「광복이후 불교운동」 『불교사상』 21호(1985. 08).

임연철, 「다툼은 이제 그만」, 『법륜』 187호.

정병조, 「한국사회의 변동과 불교」, 『사회변동과 한국의 종교』, 한국정신문화연구
　　원 1987.

정웅기, 「권력과점 고착화되나」, 『참여불교』 제21호.

조성렬, 「현대 한국의 실천불교: 운동과 이념」, 『실천불교의 이념과 역사』, 도서출판
　　행원 2002.

조영호, 「불교재산관리법 폐지과정과 전통사찰보존법 제정 배경」, 『대원』 통권65호.

조원경, 「8.15직후의 불교적 과제와 불교혁신세력활동」, 『불교와 한국사회』 2,
　　1988.

종교사회연구소, 『한국종교연감』(통계편), 한국종교사회연구소 1993.

최유진, 「한국불교의 21세기적 과제」, 『철학논총』 제15집, 1998.

중앙승가대학편집실, 「80년대 불교계의 흐름과 전망-90년대 웅비를 위한 모색」,
　　『승가』 7.

청년불교도연합회, 『청년불교도 백서』, 청년불교도연합회 1983.

총무원 기획실, 『개혁종단 이렇게 일하고 있습니다』, 조계종 출판사 1998.

한국법제연구회, 『미군정법령총람』(국문판), 한국법제연구회 1971.

한국불교총람 편찬위원회, 『한국불교총람』, 대한불교진흥원 출판부 1993

현호, 「효봉대종사 행장과 연보」, 『효봉법어집』, 불일출판사 1996.

홍사성, 「민중불교운동의 평가와 전망」, 『민중불교의 탐구』, 민족사 1989.

효봉, 「조계산 송광사를 떠나면서」, 『효봉법어집』, 불일출판사 1996.

10.27법난피해자명예회복심의위원회, 『10.27법난피해자명예회복심의위원회 백
　　서』, 10.27법난피해자명예회복심의위원회 2016.

찾아보기

374

390

지은이 김경집

동국대학교 불교학과를 졸업하고 동 대학원에서 한국 고대불교
와 근대불교를 연구하였다.

대한불교진각종 교육원 교수로 재직하면서 동국대, 중앙승가대,
성균관대 외래교수와 위덕대학교 겸임교수를 역임하였다.

현재 인천광역시 문화재위원회 위원으로 활동하면서 한국전통문
화대학교 외래교수로 있다.

『한국 근대불교사』, 『한국불교 개혁론 연구』, 『역사로 읽는 한국
불교』 등 20여 권의 한국불교 관련 전공 서적을 집필하였으며, 한
국 근, 현대불교를 연구한 100여 편의 논문을 발표하였다.

대원불교 학술총서 01 한국불교통사

초판 1쇄 인쇄 2022년 6월 7일 | 초판 1쇄 발행 2022년 6월 15일
지은이 김경집 | 펴낸이 김시열
펴낸곳 도서출판 운주사

    (02832) 서울시 성북구 동소문로 67-1 성심빌딩 3층

    전화 (02) 926-8361 | 팩스 0505-115-8361

ISBN 978-89-5746-695-7 94220 값 20,000원
ISBN 978-89-5746-694-0 (총서)

http://cafe.daum.net/unjubooks 〈다음카페: 도서출판 운주사〉